哈佛大学
科学通识课

The Unity of Science

探索宇宙、地球与生命

Exploring Our Universe, from the Big Bang
to the Twenty-First Century

Irwin Shapiro

[美] 欧文·夏皮罗 —— 著

张憬 —— 译

人民邮电出版社

北京

图书在版编目（CIP）数据

哈佛大学科学通识课：探索宇宙、地球与生命 /
（美）欧文·夏皮罗（Irwin Shapiro）著；张憬译.
北京：人民邮电出版社，2025. --（图灵新知）.
ISBN 978-7-115-65982-8

Ⅰ. Z228

中国国家版本馆CIP数据核字第2025V3C950号

内 容 提 要

　　好的科学始于好的问题，这是解读自然的"通用的钥匙"。本书对人类历史上重大的科学发现进行了有趣的探究。这些科学发现不仅改变了人类的生活状态，拓展了人类对自然的看法，而且启迪了更多思考，推进了人类文明的发展。本书的探究之旅分为三部分：仰望宇宙、俯视地球、关注生命。作者以平易近人的表达方式解读了一系列"科学本质"的问题，带领大众观察、理解、分析、判断，学会用科学的思想看待世界。本书如同一本侦探小说，读者可以像破案一样解读科学：观察自然现象，提出疑问，最终根据科学证据得出结论。

　　本书适合喜欢科学、科学史的大众阅读。

◆ 著　　　　[美]欧文·夏皮罗（Irwin Shapiro）

　　译　　　　张　憬

　　责任编辑　戴　童

　　责任印制　胡　南

◆ 人民邮电出版社出版发行　　北京市丰台区成寿寺路 11 号

　　邮编　100164　　电子邮件　315@ptpress.com.cn

　　网址　https://www.ptpress.com.cn

　　固安县铭成印刷有限公司印刷

◆ 开本：720×960　1/16

　　印张：22.5　　　　　　2025 年 4 月第 1 版

　　字数：260 千字　　　　2025 年 9 月河北第 2 次印刷

　　著作权合同登记号　图字：01-2023-4531 号

定价：99.80元

读者服务热线：(010) 84084456-6009　印装质量热线：(010) 81055316
反盗版热线：(010) 81055315

序

　　十多年前，我在哈佛大学开设了一门课程，用一学期的时间向人文和社会科学专业的本科生（不限年级）概述科学。包含了4个"B"的英文课程名呈现了我的思路，也成了这本书英文版最初的书名：*The Unity of Science: From the Big Bang to the Brontosaurus and Beyond*（"科学统一：从大爆炸、大雷龙到其他大事件"）。我的目标是以我们的生活为背景，解释科学的重要性，重点关注提出好问题的重要性。

　　起初，我并没打算把课程整理成书。但我的学生们另有想法，他们总抱怨手头缺书。这样听了几年抗议，我做出了让步，开始编写一些章节，带去课上讨论，然后逐一发布成稿。接下来的事可以说完全出乎我的意料，当时任职于耶鲁大学出版社的约瑟夫·卡拉米亚找到我，商谈有没有可能将这些章节整理出版。事情就这样一步步推着走下去，这本书诞生了。

　　这本书将面向心怀好奇的读者，介绍在人类历史的进程中，科学怎样增进了我们对自然的理解。章节是按照主题组织的，第一个主题是"揭开宇宙的面纱"，我们要向上看；第二个主题是"地球和化石"，我们要向下看；第三个主题是"生命的故事"，我们要向内看。书中用到了些许数学，不过不怎么喜欢数学的读者也不必担心，你可以在完全忽略数学的情况下理解书中的绝大部分内容。

　　我并不精通书中讨论的所有主题，我没有那么大的能耐。因此，我请了不少专家来评审我自知准备不足的领域的相关内容，又请了几位通才阅读全书，提出看法。在此，我向帮我答疑并提出实用建议的各位致谢，感谢他们的慷慨相助。

他们是（按姓氏字母顺序排名，附评审内容）：沃尔特·阿尔瓦雷斯（恐龙灭绝）、凯·贝伦斯迈耶（化石历史）、罗伊·布朗特（遗传实验）、史蒂文·布鲁萨特（蜥脚类恐龙的特征）、迈克尔·德米克（蜥脚类恐龙牙齿化石的缺失）、迈克尔·弗里（细致审读全书）、欧文·金格里奇（古希腊人怎样影响了我们对太阳系的认识）、菲利普·金格里奇（偶蹄动物怎样从陆地动物演化为鲸这样的海洋哺乳动物）、鲍勃·戈德堡（缓步动物的故事）、阿莱莎·古德曼（地球的形成）、梅根·霍赫斯特拉塞尔（为我耐心讲解 CRISPR-Cas9 的复杂精妙）、埃米尔·克雷维德（人们发现光速有限时的细节）、乔纳森·罗索斯（遗传实验）、麦克·麦考密克（中世纪查士丁尼时代的瘟疫大流行）、马克·理查兹（德干地盾对于恐龙灭绝的作用推测）、道格·罗伯逊（运用广博而又精深的科学知识参与了诸多内容的审读，令人叹服）、罗伯特·威尔逊（宇宙微波背景辐射），以及约书亚·温（对手稿进行了极为细致和实用的编辑）。

玛丽亚·麦凯克伦精心编辑了本书，我的朋友鲍勃·雷森伯格和我的家人——孙女艾琳娜·夏皮罗、女儿南希·夏皮罗、儿子史蒂文·夏皮罗和孙子泽夫·夏皮罗——切实做出了极大的贡献。我的孙子戴维·夏皮罗在获得插图使用许可以及重新绘制和改进大部分插图方面提供了巨大的帮助。耶鲁大学出版社聘请的审稿人，包括我知道身份的徐遐生（Frank Shu），提出了重要且实用的见解，高级执行编辑让·汤姆森·布莱克、编辑助理伊丽莎白·西尔维娅和文字编辑劳拉·琼斯·杜利在确保本书付梓方面发挥了关键作用。

尽管经过了重重审校，但定稿若能做到完美无瑕，我依旧会感到惊讶。我的漫谈之网撒得过于宽广，很难不出现一些细小的漏洞，让错误蒙混过去。不过，我希望读者能看到一本有趣且信息满满的书，希望他们更加了解科学，以及科学在我们生活中的重要作用，这种作用将延续至未来。

有一点必须牢记：科学即便不是时时刻刻都在进步，也在持续发展。新的见解和发现会不断出现，已被本书收录和介绍的信息有一部分会变得陈旧落后，并且被更新，毕竟这里的内容再怎么说也没有超出人类目前的认知。我不是靠预知未来出名的人，我对新见解和新发现的猜想恐怕准不到哪里去，所以我没有做出任何具体的预测。

我想对我的妻子玛丽安表达无尽的谢意，她自始至终都在支持我，提供明智的建议，并拿出大量宝贵的时间为我编辑文稿。我也要感谢我的儿女和孙子孙女，感谢他们鼓励我，也感谢他们没有埋怨我作为父亲或祖父而缩减了陪伴他们的时间。

最后，我要再次感谢玛丽亚·麦凯克伦，自从我开始教授本书所基于的课程，她一直在给予我极大的支持，不仅坚持不懈，还常常行动迅速，帮助我从大半个世界的书籍和期刊中获得一切需要的内容。没有她的帮助，我永远无法写成本书，永远不会。

前言

我们为什么要关注"科学统一"？

多数人不大会在日常生活中思考科学。不过停下来想一想，我们马上就会意识到，我们的生活方式就是以科学为核心的。我们离不开的设备几乎都是以科学为基础的，从早晨唤醒我们的闹钟，到为我们按摩牙龈的电动牙刷，以及为我们加热早餐贝果的烤面包机；从让我们能够使用电子邮件的计算机和互联网，到装有数不清的应用程序、让我们无比依赖的智能手机，再到时下装有车载计算机、为许多人的日常出行提供主要支持的汽车，等等等等……你懂的。

在本书中，我打算辅以历史，以一种清晰连贯的方式，非常宽泛地谈一谈科学。我将要讨论许多话题，包括暗物质和暗能量的世界中那些惊人的存在、古往今来地球上最大的生物（蜥脚类恐龙），以及分子生物学在黑死病研究中的应用。我写书的目的有没有达成，要由你来决定。我想要传达的一个基本信息是，提出有探究性的好问题，在可行的情况下触及根本，这对科学的进步是至关重要的。我将在书中随时提出问题，但绝不是所有的问题都能被称为"触及根本"的问题。

在进入本书的主题之前，我要先从哲学的角度做一个概述，也要讲讲我心目中"科学统一"的多重含义。不过，让我们先给"科学"下个定义吧，这对本书有实际意义。从本质上讲，科学关注的是自然的行为，也就是所谓的自然界怎样运转，以及我们怎样对这种行为建模。说得更具体也更简单一点，我们可以把科学（工作）分为两部分：首先，我们观测自然，戳戳这里，捅捅那里，以确定它的行为；接下来，我们开动脑筋建立模型，以精简的形式捕捉这种行为，并准确预测尚未观测到的现象。

这种分隔方法看上去明智又简洁：一边是自然的行为，另一边是人类通过建模理解这种行为。这番图景有什么问题吗？有的，问题就出在我们自己身上。人类既占据了中心，又掌握了两端。事实上，借助感官观测自然的行为的是我们的大脑，对自然的行为建模的也是我们的大脑。我们无法将自己从这个闭环中抽离出来。而我们还十分渴望更加了解自己的大脑是怎样工作的！

还有一个微妙之处：现如今的多数观测和实验还远远谈不上针对自然的行为做出严格的判断。它们更像是一种错综复杂的混合体，结合了观测和推论，后者往往来自我们手头非常成熟的自然的行为模型。这种结合对所有观测和 / 或实验都是必要的。毕竟，就连识别尺子上的刻度都离不开模型。在某些观测和实验中，这种结合相对好理解一些。想想这个例子，位于瑞士和法国边境的大型强子对撞机发现了一种粒子——这台对撞机位于地下，横跨两国边境！起初，人们只确定了这种粒子的一个属性，就是质量。从质量值所在的范围来看，它应该是希格斯玻色子（听上去就像"白鼻子"①）。这项实验涉及的观测和模型

---

① 玻色子的英文是"boson"，与"nose on"发音相似。——译者注

有着极为复杂、交缠烦琐的关系，但没有人质疑的是，这是关乎自然本质属性的一项发现（好吧，那种质疑一切、拿尖酸刻薄当事业的人也是时常存在的）。为什么呢？部分原因在于，用于分析实验的模型相当可靠地建立在以往的经验之上。更主要的原因是，两个独立的团队通过各自的探测设备获得了相同的结果，不确定度也在估计范围内。

尽管"观测－建模"的分隔方法有它的内在问题，我依然认为从这两个方面看待科学很有帮助。换句话说，我们把科学分为两部分：证据和推理。证据包括自然的行为方式，推理关乎我们对这种行为的建模。

这样一来，我们就可以说出自然是怎样运转的了，但我们能说出这背后的原因吗？换个讲法，通过适当的观测，我们可以描述自然的行为方式，但我们能说出自然为什么像我们观测到的那样运转吗？我们也许可以掌握这样一个模型，它能针对一类观测到的现象恰当地描述自然的行为，但我们不能说这个模型就是自然存在这种行为的原因。至于为什么，举个例子，上述模型不一定是唯一的。另外，也没有已知的方法可以证明一个模型描述自然行为的功能具有唯一性。从这个意义上讲，我们无法解答这一类疑问。不过，我们可以探索其他类型的问题。我们可以问一问抛出的皮球为什么会按照特定的路径运动，从抛体运动模型入手就能找到一个令人满意的答案。但是，这也不算是探究了自然为什么有这种行为。事实上，这只是在以另一种方式叙述或者描述自然确实有这种行为。最终，我们能确定的只是手头的模型在已有的测试中是有效的（或者是无效的，需要被更好的模型所取代）。

科学统一

本书所探讨的"科学统一"有什么含义呢？让我们选取几个方面，稍作解释。

1. 我们所观测的世界（如果喜欢更正式的说法，你可以把"世界"换成"宇宙"）只有一个。我们将科学划分为不同的学科，是为了集中精力，有成效地探索世界，也就是理解自然的行为。但我们不应该忘记，这个世界的各个部分在某种程度上相互关联和影响，因而是统一的整体。

2. 所谓的"科学方法"是所有学科共有的，每一个科学门类都在使用。可以这样理解：当我们借助逻辑思维，通过观测和/或实验来确定自然的行为，并且建立具有预测功能的模型时，我们使用的就是科学方法（从网络或者其他渠道查一查更清晰、更广泛的定义吧，以上是简略的一家之言）。

3. 单一学科分支或科学领域内发生的现象会对别的分支或领域产生重大影响，这种影响常常是相互的。举个例子，想想大气中氧气含量的变化。20多亿年前，大气含氧量曾激增，这被认为是生物过程引发的结果。而这种激增又通过自然环境左右了生物的进一步演化，直到人类出现，大气科学当然也受到了影响。

4. 多学科综合的方法对解决科学问题至关重要。举个例子，哺乳动物（比如北极熊和鲸）的演化史就是由古生物学、个体发生学（胚胎发育）和分子生物学共同揭示的。

5. 单一科学领域有了新发现、开发出了新工具，其他科学领域也会进步。本书会介绍许多这样的故事，这里仅举一例：放射现象。这一现象被物理学家发现之后，又被地球科学家用于确定地球的年龄。

6. 时常有科学家在一个科学领域接受训练，却进入另一个科学领域工作。例如，在 20 世纪后半叶，有许多物理学家转而成为天文学家，而在 21 世纪，又有许多化学家转向分子生物学方向，同行的还有物理学家和数学家 / 统计学家。

这几个不同的方面，尤其是中间两个（第 3 条和第 4 条），存在一定程度的重叠。不过，它们也有一些细微的差异，做一做区分还是有用的，可以让我们更全面也更充分地理解科学统一。

模型

自然行为的模型必须能够准确预测还没有观测到的相关现象，不然就谈不上有用。如果模型只能预测已经观测到的现象，我们就没法通过它增加对自然的了解，也不能借机更好地驾驭自然。当然，每一个模型都要不断地接受自然的检验，一个模型一旦被发现不合格，我们就要找到更好用的模型来代替它。后续章节会讨论相关的例子。

如果有两个或更多模型都能较好地预测现象，我们该怎样选择呢？在实践中，这种情况就算不是绝无仅有，也谈不上常见。不过即便遇到了，我们也有经过充分讨论的方法可以拿来应对。大多数科学家和哲学家（不，我没有做过调查，这只是我从个人经验中总结出的印象）会遵循某种形式的奥卡姆剃刀原理，在相互竞争的多个模型中选择最简单的那个。当然，"最简单"的定义多少取决于主观视角，没有人人都认可的标准。再聊下去，本书就要从真正的科学读物变成酒桌上的哲学话题手册了，不如就此打住。

最后，来说说科学家用于描述模型的语言：首先，不用抠字眼、抓错漏。在生活中使用这些字词也许会让你产生一些淳朴的印象，但当被科学家用于描述模型时，它们往往会脱离常见的意思。想想这几个词：原理、定律、法则、理论、假设、推测和猜想。你可能认为这些词大概是按可靠性递减来排列的，因为你会想到，一个被称为定律的模型必然是不可推翻的，相比之下，被称为猜想的模型有更大的可能性是错的。这种设想是合理的，但谈不上多么可靠。我们将看到一个现如今被认为很典型的例子，有一个关乎行星间距离的定律存在问题。后面我们还会谈到一个理论，它准确预测了比相关定律多得多的自然现象。换句话说，在这个关于万有引力的例子中，理论成了更棒的模型，比定律更好地呈现了自然的行为！

自然的行为：两个例子

现在，让我们通过两个具体的例子稍微深入地聊一聊。先看第一个例子，我把一把叉子放在右手拇指上（图 I-1），如果我把拇指移开，会发生什么？就算偶有例外，大多数成年人会回答："叉子会掉在地上。"如果我这个时候问"为什么？"，大多数受过教育的成年人会回答"因为有重力"。物品脱离了我的掌控，就会这样掉下去。叉子会掉在地上，因为这就是自然的行为。无论我们有没有针对这种行为建立模型，无论我们怎么称呼它，它都会出现。在这里，我们指出了一个也许十分细微却关乎根本的区别，这也是本书基本不讨论"为什么？"的根本理由。至少到目前为止，"终极原因"还是科学触及不到的领域。相关的提议没法接受检验（或者说不可证伪），因而不被大多数科学家认为是科学（我也没有在这个问题上做过调查……）。当然，总会有通常颇为罕见的少数人持不同意见。

图 I-1　作者把一把叉子放在右手拇指上，随后他会移开叉子下的拇指。图片来自作者

再看第二个例子，我的一只手拿着一个高尔夫球，另一只手拿着一个垒球，两者离地面的高度相同。我几乎在同一时刻放开这两个球，接下来会发生什么？和叉子一样，两个球都掉了下来。但神奇的是，

它们同时落地——它们似乎有着相同的下落速率。这也是自然的行为。我们将看到这样的结果是怎样出现的，或者说是怎样被纳入我们的模型中的。

关于自然的行为，请把这些基本的理解装入头脑、融入观念，接下来我们将研究一个相关的主题。

自然和科学特征的一致性

人们普遍认为，自然的行为是可以重复的。我移开叉子下的拇指，叉子就会掉落。我松开双手，两个球就以同样的速率掉落。如果我，或者其他任何人，重复这两个动作中的一个或全部，也会出现同样的结果。这种可重复性无法证明，我们只是凭经验看出了这一点。要是这种可重复性不存在呢？想想世界会变成什么奇怪的样子！自然的行为确实是可重复的，这个事实真的很了不起，正因如此，我们才有望解读各种现象。说真的，阿尔伯特·爱因斯坦（Albert Einstein）还有一个不太著名但着实深刻的观点：自然最不可理解的地方恰恰在于它是可以被理解的。也就是说，人类可以制作出相对简单的模型，从中得出的预测结果完全符合自然的行为，而且似乎可以无限重复。以 20 世纪物理学家尤金·维格纳（Eugene Wigner）为代表，其他人也曾指出，数学方程竟然能够准确描述自然的行为，这并不合理。在他们的指点下，我们更清楚地看到了其中的异常。自然是非常微妙和复杂的，所以在许多科学家看来，相对简单的数学能如此有效地预测自然的行为，这是相当了不起的。

　　这种可重复性暗含自然行为的方方面面，我们可以重复、重复、再重复，就像不停地拿起和放开叉子。在这里，我们仅讨论大尺寸的宏观对象；小尺寸的微观对象也是存在的，它们有特殊的"量子"行为，我们在此不做深入探讨。如果连这部分也一并探讨，我们就会发现，我们目前所了解的自然真是太奇怪了！

　　还有一个重要的例外，科学有时也会涉及不可重复的情况，一次都不行，多次就更别提了。至少现在还不行。这里要说的是宏观大事件。随便选几个例子：地球的形成、生命的起源，以及 10 亿年前的金星气候变化。对于这类事件，我们可以建立和（通常格外有限的）自身知识相符的模型。但我们现在还不能进行细致的比较，也不能通过重复事件来进行检验。研究发生在遥远过去的事件时，这种问题尤其容易出现。

　　科学还有关乎美学的一面。比如，在科学家眼中，优秀模型的数学表达式是美妙而优雅的。这些表达式赏心悦目，但又神秘奇特！

本书值得期待的内容

　　在单个重要领域之内，我们主要按历史发展的顺序讨论话题。具体来说，对于本书的三大主题（"揭开宇宙的面纱""地球和化石"和"生命的故事"），以及每个主题下的许多话题，我们将从接近历史原点的地方出发，纵览人类怎样探索纷繁复杂的世界。有了历史视角，我们也可以在时间线上自由穿梭。我会时常注意指明时间点，避免读者在事件发生的顺序上产生困惑。

　　我将分享一些科学家的故事，而不仅仅是提到他们的名字，仿佛他们只是被供奉起来的典范。由此，我希望读者能把科学家当成人，而不是高高在上的神明来理解，看到他们的盲点，还有其他局限和弱点。这些毛病是我们和他们共有的，尽管细节上有所不同。

　　很多时候，在试图解决基本的科学难题时，互相独立的科学家之间和团队之间存在竞争。这是科学研究令人惊讶，甚至有些矛盾的一点：科学家既竞争又合作，两者往往并行不悖。我们还会发现，科学家有时会因为选择了错误的路线而走进死胡同。几乎完全相反的情况也是有的，我们会时常点明不断出现的机缘巧合怎样将人们引向了科研成果。

　　必须要说的是，一本小书所能涵盖的科学内容既不可能包罗万象，也不可能深刻精致。但我的目标是在概述选定的领域时，提供足够的细节，让读者明白科学对我们文明的重要性，以及科学研究在相对较短的时间内取得的惊人进展。如果仔细分析自己的日常生活，我敢打赌，你会惊讶于竟然有那么多活动依赖科学的进步，就像我在前言开头之处指出的那样。

　　在我们心间怀揣敬畏之时，我要指出本书的另一个重点：科学和技术之间的密切联系。科学常常随着技术的发展而进步，反之亦然。新技术，尤其是现在的新技术，是由科学的进步促成的；同样，新技术往往能对自然的行为进行更深入的探测，从而推动科学的进步。两者之间的这种紧密联结时常作为一种基础，决定了广泛影响我们生活的那些变化。

　　尽管本书具有概述风格，但在接下来的内容中，我不会只强调我们相信什么，还会强调我们为什么相信。也就是说，我不会只介绍针对自然行为的每一种描述以及相应的模型，还会强调它们背后的基本证据。我不喜欢在传授科学内容的时候讲述花边故事。哎，我也无法把所有的基本证据都拿出来，但我会竭尽全力做到这一点。如果没做到，我也会尽量记得指出实情和理由。

就像我提到过的，数学在科学中的作用很关键，不仅能建立表达自然行为的模型，还能分析观测结果（数据）。考虑到读者中有许多人可能在受教育阶段并不以数学为重，本书涉及数学的内容很少。此外，如果一个科学概念的阐释可以只关乎简单的数学，也可以用上更复杂的形式，那么我将选择前者。最重要的也许是下面这一点：我已经安排好了全文的结构，即便跳过所有数学，读者也可以很好地理解本书几乎全部的内容。

在某些地方，我需要使用多数读者可能并不熟悉的科学概念。面对这种情况，我会试着展开谈谈必要的背景，方便读者了解相关领域的应用。这一类展开有许多可以被认为是对科学统一的说明，因为这些工具中有许多在至少几个科学领域发挥了作用，而且颇具创造性！

我会重点探讨证据，也就是我们针对自然的行为得出结论的基础。我会淡化术语，在可行的前提下尽量使用日常用语。

读者会注意到我经常使用"显然"这个词，我的本意是由此告诉大家，接下来的内容应该是正确的，但说实话，我也不能排除存在漏洞甚至完全错误的可能。

你能学到什么？

本书要传达的最重要的内容是什么呢？相对于单纯地欣赏科学及

其对人类进步的巨大贡献，我更想欣赏一种在生活和事业发展方面，对个人格外重要的能力——我要欣赏提出关键问题的重要性。这种能力在生活的方方面面都能派上用场，所以我会把重点放在提出问题，以及对问题的重要性进行思考上。

提问是一种重要的方法，关乎我们存在的各个领域在质疑的激励下进步。未来，我们会迎来问无可问的一天吗？关于人类的进步，有一个非常有趣的结果，那就是我们学到越多的知识，就会问出越多新问题，至少我相信如此。谈到特定时间内积累的知识能带来多少新问题，人们好像没有达成一致，而是出现了分歧，这里似乎存在矛盾。因此，我们会对自然提出新的问题，也会破解更多秘密，我们不能确定这个过程有尽头。科学的洋葱可能有无限多层！

还有一点：我希望读者把过问推论背后的证据当成理所当然的事，看到任何结论都找一找依据，时刻问一问为什么要相信你们被要求相信的东西。另外，要持有点怀疑态度，试着确认证据是可靠的，而且推论是根据证据做出的。有时这并不容易，有时这是不可能的，但你应该试一试。

此外，因为科学在现代人的世界中无处不在，所以我想试着让读者较为广泛甚至略有深入地熟悉科学，了解它怎样随着时间发展，特别是科学领域之间的联动发展。有了这些背景知识，你是不是可以站在国家和世界的层面，从多种和科学相关的常见政策中做出明智的选择呢？很可能不行，原因很简单：在哪怕一个政策问题上成为专家，也是极为耗时且困难的。我只是希望，有了一些科学的知识背景，读者可以获取关键问题的答案，进行批判性检验，最终做出更明智的选择。更有可能实现的一点是，读者会更好地了解科学事业、科学的力量，以及它所面临的阻碍。

　　为了在轻松的氛围中结束前言，我来聊聊我心目中科学和魔术之间的主要区别。也许科学常常看起来很像魔术，但实际上这是两个大不相同的行当，科学家和魔术师也是大不相同的职业。科学家们几乎总是很乐意和你交谈，并且详细地介绍他们的工作和发现。事实上，你可能会被他们的滔滔不绝搞得头大如斗。在某种意义上，我写这本书也是话痨的表现。魔术师则恰恰相反。他们只会展示魔术，我也玩过这种把戏，就在这里再来一次吧：我有三块彩色的布头，它们彼此牢牢地绑在一起，并且被塞进了布袋子。接下来，我念着合适的咒语，从袋子里取出布头。瞧！现在它们已经解开了！我不会对此做出解释。魔术师的解释只留给自己人，他们立过誓，永远不会向正经行会之外的路人透露他们的魔术秘诀。他们把自己的秘密带进坟墓，而我们将回到科学。

目录

第一部分　揭开宇宙的面纱

第二部分　地球和化石

第三部分　生命的故事

第一部分

揭开宇宙的面纱

第 1 章
看得到的天体运动

　　闭上双眼，想象自己身处几千年前的一个时代。你会发现什么？你会对天空产生什么想法？它为什么令你在意？在地球上，你一生所身处的环境有着相当稳定的季节周期，但除此之外，天空中还有光点在移动，其中最显眼的是太阳，其次是月球，然后是恒星①，最后是行星——希腊语中的"漫游者"。继续这场穿越之旅。不会有学识渊博的人或者知识丰富的图书来告诉你这些天体是什么。它们就那样存在着。就像我在前言里指出的，自然为什么是这个样子，这是一个秘密。究根追底，我们并不知道背后的原因。科学的目标是探究自然的行为，并用我们的头脑为这种行为建立模型。这样做的目标是什么？要达到什么目的？除了满足似乎与生俱来的好奇心，这里也有更现实的考虑。比如为了得到食物：农作物的最佳种植时机是什么时候？打猎的最佳时机呢？答案要准确到什么程度才有用？在提出这些问题并寻找答案时，人们有几分是出于实用，几分是出于个人志趣（比如宗教和占星学信仰），有几分就是出于好奇？没有人知道，我们只能揣测。我看我们就不要玩猜谜游戏了吧。

　　人们无疑注意到了天空中反复出现的模式。在北半球纬度远低于

---

① 众所周知，太阳也是恒星，但为了表达方便，也为尊重原文惯例，本书直接提及恒星时默认不包括太阳。——译者注

北纬 66°34′（北极圈）的地方 [以及在南半球纬度远低于南纬 66°34′（南极圈）的地方]，最明显的模式是一昼一夜度一日：光明和黑暗有规律地交替出现，大致分别对应太阳在天空中可见和不可见的时间段。到了晚上，也没有什么消遣。那时的夜空明显比现在要璀璨得多。那个年代没有路灯，甚至没有什么雾霾。除了可能出现云朵、雾气、雨雪的情况之外，天空清澈而明亮。人们仰望星辰，其中心怀好奇者发现，从这一夜到那一夜，从这个月到那个月，从这一年到那一年，天空也出现了变化。在那个年代，他们就是科学家，尽管当时还没有"科学家"这个说法。

　　当时，没有任何工具可以辅助针对天空的观测——当然还没有望远镜，只能靠人类的肉眼。因此，测量的准确程度远远达不到现在的标准，却足以得出一些颇具戏剧性的结论。当时的人们到底以什么样的顺序得出了哪些结论，我们只能猜测。但猜测可以有理有据，我们现在就来实践一下。观察过日出日落，在差不多可以同时看到太阳和一些恒星的时间段，肯定有人发现（你就算没有发现，也很合理），太阳每年都会经过相同的恒星附近。这些恒星在天空中形成一条带子，这就是太阳一年之中的行程。一年之中，人们在午夜前后可能更容易发现这种进程（我很快就会详细讨论这类观测过程）。太阳沿着这些恒星走完一个周期的时间就被定义为一年。不过，在早期，北纬或南纬的温带地区可能更多是以四季轮回来标记一年的。同样颇为明显的是，月相也存在模式，放在今天叫作月度模式，也就是新月（月球和太阳在地球的同一侧）会变为满月（月球和太阳在地球的不同侧），而满月又会变回新月。两种模式都受到太阳的关键影响，一种是直接的，一种是间接的。显然，有一种新月 / 满月让古人感到困惑和恐惧，就是日 /

月食，尤其是让地球部分地区在正午陷入黑暗的日全食。只有完全的日食才会造成这种恐慌，否则就算食了 98% 也不是什么大问题，因为我们的瞳孔会放大（扩张）以在视觉上平衡光线变暗的影响。但全食绝对是个大问题。这个话题最好还是留到更集中的章节探讨，所以我们就此打住（第 3 章将重提相关现象）。

据推测，模式识别的下一个进步（据我所知没有书面记录）是一次飞跃：人们发现了行星运动的周期性。不同行星的相对位置在（缓慢）变化，行星相对恒星的位置也在变化。相比之下，恒星和恒星的相对位置似乎是不变的。人们清楚地看到，恒星成群结队，每晚都在天空中转动。以具备固定模式的恒星作为参照，行星在天空中的运动较为迟缓，行星之间的相对运动也比较慢。也许在历史记录出现之前，相关的观测已经颇为广泛，发展得不错。那时人们就发现，在群星之中，行星的运动虽然复杂，但是会周而复始，有点像太阳和月球。总的来说，这是非常令人费解的。

天体位置最早的系统性记录之一（也可能不是“最早的”）是由古巴比伦人完成的。他们生活在底格里斯河和幼发拉底河之间的土地上，也就是现在的伊拉克境内。这些记录开始于公元前约 800 年，也就是近 3000 年前。19 世纪 50 年代中期，爱德华·欣克斯（Edward Hincks）和亨利·罗林森（Henry Rawlinson）各自破译了记录的载体，也就是泥板上的楔形文字（cuneiform，意为楔子形状）。古巴比伦人使用了什么参考系？什么历法？什么时钟？这些都是关乎核心的问题，只可惜我不知道答案。

天体相对恒星的位置是以一种相当紧凑和高效的方式记录的。当时的人很可能并没有意识到，这种方式对文明还有另一个益处：大约在公元前150年，至少有一个古希腊人，可能是喜帕恰斯（Hipparchus），访问了古巴比伦，并且带回了此前500至1000年的观测记录副本，目的是标记一个涉及两处不确定的因素。这些观测记录的重要作用在于，它们帮助那个时期的古希腊学者得出了许多关于天体运动的重大结论，这里只举一个例子：准确的行星轨道周期。关于这一点，后面会有更多的介绍。

历法

除了满足一些人的好奇心之外，这样的观测在地球上有什么用呢？除了前面提到的实际问题，人们还希望在时间上准确定位每年的庆祝活动。这些需求加在一起，便催生了历法，我的观点也是如此。

创建历法就是整理天空中的模式。有哪些是必须收录的重要模式呢？最最重要的就是"日"，白昼和黑夜的交替。这是恒定的吗？不是，古人很清楚其中的变化。在中纬度地区，一年之中较长的白昼出现于我们现在称之为夏季的时间段（较热），较短的白昼出现于我们现在称之为冬季的时间段（较冷）。每年出现的变化看起来也许有些奇怪，但这就是自然的行为。古人无疑也注意到了其中的关联：当白昼较长时，太阳中午在天空中升得较高，而当白昼较短时则相反。至于月份，就像前面提到过的，也存在周期变化。年份不仅关乎四季轮回，也关乎太阳相对固定恒星的周期性运动。就像前文所暗示的那样，参考的恒星不同，一年的长度也略有不同。

说起来倒是都不错，但人们是怎样制定历法规则的呢？这并不容易。你可能会好奇问题出在哪里。用一个数学术语来说，问题的根源在于不可通约（没法以同一套尺度衡量）。根据自然的行为，一年所包含的月份数并不是整数，而是约为 12.5 个，一年所包含的天数也不是整数，而是约为 365.24 天。而这两种情况涉及的数也不是简单的分数，例如一年之中并不是正好有 $365\frac{1}{4}$ 天。（还有一点要注意：古代日和月的长度都比较短，由于地球与月球和太阳之间的潮汐作用，日和月都会随着时间的推移有所拉长，直到达到一个特定的点！我们将在第 22 章简要地讨论潮汐问题。现在，请完全接受潮汐影响的存在，尽管它像个没谱的花边故事。）

　　古人面临的自然情况就是如此，简单的历法在概念上就难以存在。让我们看看原因。假设我们选择由日组成的年历，那么太阳的运动规律就是我们想获取的最重要的信息。我们的最佳选择就是让 365 天在历法上对应一年，这样最接近自然的情况。采用这样的历法以后，我们要面对什么？实际上，日历会"漂移"。一个特定的日历日期，例如 1 月 1 日，将以每年约 1/4 天的速度移动，倒着穿越前一年的季节。因此，大约 400 年后，日历上的 1 月 1 日将提前 100 天左右，本该是冬天的日期出现在了秋天。这个概念并不那么容易理解。想一想，如果有帮助的话，可以用简单的数字拟一个例子，然后做做推算。

　　同样，如果在这种日历上标记一年之中特定时间的人类活动，那么本该在真实年份（也就是自然的年份，太阳运动一年的时间）中固定的活动也会在季节间漂移。怎样解决这个问题呢？有许多种可行的方法。我相信，有一种方法在至少几千年前的古埃及就有了最初的设想，而且它优化后的形式我们现在仍在使用，就是插入闰年。在闰年之中，历法会插入额外的一天，用来弥补以 365 这个整数代表一年之中天数的规则所产生的误差，因为那并不是准确的天数，而是少了大约 0.25 天（也不是正好 0.25 天啦！）。因此，如果将闰年定为每四年出现一次，漂移就会变小很多，而且会改变方向，因为一年的时间略少于 365.25 天。为了解决剩下的一点小问题，我们现在使用的历法，也就是以教皇格里高利十三世命名的格里历[①]，省略了一些闰年。被跳过，或者说被省略的普通闰年，是不能被 400 整除的世纪年，例如，2100 年不再是闰年，但 2000 年还是。即便经过了这样的调整，日历还是不能完全吻合自然，但漂移的速度非常缓慢，很可能在未来万年间不会构成多大的现实问题。换句话说，从未来的需求看，对历法进行调整不会是最紧迫的世界问题，甚至连我们的孙子辈也不会为这件事头疼！

目前为止，我们还没谈到月球，这是一个极为重要的天体，特别是在某些宗教中。月份涉及的数也是不可通约的，但与年份和天数的情况不同。一个月的天数不是整数，一年中的月数也不是整数。月相的变化是显而易见的，那些极为重视月球的文明或地区在不同时期采用不同的方法来解决这个问题。例如，在一些早期的历法中，一年有 12 个月，每个月有 30 天。在这里，日期漂移和季节错位的速度大约是前文提到的第一种日历的 20 倍。一些人采用的解决方案是在年末多塞五天左右的时间，这些日期是不和月份挂钩的。这种解决方案也有问题，必须加以处理，而且不同的社会有不同的处理方式。

历法在世界各地的发展历程是个相当引人入胜的话题。2000 年前，一年中的第一个月是三月，所以九月（September）、十月（October）、十一月（November）和十二月（December）的英文看上去很像第七、第

[①] 即公历，是意大利学者阿洛伊修斯·里利乌斯（Aloysius Lilius）在儒略历的基础上改革整理而成的历法，1582 年经格里高利十三世批准颁行。——译者注

八、第九和第十个月 ①。中国的农历是使用历史最长的一种历法，它包含多种周期，比如 60 年为一个甲子。犹太历也以月相为基础。它有一套非常复杂的规则，正因如此，像逾越节这样的特殊节日会在自然年份中相邻的一段日子间移动，但不至于差得太远。玛雅历法曾经引发过谣言丑闻。它只延续至我们日历上的 2012 年 12 月 21 日，就因为玛雅人的日历上没有后面的日子，有些人就认为世界到时候就要毁灭了。显然，已知的最古老的日历是类似于巨石阵的物体。位于英格兰的巨石阵是一组巨石，普遍的观点是，古人通过排布这些巨石来标记重要的天文事件，比如夏季的第一天。但这里说的是位于苏格兰的巨石阵，大约有 10 000 年历史。

　　由于贸易和旅游的全球化，世界上多数地方采用了大家通用的单一日历。我们现在用的格里历于 1582 年在欧洲推出，它之所以作为世界标准而盛行，很大程度上是因为欧洲国家对世界其他许多地区的殖民和 / 或征服，以及全球商业的蓬勃发展。最近一个采用这种日历的大国是土耳其，时间是 1927 年。和平常一样，复杂的情形也是有的。在起步阶段，转换历法总是会令人不适的，因为这样需要改变日期，一些传统习俗和活动在一年之中的定位会就此突然改变。

周

　　你可能已经注意到了，目前为止，公历之中还有一个主要的时间

---

① 拉丁语中的七、八、九、十分别为：septem、octo、novem、decem。——译者注

单位未被提到，那就是周。周是怎么来的呢？日、月、年都植根于天文现象。那周呢？周和这类现象并没有已知的关系。《圣经·旧约》之中有一些相关的说法，根据目前的学术研究，这些说法可以追溯到约公元前 1400 年。也有大量迹象表明，苏美尔人早在 4000 年前就在使用周了。这个时间单位的发明很可能更早，具体原因我们只能猜测。尽管已经尽了力，但关于周的起源以及现在七天为一周的惯例，我并没有找到可靠的依据。不过，我确实了解到，古巴比伦的一周就有七天，名称顺序也能和现代的西方语言对应上。我相信，未来我们将知晓人类的更多过往，当然，有些人可能现在就了解更多。

显然，在不同的地方、不同的时期，一周的长度确实曾经有所不同。为什么现在的一周大约是一个月的 1/4，而不是（比方说）1/5 呢？我不太清楚。也许是因为重要月相的间隔——新月到半月，半月到满月，诸如此类——差不多就是七天。不过，提到一周七天的名称，这里列出的英文（来自古英语中七位北欧神明的名字）和法文（来自拉丁文）确实是个耐人寻味的提示，这可能说明了一些问题，也可能并没有。（即便有关联，我也不清楚哪个是原因，哪个是结果！）

周日——Sunday——Dimanche

周一——Monday——Lundi

周二——Tuesday——Mardi

周三——Wednesday——Mercredi

周四——Thursday——Jeudi

周五——Friday——Vendredi

周六——Saturday——Samedi

　　来自拉丁文的每个名字都和一个天体有关，依次是：太阳（Sol）[①]、月亮（Luna）、火星（Mars）、水星（Mercurius）、木星（Jupiter）、金星（Venus）和土星（Saturnus）。这些名字几乎包含了古人已知的所有天体，只是没有算上恒星和我们自己的落脚之地，也就是地球。（你能猜到为什么地球没有被加入这个名单吗？）至于不同的日子为什么如此排列，我们就不太清楚了，能看得出原因的可能只有排在开头的周日。但这些天体的数量可能决定了一周有七天。

　　另外，一个月或一年之中的周数不是整数，但似乎也没有人在意。说起来，这个事实应该让我们保持警惕，因为从这一年到下一年，所有日期的星期都是连续的。（但闰年会发生怪事，一般情况下，我们会因此让一周推后两天，你能想到这是为什么吗？）

　　多年过去，许多人已经发现了一些模式，比如一周有七天，一天有 24 小时（涉及另一个有趣的故事，因为有些来历不明，所以这里就暂且不提了）。在我看来，这些似乎比数字游戏高明不到哪里去，没有什么清晰明确的意义。情况类似的还有对一天内时间的分割：小时、分钟和秒。这些时间单位似乎源于古巴比伦，具体怎么出现的还不太清楚。大家只是注意到古巴比伦人的数字体系以 60 为基础，而不是像我们一样使用十进制。（如果你想了解更多，可以上网检索或查阅其他资料。）

---

① 法文的 Dimanche 一词源自拉丁文 dies Dominicus，意为"主之日"。后来，这个名词代替了非基督教传统中的 dies Solis（意为"太阳之日"）一词，用来称呼周日。——编者注

太阳日与恒星日

　　已知历法的核心是太阳日，我想说一说太阳日和恒星日之间的区别。让我们通过数字深入了解两者的关系，看一看以太阳日和恒星日衡量的全年天数存在什么样的联系。两者是有区别的，以恒星日计量的一年会比以太阳日计量的一年多一天。为什么会这样呢？要想知道原因，就要比较一下地球相对太阳的运动和地球相对恒星的运动。观测当然都是在地球上进行的，所以会发现太阳在天空中相对于固定的恒星不断移动，走完一个周期的时间定义了太阳年。这是什么意思呢？让我们来解释一下。以恒星为参照的一天，指的是一颗恒星连续两次越过你所在的经线或平面的时间间隔。这就是所谓的恒星日，略短于以太阳为参照的一天（相邻的两个正午之间的时间间隔，其中"正午"被定义为一天之中太阳穿过你所在的经线的时刻），也就是所谓的太阳日。之所以会有这两个单位，是因为地球在自转，同时又在以每天大约1度的速度绕着太阳公转。因此，太阳下一次越过你所在的经线时，地球必然多转了1度，耗时大约4分钟。相对于太阳，恒星和我们的距离要遥远得多，所以也就不存在这个多转1度的问题。把一年之中所有的"4分钟"加起来，就能算出以恒星日计量的一年比以太阳日计量的一年大约多一天。图1-1采用了现代的日心说（太阳处于中心位置）视角，描绘了具体情况。在这幅图中，我们会发现，在地球上的观测者看来，太阳似乎是在恒星前面移动的，所以一个太阳日比一个恒星日要长一点——直观地看，相比固定的恒星，太阳显然是在运动的，而地球需要在旋转中追赶太阳。因此，在左图中，箭头从地球表面某处，比如赤道上的某个位置，始终直接指向观测者头顶的某颗恒星。右图绘制的是一个恒星日之后的情况，箭头指向同一颗恒星，但是地球在其轨道上移动了一天，相对太阳大约转了1度。地球必须依靠日常围绕地轴的自转再移动大约1度，才能使观测者头顶的箭头再次指向太阳，完成一个太阳日。所以，我们看到，太阳日是比恒星日长的。这就是为什么在各自的一年中，太阳日比恒星日少，事实上差不多少一天。

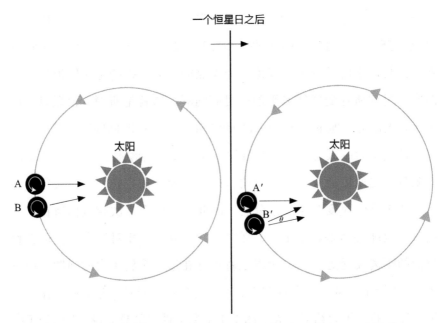

图 1-1　从现代视角看恒星日和太阳日的区别。图片来自戴维·夏皮罗 ①

---

① 为了更贴近正文内容，我们对此图稍作修改。左图中的行星 A 是以恒星为参考算时间的地球，B 是以太阳为参考算时间的地球。右图中 B′ 有两个箭头，上方箭头是完成一个太阳日时 B′ 应该指向的方向，但因为此时只过去了一个恒星日，即 B′ 自转了一周，同时公转了一个小角度，所以 B′ 指向的真实方向少了一个角度 θ，而这个 θ 度角代表的时间就是太阳日比恒星日多出的时间。——译者注

　　请注意，左右两幅图都是在相对固定恒星保持静止的参考系下绘制的。同样要注意的是，出于简化的目的，我们的图片和讨论实际上忽略了第三维，如果把第三维包括进来进行完整的讨论，也能得出同样的结论。依然使用二维图片，我们可以换一种讨论方式。左图中的直箭头指向太阳和特定恒星。一个恒星日之后，右图中的地球也指向同样的恒星，但由于地球围绕太阳运动（记住，这幅图是以我们的现代视角绘制的），此时，右图中的箭头就不再指向太阳了。地球需要再转一会儿才能追上太阳，因此就像前面提到过的，太阳日要比恒星日长出一定的时间。在一年之中，太阳相对恒星转了一整圈，因此太阳日比恒星日少一天。你可以在这幅图的基础上加以改动，推断出一整年的情况。

　　再提醒一下，在解释恒星日和太阳日的区别时，上图是以现代日心说而不是古代地心说为基础的。不过，我们也可以像古人一样，假设地球静止，并得出相同的结论。

　　让我们简单地解释一下这个耐人寻味的印象——太阳会在恒星之间移动。我们为什么会有这种印象？更重要的是，古人为什么会有这种印象？大家都知道，只有看不到太阳的时候才能看到恒星，日头当空的时候恒星就不见了（反之亦然！）。那么，关于太阳相对恒星的运动，我们是怎样得出结论的呢？就像前面提到过的，日出日落时分，我们可以瞥见一些明亮的恒星，观察的时机往往出现在太阳东升或西沉这类过程还未结束时。更好的是，我们能够观察到接连出现的满月相对恒星的运动。一些古人一定已经意识到了，在满月期间从地球上看，太阳和月球在天空中一定位于地球的两侧。他们之所以知道这一点，无疑是因为他们已经发现了，月球的光芒全都反射自太阳，所以才会存在不同的月相。那么，既然满月相对背景中的恒星会有周期性的运动，那么太阳（每年）应该也会有类似的周期运动。这些背景中的恒星被划定为各种星座，古人看着天空中星辰连成的形状展开想象，赋予它们名字。就这样，太阳相对恒星的运动明确地产生了前面提到过的影响，也就是一年之中的天数在很大程度上取决于对一天的定义。那么我们通常使用太阳日还是恒星日呢？是太阳日。

第 2 章
为天体运动建模

到这里，我们已经尽量全面地讨论了历法，接下来可以聊聊古人怎样看待天空中那些并非恒星的光点了。太阳和月球的大小、亮度及其在天空中呈现的相对简单的周期性轨迹，让它们的运动显而易见。古人还关注其他运动的光点，也就是当时已知的五颗行星。我们即将看到，这些行星的运动相当复杂，而且更难准确建模。不过，千年前的古人已经意识到了一点：所有这些天体几乎都在同一个平面上运动，它们的整个体系是相当平坦的。

当时，地球并不被认为是一颗行星。这是为什么？请你试着给出一个可以说服怀疑主义者的简明答案吧。

一般来说，人类渴望预测这些行星会在什么时候出现在天空中的什么位置。这种渴望也许在一定程度上源自好奇，但更重要的原因可能关乎当时的占星学思想——行星的运动和位置会大大影响人们的生活。但是，那个时代的人不知道该根据什么来预测行星的位置。他们努力建立了和观测数据一致的模型，但在我们现代人眼中，那不过是一种临时模型（并不基于某个原理，只是为了处理相关数据而设计的模型，通常被视为临时的工具）。古人并没有取得多少成功。一个典型的例子是，他们很难预测行星在天空中所谓的逆行（后退）运动（图 2-1）。在这幅简略的图片中，火星大约每隔一周移动一个点，从右下方的光

点（白点）开始，向左上方移动（自西向东），一开始移动得比较快（点
和点的位置间隔很远），接下来速度放缓直到暂停（点和点的时间间隔
差不多，但位置有所聚拢），然后在天空中逆转方向（进入轨道的逆行
部分），再次经历加速、减速、暂停，最后回到原方向并加速（点和点
的位置间隔拉远），到达图片的左上方。轨道究竟为什么会有逆行的部
分？为什么在这个位置逆行？为什么会持续这么长时间？这些都是行
星（尤其是火星）在天空中运动时的神秘特征。这是自然另一个非常令
人费解的行为。

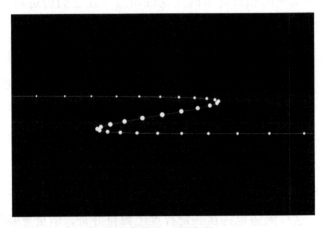

图 2-1　火星的逆行运动。图片来自戴维・夏皮罗

　　在先前文明的知识基础之上，古希腊人针对天体运动轨迹建立了
一批早期模型，它们全都关乎很直接的认识和理解。亚里士多德
（Aristotle，公元前 384—前 322 年），可能还有他的老师柏拉图（Plato）
和其他前辈，曾经设想过一个以地球为中心的宇宙，星辰附着在一个
透明的水晶球上，每天围绕地球匀速旋转一次。亚里士多德和他那个
时代的人觉得，这样的行为模式代表完美。他们的模型中还有其他许

多类似的水晶球，都在匀速旋转，分别用于解释太阳、月球和各个行星的运动。在地球上，物体之所以会下落，是因为它们"毫无疑问"要努力靠近宇宙的中心，那明显也是地球的中心。另外，地球明显是没有移动的：在地球上站着或坐着的人，谁能感觉到自己在不断移动？没有人。当然，古代比不得现代，那时谁也没有证据能证明地球的自转速度约为 0.5 千米 / 秒，而地球的公转速度达约 30 千米 / 秒！

请注意，我们之所以回顾这些历史上的模型，是为了说明，从观测到的天体运动和轨迹入手，建立和自然的行为相符的模型，是非常困难的。尽管以现代的眼光去看，我们很容易用谐谑的态度对待古人的努力和他们的模型，但在那个年代，他们其实赢得了重大的胜利，再不靠谱的模型也是当时最优秀的头脑构思和开发出来的。

谈到用较为全面的模型展现今天所说的太阳系，通常认为这方面的探索源自两个希腊人：佩尔加的阿波罗尼奥斯（Apollonius of Perga，约公元前 262—前 190 年）和喜帕恰斯（约公元前 190—前 120 年）。这是一个完全基于观测的模型，在当时还是个新概念。和阿波罗尼奥斯相比，喜帕恰斯还有一个更进一步的新想法：模型和观测情况的匹配应该具体到细节，而不能只求个大概。这个想法代表了科学思想的一个重要进步。当然，当时就很清楚的一点是，亚里士多德的模型并不符合观测情况，特别是对行星来说。

喜帕恰斯还注意到了很多情况，其中之一是，太阳在天空中相对恒星的移动速度在一年之中并不均匀。在（北半球）冬季，太阳在天空中单位时间移动的角度（角速度）明显比夏季大。因此，根据观测，当时冬季的长度约为 88 天，夏季的长度约为 93 天。亚里士多德的模型显然和观测结果有出入。怎么办呢？喜帕恰斯（也许是更早的阿波罗尼奥斯，甚至是其他人，我们真的不知道）有一个很好的想法，那就是保留早期亚里士多德模型中均匀的角速度，但承载太阳的水晶球的中心不再和地球的中心重合，移开的量和方向足以解释从地球上观察到的季节长度即可。请记住，当人们观察一个做匀速圆周运动的物体时，物体越近，它的角速度看起来就越快；反之，物体越远，它的角速度看起来就越慢。也请记住，在这两位学者中，我们认为只有喜帕恰斯相信模型和观测结果需要在细节上也一致。

尽管亚里士多德的基本模型明显和观测结果不一致，但喜帕恰斯还是努力把它保留下来，继续采用匀速圆周运动的核心概念，同时将太阳轨迹的圆心从地球中心移开。这是科学颇为重要的一个方面，因为类似的实践很常见：在进行改进时，要一点一点地修正现有的模型，因为大刀阔斧的改动通常过于激进。不过，虽然不那么常见，但大刀阔斧的改动通常会获得最大的回报。我们会在后文看到几个例子。

托勒密的模型

在这里，历史转向了克劳迪乌斯·托勒密（Claudius Ptolemy，约公元 90—160 年），他住在埃及的亚历山大城。我们可以从他的罗马式名字看出那个时代罗马在当地的影响力。当时的罗马帝国占领了中东和欧洲的大部分地区。

托勒密将一生中的大量时间奉献给了一本书的编写，他称之为《数学汇编》（*Mathematical Syntaxis*）。推动科学取得重大进步的后辈阿拉伯学者为这本书起了新的名字。现在，它顶着这个新名字名扬四海，这就是《天文学大成》(*Almagest*)。这本书以表格的形式囊括了许多针对天文现象的预测。人们可以由此确定任何时间在天空中的什么地方能够找到已知的行星。书中的时间信息基于公元前 45 年凯撒大帝推行的儒略历。托勒密首先需要一个模型为这些预测打基础。他选择了喜帕恰斯的模型，其中引入了一个本轮（这是个天文术语，一般指一个较小的圆，其圆心以恒定的速度沿着大圆的圆周转动）来处理天空中的逆行运动（图 2-2）。

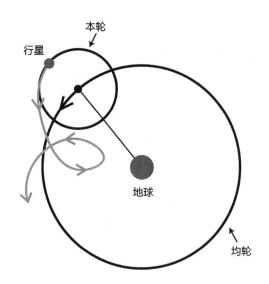

图 2-2　本轮和天体逆行（见正文）。图片来自戴维・夏皮罗

在这个模型中，行星在本轮的圆周之上，围绕着圆心匀速移动。本轮的圆心又沿着更大的圆周（它有个更加不好记忆的术语——均轮）匀速移动，但大圆的圆心并不在地球的中心点。就像前面提到过的，大圆的圆心有所偏移，主要是为了解释人们观察到的一个现象，也就是太阳绕地球的运动并不均匀。举个例子，这种偏移可以解释为什么不同的季节长度不同，同时保留亚里士多德所推崇的完美自然，包含完美的圆环和匀恒的运动。从图中所展现的行星运动可以看出，在地球上的观测者眼中，行星（小灰点）沿着浅灰色路线之中最靠近地球的下半部分向后运动。为了避免一下引入太多复杂的内容，这幅图没有画出地球中心和均轮圆心错开的情况，但下一幅图会详细展现。

引入本轮的方法仍然难以预测轨道在何处逆行。从本质上讲，喜帕恰斯试图让他的模型契合轨道逆行部分的角度范围，以及这部分在天空中的位置。两个方面都要跟轨道上连续逆行的部分匹配。他并没有找到管用的模型结构。为了更好地解决模型中逆行运动同时契合宽度和位置这一问题，尤其是为了更好地呈现火星逆行，托勒密找到了一个新点子。他有了一个聪明而新颖的想法，就是引入等分（这是相关讨论的最后一个术语了！）。

我们怎么知道这是托勒密的想法呢？其实我们并不知道……托勒密在自己的书中完全没有提到等分的出处，却写明了其他概念的来源，所以，大家都认为等分就是他想出来的。这个想法具体是怎样的呢？就是要引入一个点，本轮的圆心以均匀的角速度围绕这个点运动，这样就能保留亚里士多德提出的匀速运动，同时获得更契合逆行现象观测情况的模型。等分点在均轮（大圆）圆心和地球中心的连线上，同地球中心分立均轮圆心两侧，距离相等（图 2-3）。（这让均轮看上去像个椭圆，地球中心和等分点好像是两个焦点，下文会讲解相关内容，你可以提前了解一下。）

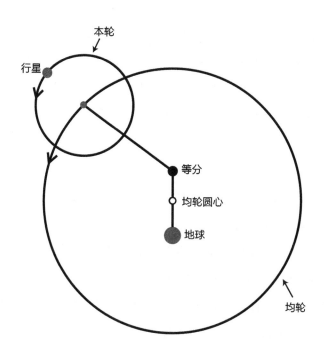

本轮

行星

等分

均轮圆心

地球

均轮

图 2-3　托勒密为了更好地表示逆行运动而提出了等分。图片来自戴维·夏皮罗

为什么引入等分可以让托勒密的模型更好地预测观测现象呢？这很难用三言两语解释清楚。从本质上讲，他为模型引入了一个新概念，由此而来的新特征不仅让模型在宽度上较好地契合了火星轨道连续逆行的部分，同时还能让它比较准确地呈现出这部分轨道在天空中的位置。

假设托勒密以另一种方式设置等分，这个模型的预测情况还能更好地契合观测情况吗？说不定也行，尽管我怀疑就算可以，也好不了太多，但我没有试过。托勒密没有说明他是否试图改进过这个模型，更没有说明他究竟尝试了哪些替代模型以及发现了什么。

　　随着等分的引入，托勒密的模型完成了定性[①]。但他想建立的目标模型要能用于列出表格，轻松确定任何时间太阳、月球和行星在天空中的位置。通过将定性模型转变为定量模型（具体方法这里就不赘述了），托勒密整理出了一目了然的表格，供使用者确定在任意选定的时段，在哪颗或哪些恒星附近可以看到行星。由于托勒密使用的是古巴比伦人获得的行星位置观测记录，而这些记录也许可以追溯到公元前800年，因此他预测的准确程度并没有随着时间的推移而快速下降。《天文学大成》中的表格在大约1500年的时间里一直被例行使用。在托勒密的时代，测量行星位置的工具都是裸眼使用的，而且它们的准确程度在那段时间并没有提高多少。

　　中世纪的阿拉伯天文学家对托勒密的模型进行了一些重要的改进，特别是纠正了地球自转轴相对恒星的运动速率。地轴绕着与地球轨道平面垂直的直线转动，周期约为2.6万年，也就是地球的所谓岁差。人们根据月球和太阳对（扁圆）地球的引力作用给这种运动建立了模型。（详见第4章关于万有引力定律的讨论，岁差的计算远远超出了本书的范围，因而没有收录。地轴和那条垂线之间的角度约为23.5度。我们所体验到的四季差异就是这个角度引起的。）至于这种运动的速率，托勒密采用了喜帕恰斯的值。到了13世纪，人们才发现这个值太小了，大约小了30%。这里涉及的方位变化总归大约是每年50角秒。（角秒是一个非常小的角度，它是角分的1/60，而角分又是度的1/60。）因

[①] 一个模型完成"定性"，说明它已基本达到描述、解释某一现象、系统或过程的要求，能在一定程度上反映描述和解释对象的本质特征或规律。但模型定性后并不意味着它就是完美的。在实际中，人们可能还需根据新数据、观察结果或理论对模型进一步调整和优化，以提高其准确性和可靠性。——编者注

此，经过这 30% 的修正，预测的误差就降低到与那个时代的测量误差相当了。

　　尽管托勒密试图用他的理论来支持亚里士多德（以及更早的柏拉图）关于完美天体的想法，但自然并不配合。虽然托勒密为模型引入了诸多违反亚里士多德完美图景的内容，但是他的理论依然无法解决一些重要的细节问题，尤其是火星的逆行转动，模型的预测和观测情况之间出现了明显的差异。

哥白尼的模型

　　为行星的运动建模的下一个重大进展直到 16 世纪才出现。在当时的波兰，有一个准备进入神职人员行列的年轻人。他对天文学颇感兴趣，还建立了一种不同以往的模型，用于解释行星的运动，他就是尼古拉斯·哥白尼（Nicolaus Copernicus，1473—1543 年）。他的模型做出了这样的假设：地球每天都围绕着地轴自转，而且包括地球在内的行星都围绕着太阳旋转。基本上，托勒密的理论有多倚重地心说，哥白尼的理论就有多倚重日心说。两种模型也有共同点，比如都有大圆环，不以太阳为中心（在这个意义上，哥白尼的模型并不完全符合日心说，它只是非常接近日心说），都有本轮（尽管哥白尼模型的本轮比托勒密模型的小很多），而且都以一般的方法表达行星运动的量。就像我们现在知道的，行星在非圆形轨道上围绕太阳运动，因此，哥白尼为模型加入了偏心圆和小得多的本轮，以便较好地预测行星位置，契合真实的观测情况。哥白尼也制作了表格，用于确定太阳、月球和行星在天空中的位置，时日以儒略历记录，相当于函数的自变量。借助恒星之间的相对位置，他设置了参考系，用于描述行星位置。哥白尼显然反感等分，他的模型没有引入等分。引入等分会干扰围绕均轮圆心的匀速圆周运动，他显然很不喜欢这一点。而且不管怎么样，他自己的理论没有等分也能说得通。

尽管这种十分接近日心说的模型取得了巨大的进步，但在计算行星位置的时候，哥白尼的理论并不比托勒密的理论方便多少。此外，两者结果的准确程度也差不多。那么，人们干吗要在意哥白尼的理论呢？除了将宇宙中心从地球附近移到太阳附近，从而可能触怒哥白尼身为教士侍奉的天主教会，并因违背数千年的信仰而令人头疼之外，这个模型还能干什么？

同接近地心说的托勒密模型相比，接近日心说的哥白尼模型在概念上有三个主要的优势。第一个关乎行星的逆行运动。在托勒密的模型中，每当火星、木星、土星逆行时，太阳总是位于地球后面，在天空中和行星分立地球两侧，这是一个奇怪的巧合。在哥白尼的模型中，这种排列是自然的。让我们以火星为例（图2-4）。地球的轨道周期（一颗行星围绕太阳走完一圈的时间）比较短，在天空中移动得比火星快。当两者在太阳的同一侧几乎并排时，地球在天空中经过火星，因此火星似乎在逆行：地火连线的方向先是逆时针旋转（图中的1、2、3），然后停止旋转（3），接下来顺时针旋转（3、4、5），再次停止旋转（5），最后恢复逆时针旋转（5、6、7）。

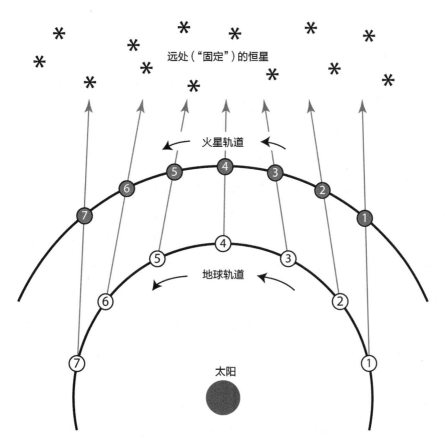

图 2-4 从（几乎）处于同一平面的两条轨道上方（北侧）观察，在地球上看到的火星逆行运动如图所示，其中 1 ~ 7 为不同时间点。注意：本图未按比例绘制，当然，背景中的恒星画得也过近了。另外，同地球轨道相比，火星轨道和太阳的距离要大 50% 多一点（见正文）。图片来自戴维·夏皮罗

这个（近似）日心说模型的第二个优势涉及行星和太阳的相对距离。在托勒密的体系中，行星在天空中的运动周期和它们同地球的距离之间没有特定的关系。在哥白尼的体系中，两者存在明显的对应关系：轨道周期越长，行星和太阳的距离就越大。

　　第三个优势是解释了为什么水星和金星在天空中总是靠近太阳。在托勒密的体系中，这是一个无法解释的事实。而哥白尼的体系指出了原因：这两颗行星的轨道比地球轨道更接近太阳。就这样，哥白尼的理论把两个看似独立的事实联系了起来，点明有些行星之所以会在天空中快速运动，是因为它们离太阳很近。

　　哥白尼的理论还解释了行星行为的第四个特征：从地球上看，行星的相对亮度会不断变化。托勒密的理论没有分析这种亮度差异，哥白尼的理论给出了自然的解释：一般来说（例外也是有的，你能想到吗？），行星离地球越近，它看上去就越亮。这个问题在哥白尼的时代不算很重要，因为当时缺乏相关的技术，难以准确比较一个天体在不同时间、不同位置的亮度。当时的人不大可能知道，光源的视亮度和观察距离的平方成反比。你可以自己证明一下这个定律的有效性：找一个简单的测光表（光的定量检测器），把它移动到离手电筒远近不一的几个点，记录测光表和手电筒末端发光部位的距离，看看测光表的读数是不是随着上述距离的平方的倒数（$1/d^2$，其中 d 是距离）而变化。例如，如果测光表和手电筒的距离变为原先的两倍，那么根据两者间的平方反比关系，测光表显示的光强度应下降到原来的 1/2 的平方，也就是 1/4。但众所周知，在所有其他因素不变的情况下，光源越远，它看起来就越暗。哥白尼的模型符合这个常识，托勒密的模型则不符合。

　　哥白尼的这项工作是通过他的巨作《天体运行论》（*De revolutionibus orbium coelestium*）和世人见面的。这本书是哥白尼临终时出版的。他之所以推迟出版，是因为害怕惹怒罗马天主教会吗？我们有充分的理由对这个普遍看法提出疑问。哥白尼有两位催促他出版《天体运行论》的朋友，他们一位是主教，另一位是红衣主教。此外，支持哥白尼理论的焦尔达诺·布鲁诺（Giordano Bruno）在 1600 年被判为异端，处以火刑。但他显然宣称过，他所受的迫害和哥白尼的日心说宇宙无关。不过，这种普通看法也能找到依据，哥白尼著作的导言就是以辩解的语气写的，这说明这本书的内容可能遭到了反对。对于这个问题，我们把发表定论的权力留给历史学家，希望他们能够达成一致，得出正确的结论。无论怎样，教会直到 1616 年才禁止哥白尼的巨著，但直到1835 年才解除禁令。

当时的西方世界怎样看待哥白尼如此大胆的理论？在针对新理论的评价中，"异端""亵渎"之类的字眼屡见不鲜。哥白尼的宇宙观带来了极为深刻的变革，地球不再占据最重要的位置，而是降格成了受太阳主导或控制的体系中的一个普通成员。就像前文讨论过的，哥白尼的体系有优点，但也不是没有问题。我们很难理解古人的反应，因为在我们看来，哪个模型更接近事实是显而易见的，而且我们也早已经接受了自己（地球）并非宇宙的中心。

改进观测：第谷

下一个巨大进步关乎观测。在 16 世纪后半叶，出现了一个精力充沛、魅力非凡的人，他热衷观测天体，特别是行星，尤其是火星。他就是第谷·布拉赫（Tycho Brahe，1546—1601 年）。他得到了丹麦国王的经济支持，国王出资建造了乌拉尼亚堡天文台，位于当时归丹麦管辖的汶岛。天文台配备了第谷设计的仪器，虽然都是裸眼使用的工具，但他记录下来的观测结果比之前的天文学家准确得多。在角度测量方面，第谷的不确定度低至 1 角分（1/60 度）。他是一个极为勤奋的观测者。在大约 20 年的时间里，他记录下来的行星观测数据达到了当时全世界同类观测数据总和的 4 倍多。他着重积累了针对火星的观测数据，尤其是火星逆行期间和逆行前后的情况。

第谷还提出了一个新的太阳系模型，它是托勒密模型和哥白尼模型的混合体。它的主要特征是行星围绕太阳旋转，但太阳和月球围绕地球旋转。在第谷的模型中，地球仍然位于宇宙的中心。之所以会有这样的安排，原因之一在于，如果地球围绕太阳运动的话，天空中的恒星每年似乎应该会有相应的动态，但古人没有观测到（参见第 5 章关于视差的讨论，了解为什么人们期望恒星出现这种运动，却没有观测到）。这个模型在以聪明的方式积极挽救地心说宇宙，但挽救得很艰难，所以许多科学家并不拿它当回事。

第谷花费了巨大的精力来创建他的天文台，设计他的优质仪器，并对行星位置进行了大量颇为准确的观测，但他并没有花太多的时间来分析这些观测数据。他需要一个能够完成分析工作的人才。这是不同领域的专家通力合作、推动科学快速发展的一个早期例子。他找到了这个人，那是一位年轻的德国数学家，名叫约翰内斯·开普勒（Johannes Kepler，1571—1630 年）。

改进模型：开普勒

1600 年，开普勒接受了第谷的聘用，成为他的助手。在此之前，第谷在神圣罗马帝国皇帝鲁道夫二世的安排下，来到了布拉格。（丹麦的

"金主"已经离世，于是第谷去了可以继续获得支持的地方。他是个机灵人。）行星观测位置和预测位置之间的差异让开普勒很感兴趣，火星逆行问题尤其令他痴迷，令他同样痴迷（我的意思可不是说"痴迷"真能被量化！）的还有一个想法——行星运动背后一定存在物理学原因。

为什么开普勒认为哥白尼的模型没有体现这种原因？在哥白尼的模型中，太阳不在中心，大圆有所偏移，本轮也一样，尽管在哥白尼这里，本轮相对较小。开普勒认为，太阳的存在应该是行星运动的物理学原因。他的努力目标是建立这样一个模型，既有日心属性，又能密切契合观测情况。这可是艰巨的任务！首先，他必须解决一个基本问题：获取数据。开普勒做了不到一年的全职助手，他的上司第谷就去世了。1601 年，54 岁的第谷"死不逢时"，为了获得死者的数据遗产，开普勒和他的继承人进行了一场旷日持久的苦战。直到最近，人们还认为第谷死于汞中毒，毒源是他的"金鼻子"。年轻的时候，第谷因为数学问题和一个远房表亲闹过决斗，结果失去了鼻子的一部分。但近期针对第谷遗体的研究显示，他的假鼻子显然是黄铜质的，不含汞。第谷死于膀胱问题，据说病因是他不愿离开重要的晚宴去解手。这又是一个对科学进步产生重要影响的历史花絮，尽管它可能并非（完全）真实。

开普勒最终从第谷的继承人那里获得了数据。他尝试建立一个明确以太阳为核心的行星运动模型，因而不再采用传统模型中的偏心圆。经过了充满启发、详尽无遗，却也令人筋疲力尽的试错工作，开普勒建立了一个十分简洁的模型，不再有偏心圆、本轮和等分。当然，行星逆行的预测情况也不再难以符合观测情况。将他的模型概括一下，就是大家现在所说的行星运动的开普勒三定律。（不过，请别忘了前言针对科学定律提出的警告。）这些定律为那个时代提供了非常深刻的见解，而且它们还实现了开普勒的目标，也就是舍弃偏心圆，直接以太阳为中心解释天体运动。然而，关于这个模型为什么有效，开普勒的想法却是错误的。他认为事情要归因于磁力，这也许是因为同时代的威廉·吉尔伯特（William Gilbert）在 1600 年得出了地球像一块大（条形）磁铁的结论，让开普勒受到了影响。当时没有已知的理由能将磁力和行星运动关联起来（现在也没有）。开普勒可能只是凭直觉做出了猜测，结果没猜对。不过，磁力会隔着距离起作用，这个事实也许促成了开普勒的选择。

最终成形的开普勒定律相当成功，不仅十分简洁，还能准确预测行星的运动。许多科学家被吊起了胃口，想要寻找其背后"更深层次"的理论。（为什么我在这里加上引号？因为"更深层次"的概念在一定程度上取决于个人品位，而无关基于公认原理的数学证明。）

开普勒在 1609 年提出了他的前两个定律。又过了近十年，他才完成了第三个定律。然而，我们将要讨论的是开普勒三定律的现代表述，这是法国天文学家 J. J. 拉朗德（J. J. Lalande，1732—1807 年）在 150 多年后整理出来的。

开普勒第一定律指出，行星在宇宙中的轨道不是圆形的，而是椭圆形的，太阳固定在椭圆的一个焦点上。顺便提一下，椭圆的定义是：平面上与两个固定点的距离之和为大于该两点间直线距离的某个固定值的点的集合。如果读不太懂，你也可以通过这个实验来直观地理解椭圆。取一根任意长度的绳子，将其两端分别固定在纸上两个点上，绳子要足够长，完成固定之后还能松垂下来。接下来，用铅笔从中间把绳子撑直，让绳子保持绷紧并移动铅笔一周，就能在纸上画出一条

（封闭的）曲线。这就是椭圆。绳子两端的固定点叫作椭圆的焦点。椭圆内部可以画出的最长线段称为长轴，长轴的一半称为半长轴。

开普勒第二定律指出，行星在相等的时间内围绕太阳扫过的面积相等（图 2-5）。扫过的面积指的是，行星在其轨道上运动时，从太阳到行星的连线所包含或经过的区域。因此，在图 2-5 中，轨道上的行星在相等的时间内分别扫出了三个灰色的区域。开普勒第三定律确定了行星绕太阳运动的轨道周期 P 的平方和轨道半长轴 a 的立方成正比，比例常数对所有绕太阳运行的行星来说都是相同的：

$$P^2 = 常数 \times a^3 \tag{2-1}$$

其中常数的单位是时间的平方 / 距离的立方。

如果在式 2-1 中，每一颗行星对应的常数都不同，那会怎么样？等式会失去意义！为什么呢？因为那样一来，任何一对 (P, a) 都可以找到满足等式的常数了。

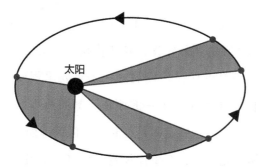

太阳

图 2-5　根据描述行星运动的开普勒第二定律，一颗行星在相等的时间内扫过的区域面积相等。太阳位于椭圆轨道的一个焦点上，轨道在这里绘制为黑色大圈。三个灰色区域的面积相同，行星扫过它们的时间也是相同的。图片来自戴维·夏皮罗

一般情况下，这个常数对应的时间单位和距离单位分别是年和天文单位（1 天文单位大致等于地球与太阳之间的平均距离）。天文学家不太会用地球上的长度单位，比如千米或英里，来衡量行星之间的距离。使用年和天文单位是有原因的，这会带来一个很好的得数：式 2-1 中的常数变成了 1。由于地球的轨道周期为一年（$P=1$），而地球轨道的半长轴约为 1 天文单位（$a=1$），因此此常数必然是 1，方程才有效。对于太阳系中的所有行星，这个常数的值都是统一的（"1"），于是有：

$$P^2/a^3 = 1 \qquad\qquad (2\text{-}2)$$

或者写作：

$$P^2 = a^3 \qquad\qquad (2\text{-}3)$$

开普勒定律并不是铁律，但确实近乎精准地描述了自然的行为，特别是对于当时（17 世纪初）观测能够达到的准确程度来说。值得一提的是，开普勒定律的预测结果和第谷对行星位置的观测结果非常契合。一个最典型的例子是，同时应用于地球和火星时，以前的模型在预测逆行运动时普遍存在的明显错误，被开普勒的模型完全消除了。

开普勒的突破是近代科学发展的一个重要里程碑。他的定律是独立提出的，不依仗任何简明单一的原理，却向前迈出了一大步。从现代观点来看，我们认为这些定律是临时的，但就像前面提到过的，开普勒的模型已经相当先进了，至少让预测水平追上了当年的观测水平。在人类试图对行星运动定量建模的 1500 年中，从没有过这么大的进步。

第 3 章
望远镜与光速

望远镜

现在，我们来谈谈同时代其他地方有什么至关重要的天文研究正在进行。当开普勒孜孜不倦地分析第谷收集到的数据时，一场影响深远的天文学革命正发生在南边大约 800 千米远的地方。发生了什么事？是伽利略在帕多瓦首次使用了望远镜。人们最初使用望远镜显然是在 16 世纪末或 17 世纪初的荷兰，但这项了不起的发明到底应该归功于谁，可能永远都无法完全确定。这里有一段重要的调查故事，被阿尔伯特·范·赫尔登（Albert van Helden）写进了他精彩的著作《望远镜的发明》（*The Invention of the Telescope*）。而我们要关注的重点是发明本身及其用途。最初，望远镜在北欧被用于窥探敌军和其他类似的实用目的。后来，这个发明传到了伽利略的耳朵里，在一位配镜师傅的帮助下，他制造了自己的望远镜，并把它用在了超凡脱俗的地方——观测天空。他制造的第一架望远镜在当时是最先进的，但按照现在的标准，它极其原始，主镜片直径只有 3.7 厘米。它的光学性能非常差：图像扭曲，倍率极低，但视场还算宽广。此外，要将这架望远镜对准你想看的方向也很困难，因为一开始并没有相应的架子让它保持稳定。尽管如此，伽利略最初称之为"occhiale"①的望远镜还是让他打开了新世界的大门。

　　伽利略曾用望远镜观察过许多目标，在1610年1月初，他将镜头对准了木星。伽利略看到的并不是一个小光点，而是人类第一次目睹清晰可辨的圆盘似的（近似）行星，它看上去不再小到极点。我想这一定相当令人兴奋。当然，在木星附近，天空中还有一些光点，伽利略也在笔记中标出了它们正确的相对位置。每观测一天，他就记录一天。把不同的记录放在一起比较的时候，伽利略发现了完全出乎意料的情况。有些光点并不像恒星，它们的相对位置似乎在不同的夜晚会有所改变。此外，它们好像是"粘"着木星的，最引人注目的是，它们几乎保持在一条直线上，尽管它们在天空中的距离不断变化，在不同的夜晚出现的数量也不同，最多的时候有四个。

　　大侦探伽利略花了多长时间才对他的观测结果做出正确的解释呢？在他第一次观测到木星后大约一周，事情就有眉目了。哈佛大学荣休教授欧文·金格里奇（Owen Gingerich）和一位同事研究了现存的、出自伽利略之手的所有相关文件，并利用现代计算机重现了1610年的天空，从而确定"顿悟时刻"很可能出现在当年的1月13日。当时，伽利略看到了四个天体，但它们不在一条直线上。他意识到那不可能是恒星，它们一定是木星的卫星。想想这个发现意味着什么吧！要知道，哥白尼的体系在那个时代还远未被普遍接受。而此时，伽利略发现木星有四颗围绕它旋转的卫星，至少在哥白尼的世界观中，这就是一个缩小版的太阳系，木星承担了太阳的角色。伽利略还意识到，木星的卫星不总是排成一条直线，原因很可能在于，我们并不在它们运

———————————

① 意为眼镜、镜片。——编者注

动的同一平面上，我们是从该平面的上方或下方观察它们的。这些卫
星在轨道上的位置不断变化，所以并不总能连成直线，我们也不总是
能看到所有四颗卫星，因为有时它们会被木星挡住。

　　虽然性能没有多好，但伽利略的望远镜是有史以来第一架用于天
文观测的望远镜。因此，伽利略也有了其他非凡的发现，包括金星的
相位（图 3-1）。请注意，（几乎）圆满的金星出现在傍晚，也就是日落

8月1日　　9月1日　　10月1日　　11月1日

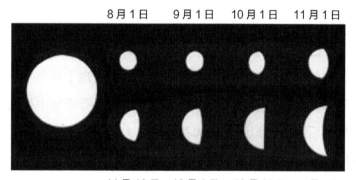

11月18日　12月1日　12月21日　1月3日
1610年　　　　　　　　　　　　　1611年

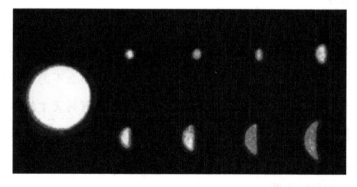

**图3-1　1610 年中期至 1611 年初期的金星影像，上图为欧文·金格里奇的模拟
结果，下图为伽利略可能看到的情况。两幅图中靠左侧的是木星最接近地球时
的影像，作为尺度参考。图片来自欧文·金格里奇**

后不久，此时金星刚刚从太阳后面出来，随着它越来越接近地球，我们可以看到相位在连续变化（在最后一幅图中，差不多位于地球和太阳之间的金星呈新月形）。还要注意的是，当金星离地球较近时，新月形状的它在天空中的直径看上去比接近圆满时大很多。形如满月时，它看上去明显小了不少，因为从轨道看相对位置，此时金星和地球之间的距离要大得多。这是和日心说相一致的另一个观测结果，但并不是日心说的证据（就像前面提到过的，在这种情况下，什么才是证据并不容易明确）。

伽利略还发现，银河并不是一团弥散的云，它其实是由一颗颗恒星聚集而成的。最广为人知的可能是，伽利略发现了裸眼无法辨别的月球环形山。在这之前，人们并不清楚月球在自身周期中持续出现的亮度不均背后也有地形因素。伽利略投入大量时间，利用自己的望远镜对月球进行了专心而细致的研究，还根据观测情况绘制了许多图像，这些都保存了下来，其中许多收录在他的小书《星空信使》（*Starry Messenger*）中。

由于伽利略发现了以木星为中心的"微缩太阳系"，以及每个人都能通过望远镜看到的金星相位，日心说世界观的反对意见消失了，对吗？错了！伽利略这个不幸的例子说明，社会有多么不愿放弃已经为之投入太多的错误观点。入狱一天后，伽利略被罗马天主教宗教裁判所以异端邪说罪起诉，因为拒绝放弃和日心说有关的著作和观念，在生命的最后十年左右，他一直被软禁在家中。将近400年后，教会才正式宣布伽利略无罪。

尽管结局并不圆满，但这个故事精彩至极。具有新功能的工具出现了，随之而来的往往是重大的科学发现，望远镜就是早期的一

个典型例子，体现了前言中提到的科学和技术的相互促进。在这个
例子中，人们因深入理解光学基本原理而发明了望远镜，望远镜的
出现又在科学中开辟了非凡的新领域，极大地提高了人们对客观世
界运行规律的认识。

光速

在现代科学领域，尤其是在天文学中，光速的作用非常关键。接
下来，我们将讨论人类认识光速的历史，以及在确定光速的过程中，
伽利略和机缘巧合的重要作用。

我们很熟悉现代生活中传播速度极快的光线。以白炽灯为例，我
们不会觉得从打开开关到灯光亮起来之间有什么时间间隔（荧光灯和
LED 灯则存在和光速无关的延迟）。古人对这种现象也相当熟悉，尽管
他们观察的不是电灯开关。其实有这么一种说法，亚里士多德曾得出
结论，光会瞬间从一个地方到达另一个地方，也就是说，它的传播速
度无限快。大约 400 年前，伽利略在他的《两门新科学》（*Two New
Sciences*）中谈到了测量光速的早期尝试。他建议找两个人，每个人带
一盏灯或灯笼，其中一个人还要带上沙漏或类似的物品。两人要分散
开，比如相距大约 10 千米，各在一座山丘上，双方都可以用肉眼（或
者小型望远镜）看到对方。

测速过程很简单。两个人用手中的布或别的遮挡物遮住灯，不让
对面的兄弟（那时候这个领域还没有姐妹）看到。第一个人是带着计时
工具的那位，由他先撤下自己灯上的遮布，尽量同时开始计时。看到

对面的灯亮起，第二个人也要撤下自己灯上的遮布，让第一个人看到他的灯光。看到第二个人的灯光，第一个人就停止计时。这个实验注定会彻底失败。为什么呢？我在这里提到的是众多原因中的一个：人类的反应并没有那么精准快速，由此而来的延迟远大于光的往返时间，前者搞不好是后者的 10 000 倍左右。

有趣的是，人类首次成功探测光速的时候，伽利略发挥了重要作用，尽管是以一种相当间接的方式。为了说清这件事，我们需要先描述一下当时水手们遇到的导航问题：身处海上，远离陆地，普通地图的指导作用不大，这时该怎么知道自己在哪呢？当时正值"大发现时代"，从 15 世纪晚期开始，远距离贸易主要依靠需要导航的远洋船。基本上，为了确定自己在地球表面的位置，水手们需要知道两个坐标值，也就是传统意义上的纬度和经度。这两个值是怎么确定的呢？纬度在夜间比较容易估算，只需测量北极星在水平线上的仰角即可。这种方法适用于北半球的航行，有一种类似的方法适用于南半球的航行，主要参考换成了南十字星。如果是白天，我们的水手可以等到正午，以经线为作图辅助，测量太阳和当地地平线的夹角。有了这个测量结果，再加上航行中随身携带的关于正午太阳和地球赤道平面角度的现成信息，就可以确定测量地点的纬度了。具体细节我就不多说了，如果愿意，你可以画图详解这种测定方法。当然，无论是在白天还是在夜晚，如果天气原因导致太阳和星辰不可见，那么天文导航就无从谈起了。

那么另一个坐标——经度呢？假设你知道自己在地球上的经度为零，也就是说，你位于经过英国格林尼治的本初子午线上。随着地球自转，不同的恒星会在 24 小时内经过你所在的经线。例如，在午夜时分，会有一颗特定的恒星从你的头顶经过。同样，其他的恒星也会在每天的特定时间经过你的头顶，或者说经过你所在的经线。所以这就是关键所在，经度和时间是有关系的。身在海上，如果你认识经过头顶的星辰，也能看到时间，那么就可以正确推断出自己所在的经度。但是，时钟的任何误差都会相应地导致经度推断的误差。时钟每差一小时，经度就会差 15 度。你知道为什么吗？这里给个提示：$360 = 24 \times 15$。

对于长达数月的海上航行，那个年代船上的钟表无法长时间保持准确，那么有什么办法可以解决这个导航问题呢？一种方法是直接前往最终目的地的纬度，然后沿着纬度继续航行，直到到达想去的地方。但这样一来，航行路线很可能会大大延长，而且效率也会降低，因为需要更多的给养，挤占了装载赚钱货物的空间。此外，逆流和恶劣天气也很难通过改变航线来避免。而且，一旦严重偏离，船只就很难回到原来的航线。因此，人们希望能用上更好的时钟。

当人们在 15 世纪末航海时，天体可以作为判断时间的依据吗？月球可以。然而，月球是以月为周期的，这太过漫长，不适合用于确定一天之中的时间。在发现木星的四颗卫星后，伽利略认为最内侧的木卫一可能是一个可用的天体，它的轨道周期只有约 42 小时，大概是月球轨道周期的 1/15。在木卫一进入或离开木星阴影时对其进行观测，可以更准确地判断时间。这个想法存在两个问题：首先，在晴朗的天气里，无论是晚上还是白天，月球基本上是明亮而容易看到的，木卫一却不是。观察木卫一必须使用望远镜，即便如此，它也只能在夜间看到；望远镜会放大木卫一的图像，糟糕的是，由于船只在海浪中颠簸，木卫一的表观运动也会被放大。最终，约翰·哈里森（John Harrison）在 18 世纪中期提出了应对方案，他赢得了英国政府于 1714 年为第一个解决这一问题的人设立的 2 万英镑奖金。哈里森发明了一种机械钟（或称航海经线仪），经过四次完善，可以在一个月内将时间误差保持在 5 秒以内。（然而，那笔奖金的领取出了岔子，那是一个不光彩但有深意的故事，在此略过不谈。）这个故事充分体现了科学统一：人们尝试用天文知识（木卫一的轨道运动规律）结合工程技术（制造船用时钟）来解决导航问题，并在这个过程中取得了意想不到的辉煌成就。

想要通过木卫一判断时间并用于导航，科学家们需要准确预测木卫一食，也就是木卫一消失在木星的阴影中，又重新出现的过程。要做出准确的预测，需要在很长一段时间内多次观测木卫一食。17 世纪末，生于意大利的多梅尼科·卡西尼（Domenico Cassini）领导的巴黎天文台开展了这项观测计划。极为聪慧的丹麦科学家奥勒·罗默（Ole Rømer）此时只有 20 多岁，安排让·皮卡德（Jean Picard）从丹麦来到巴黎协助观测。而皮卡德离开巴黎天文台前往丹麦，则是为了执行一项相关的科学任务——准确测定巴黎天文台和丹麦第谷·布拉赫天文台的相对经度（目的是利用第谷卓越的行星观测数据，结合巴黎天文台和其他地方的观测数据，完善行星轨道的测定。结合所有这些数据的关键，是要准确测量出进行各组观测的天文台的相对位置）。

罗默对测量木卫一食的任务非常认真。聪明而善于观察的他看出了数据中意想不到的东西。在介绍他的发现之前，我们从几何角度讲一讲罗默的观测结果（图 3-2）。如果我们从地球北极上空观察地球和木卫一，会发现它们在各自的轨道上围绕太阳（图中的 A 点）和木星（B 点）逆时针转动。我们将地球置于其轨道上的 F 点。从这一点，就像从地球位于太阳 - 木星连线（图中 A-B 线）右侧时的任意一点一样，罗默可以观测到木卫一进入木星阴影（C 点），但不能观测到木卫一从阴影中（D点）出来：在后一点，木星会挡住视线。同理，当地球位于太阳－木星连线的左侧时，例如在K点，罗默只能观测到木卫一离开木星阴影（D点），而观测不到它进入阴影（C点）。不过，这样的区别应该不会影响木卫一相邻两次进入或离开木星阴影的时间。

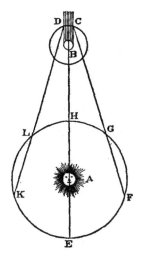

图3-2　在地球围绕太阳运行的轨道上，从不同位置观测木卫一食的几何草图，以木星为参照（也就是说，木星在草图上位置不变，这样画图更加明了，更容易清楚地表达要点——我是这么认为的）。摘自 Ole Rømer, "Demonstration touchant le mouvement de la lumière trouvé par M. Roemer de l'Academie Royale des Sciences," Journal des Sçavans 269 (1676): 233-236

利用当时最好的钟表，罗默积累了一定的数据，在研究这些数据时，他发现了一件怪事。他找到了相隔几十次的两次掩食，检查了木卫一两次进入木星阴影的时间差，以及相应的离开阴影的时间差，发现前者小于后者，差了20分钟左右。罗默一定向自己提出了问题：这是因为什么呢？大胆猜想之后，他很可能直言："也许答案就是光速有限！"如果光速是有限的，那么当地球接近木星时，也就是在太阳－木星连线的右侧时，几次掩食之间光传播的距离会比地球在左侧的时候要短，因为在后面这种情况里，地球和木星之间的距离在拉远。因此，当地球接近木星时，几次掩食的间隔时间将小于地球远离木星时的相应时间。如果要完全用有限的光速来解释木卫一进入和离开木星阴影的这种时间差异，那么光速应该是每11分钟1天文单位（约为日地平均距离）左右。以我们现代人知道的光速来比较，罗默得到的数值在正确数值的2/3到3/4之间。对于首次尝试测算如此难以分辨的速度，这个结果已经很不错了！没有任何记录表明，罗默曾经用地球上的距离和时间单位计算过光速。他显然对这个不感兴趣，他的主要兴趣在于证明光速是有限的、可测量的，而不是无限的。

一些研究过现有证据的科学家认为，当时的时间测量够不够准确可靠，能不能让光速的测定达到甚至接近那样的水平，还是个问题。但据我所知，完整收录了相关观测记录的资料已经不复存在（我知道的情况是，18世纪早期发生在哥本哈根的一场大火烧毁了罗默的大部分数据，他本人当时已返回那里），所以上述这类结论是值得质疑的，不该匆忙接受。然而，罗默对木卫一食时间的准确预测（见下文）——和卡西尼的预测明显不同——在当时被认为是仅仅凑巧。我承认，我自己并不怎么相信还有这种凑巧。

因此，当罗默出于完全不同的导航目的，试图积累木卫一食的数据时，他恰好首次测出了光速。将近两个世纪后，路易·巴斯德（Louis Pasteur）说出了那句名言："机会只青睐有准备的头脑。"这句话放在罗默身上非常合适。

顺便说一下，据传卡西尼也做出了和罗默相同的推断，而且时间更早（见下文），是在 1674 年 8 月。传言说，卡西尼也是通过掩食的时间测量来验证推论的，但他研究的是伽利略发现的另外几颗木星卫星。据称，他的研究结果并不支持通过观测木卫一食得出的光速推论。关于木星其他卫星的数据并没有一致地指向同样的结果，因此传言说，卡西尼至少在一开始并不认同罗默公布的光速测量结果。因为有了更加可靠的调查结论，所以这个历史传说现在已经被大多数人否定。（追求历史"真相"是很难的，在特定情况下尤其如此，有时书面证据要么不知所终，要么含糊其辞，一些牵涉其中的人也可能希望掩盖某些事实。）

在这之前，有很多人认为光速是无限的。就像前面已经提到的，其中最有名的人物就是亚里士多德。往前大约 2000 年，他把光速无限当成了铁律，这种观点在那个时代大概很普遍。罗默却得出了相反的结论，其他科学家快速接受这一点了吗？差不多。为什么？因为大约在公开结论的两个月前，罗默正确预测了 1676 年 11 月 9 日的木卫一食时间。他预测的时间比上司卡西尼晚了 10 分钟，卡西尼显然对自己预测的准确程度很有信心，因为这是他用最新方法得出的结果。在 1676 年 11 月 26 日的法国科学院会议上，并非院士的罗默做了报告，介绍了他对木卫一的观测结果，以及他关于有限光速的理论。由于罗默准确预测了当月早些时候的木卫一食，出席会议的院士们对他的印象显然很好。1676 年 12 月初，科学院出版了罗默的报告，七个月后，伦敦皇家学会出版了其英文译本。

我对卡西尼和罗默之间可能发生的争执非常好奇，就像前面提到过的，前者是后者的老板，却在预测掩食的对决中被后者击败。我没有找到太多相关信息，但我知道，荷兰的业余科学史专家埃米尔·范·克雷维尔德(Emile van Kreveld)很了解这件事。于是我写信给他,并得到了答复。结果是,没有证据表明卡西尼提前发现了什么,但有证据表明,罗默的发现让他增加了60%的薪水(或奖金?)。这意味着,他的成就确实得到了卡西尼的认可和赞赏,作为罗默的上司,卡西尼对罗默的收入应该有一定的决定权。

晚年的罗默依旧成绩斐然。1681年回到丹麦后,他在祖国也很受赏识。他被授予了许多有威望的职位,其中有些是同时担任的:哥本哈根大学教授、丹麦皇家天文学家、造币厂厂长、船舶督查、哥本哈根首席治安法官、警务总监、哥本哈根市长,以及国王枢密院成员。他设计了一个独特的新天文台,他对行星的观测次数甚至明显超过了第谷,他还设计了新的天文仪器,在机械部件、温度计和千分尺方面有卓越的创新。他可能不怎么睡觉吧。他是一位真正的多面手,据说还是一个非常友好的人。

随着技术的进步,在实验室里准确测量光速成为可能。20世纪中叶以后,人们对光速(从那时直到现在普遍标记为 c)有了相当清楚的了解,有效数字达到九位:

$$c=299\ 792.458\ 千米/秒 \tag{3-1}$$

c 被认为是恒定和普适的,因此这个值现在被含蓄地用于定义长度单位,时间单位则由原子的特性来定义。这些单位于1983年在国际上达成一致,取代了世界上以前采用的各种物理单位。因此,在我年轻的时候,世界上的长度单位是由一根米尺定义的,这根米尺存放在巴黎的一座档案库中,存放环境的物理条件受到严格控制。而现在,长度单位有一部分是由真空中的光速来定义的。时代变了。

第 4 章
万有引力定律、关于行星的发现，
以及狭义相对论和广义相对论

接下来发生了什么？传奇人物艾萨克·牛顿（Isaac Newton）来到了舞台的中心。在开普勒取得重大成果之后，17世纪晚期的一些科学家开始为行星的运动模型寻找更基本的原理。开普勒本人曾说，行星的运动多少要归因于磁力的存在，磁力的作用会随着磁体距离的增加而减弱。不用说，不管起作用的是什么力，它都不是接触力。（什么是接触力？施力物体和受力物体直接接触才有接触力，它不像太阳和行星之间的力那样，隔着距离起作用。）

17世纪末的一些人物，比如著名的多面手罗伯特·胡克（Robert Hooke）就认为这种力很可能符合平方反比定律。这是一个什么样的规律？是什么促使胡克选择了它？让我们用一个例子来回答。请想象一个理想的、完美的球形气球，它被不充分地吹大。根据球体的基本几何特性，它的表面积 A 和半径 r 的平方成正比，也就是，

$$A \propto r^2 \tag{4-1}$$

其中，位于中间的符号"$\propto$"代表"成正比"。那气球的质量呢？当我们继续把气球吹得越来越大时，如果不算吹入的空气的质量，气球本

身的质量是保持不变的。但是，气球表面单位面积的质量会减少，因为总面积在增加，而且我们既没有新增也没有破坏气球的材料，只是改变了它的大小。由于在吹气的过程中，我们既没有新增也没有破坏气球表面的任何一块，相同质量的表面将覆盖更大的面积，和气球半径的平方成正比，因此，这样才能保存住气球材料所包裹住的那么多气体物质。我们可以用一个数学公式来表示这种情况，其中下标"0"代表气球在部分吹胀状态下单位表面积的质量 m 及气球此时的半径 r，也就是参数的初始值（起始值）：

$$m(\text{单位面积}) \times r^2 = m_0(\text{单位面积}) \times r_0^2 \qquad (4\text{-}2)$$

两边同时除以 r^2，得到，

$$m = m_0 \times r_0^2 / r^2 \qquad (4\text{-}3)$$

换作文字，可以重新表述为：气球单位表面积（一个单位的表面积）的质量和气球半径的关系是，前者等于一个常数 $(m_0 \times r_0^2)$ 除以后者的平方。也就是说，随着气球半径的增加，其单位表面积的质量会减少，且和半径的平方成反比。

由此，我们可以想象一种作用于材料的力，它的大小取决于材料和力的源头之间的距离，具体来说就是和距离的平方成反比。为什么呢？类比气球被吹起时，气球表面单位面积的质量减少的情况，我们可以认为力作用于假想的气球表面，并且均匀地分布其上，而气球的表面积和气球半径的平方成正比。如果我们假定力在作用于更大的表面时其总体保持不变，那么就必须考虑分散在单位面积上的力会随着气球半径平方的增加而减弱。为了使合力保持恒定，这种减弱是必要的。也就是说，r^2（气球半径的平方，和气球表面积成正比）和力（和r^{-2}，也就是气球半径的平方的倒数，成正比）相乘，得到的结果和半径无关，因为$r^2 \times r^{-2} = 1$。这样一个力的概念并非不能合理地检验自然的行为。

谈到行星运动，我们可以这样描述力的平方反比定律：每颗行星在运动时都受到和太阳质量成正比、和行星同太阳之间距离的平方成反比的力的作用（换句话说，行星离太阳越远，这个力就越小）。

根据传说，17 世纪 80 年代中期，一群学者在伦敦皇家学会附近的一家酒馆吃晚餐，席间探讨了和这种力有关的想法，后来还在学会开会讨论。据说当时在场的有埃德蒙·哈雷（Edmund Halley，以彗星著称的那位）、克里斯托弗·雷恩（Christopher Wren，成就卓著的数学家和伦敦圣保罗大教堂的建筑师）和罗伯特·胡克（他的天才仅在牛顿面前黯然失色）。虽然这种平方反比定律听起来很有道理，就像刚才通过详细类比所指出的那样，但这样的规律会让行星（在轨道上）产生什么样的运动呢？因为哈雷和牛顿是朋友，所以他想到去询问一下牛顿的看法。当他后来提出这个问题时，牛顿立即回答说：行星的运动轨迹将是椭圆形的。哈雷大吃一惊。牛顿怎么能如此迅速而肯定地说出答案呢？原因很简单：牛顿已经发现了万有引力和距离的平方成反比，在大约 20 年前就计算出了结果，只是一直没有公开罢了。哈雷显然曾催促牛顿尽快发表他的万有引力理论。两个月后，牛顿给哈雷寄去了一篇长达九页的论文，从他的万有引力定律推出了开普勒定律。1687 年，经过 18 个月的狂热工作，牛顿出版了如今成为名著的《自然哲学的数学原理》（*Philosophiae naturalis principia mathematica*，通常简称为《原理》）。这本书包含了远多于万有引力理论的内容，但令人惊叹的是，书中没有数学公式。牛顿以文字形式，并酌情以几何推理为基础完成了所有论证。不过，我承认自己从未读过《原理》这本书，这里的所有信息都是二手的。

我还听说过一个故事，说牛顿延迟出版《原理》另有原因。在这个故事中，牛顿比较了月球在环地轨道上的加速度和物体掉落在地球表面的加速度（还记得我在前言中做的叉子实验吗？），目的是以力的平方反比定律为背景，验证两者的一致性。简单解释一下：在绕地球转动的轨道上，月球在前进的同时也在向着地球加速下落，只不过下落的程度总是能让它和地球保持一定的距离。拿熟悉的情景做个类比，想象你平行于地面抛出一个球，它一边向前远离你，一边下落。你扔出球的速度越快，球在落地之前就飞得越远。人造卫星就是因为速度够快，所以才能留在轨道上运行。这里的重点是，地球的引力产生的加速度遵循同一套平方反比定律，无论作用的对象是月球还是前言中的叉子。同一个地球对两者都起作用。

牛顿对这两个加速度的计算结果和期望值相差约 10%，远远超出了他在确定地球赋予两个物体的加速度时，综合估计的误差。然而在 1669—1670 年，法国的让·皮卡德（见第 3 章）根据对某处纬线长度的地表测量情况，仔细地重新确定了地球的半径，发现它比以前公认的值大 5%。几年后，牛顿知道了皮卡德的修正值，重新计算了地球表面的加速度（和地球半径的平方成反比），发现比之前的结果小了大约 10%。为什么会这样？因为加速度和半径的平方成反比，而 $(1+x)^2=1+2x+x^2$，当 x 远小于 1 的时候，就像这个例子里的 5%，等式右边约等于 $(1+2x)$。牛顿提出的万有引力和距离的平方成反比，他所预计的地球施加给月球的加速度这个时候就和地表附近物体的加速度一致了。

随后，他着手编写并出版了《原理》。

《原理》不仅包含牛顿提出的万有引力定律，还包含运动定律和其他科学成果。为了简化讨论，我只介绍其中的两个。第一个是著名的公式：

$$F = ma \qquad\qquad (4\text{-}4)$$

其中，F 是作用在质量为 m 的物体上的力，其结果是产生了加速度 a（此处的 a 并非行星轨道的半长轴。几乎所有科学家都用同一个符号来表示这个量和加速度，你可以根据上下文区分出每一个 a 代表两者中的哪一个）。式 4-4 是牛顿提出的著名公式，也就是物体的加速度和作用在物体上的力成正比，而这个正比关系的常数就是物体的质量，式 4-4 已经用符号简洁地表示出来了。这个等式看起来非常简单，但实际上，公式中的几个符号隐藏着大量的玄机，几乎出现在式 4-4 适用的任何自然物理情景中。还有一个基本问题：什么是物体的质量？让我们跳过详细讨论，先记住质量是一个物体所包含的物质的多少，从实际运作上来说，它是让式 4-4 起作用的那个量。

接下来是第二个公式，和万有引力相关的平方反比定律：

$$F = GMm / r^2 \qquad\qquad (4\text{-}5)$$

其中，F 是两个质量分别为 M 和 m 的对象点（见下文）之间的引力；r 是它们之间的距离；G 是自然存在的常数，现在被普遍称为万有引力常数。用文字表达，这个公式的意思是，两个质点（在这个式子里指的是两个有质量的物体，它们小到和周围其他物体相比可以忽略不计）相互吸引的力和两者质量的乘积成正比，和它们之间距离的平方成反比。这里的力当然不是接触力，而是隔着距离起作用。在行星运动的情境下，这意味着太阳从远处对行星施加了一种力。另外，请注意一个重要的事实：行星之间，以及行星对太阳也有这种力的作用。

这个定律听起来不难，但它包含的相互作用带来了极为复杂的数学问题。在牛顿发表万有引力定律之后的几个世纪里，这些问题在应用数学领域激发了令人惊叹的研究，这是科学统一的又一个例证——如果数学也可以纳入讨论。最后要注意的是，牛顿万有引力定律中的相互作用在开普勒的定律中是完全缺失的。那么，开普勒的定律为什么还能如此准确地预测行星位置的观测结果呢？太阳的质量远远大于太阳系中任何行星的质量，因此只考虑太阳对每颗行星的影响，就可以足够近似地知晓行星轨道的情况。举例来说，目前所知太阳系中质量最大的行星是木星，但它的质量只有太阳的千分之一。虽然在开普勒的时代，行星对彼此轨道的影响并不容易辨别，但和当下小得多的测量不确定度相比，它们可就相当大了。因此，这种偏差现在会很快显现出来，而测量上的这种进步在 200 多年前就已经实现了，我们将在下文中讨论。

因为式 4-4 和式 4-5 的左边都是 F（力），所以我们可以让它们的右边相等，牛顿定律的另一个非凡之处就体现出来了：

$$ma = GMm / r^2 \qquad (4\text{-}6)$$

左边的 m 和右边的 m 相等，我们可以消掉它们，得出一个了不起的结论：根据牛顿运动定律和万有引力定律，一个物体的重力加速度（a）和自身质量无关。因此，举例来说，两个不同质量的物体在大得多的地球上会以相同的速率下落。真是太有趣了！

这个原理叫作"等效原理"，曾深得爱因斯坦之心，人们谈论它的时候经常提到一个显然不一定确有其事的实验——传说中，伽利略在比萨斜塔做的实验。据说，他从塔顶同时扔下两个不同质量的物体，并注意到它们以相同的速率下落，因此同时掉到了下面的地面上，就像前言里更简单的演示一样。"阿波罗 15 号"宇航员在月球上也做了类似的演示，扔下一根羽毛和一把锤子，两者同时落到了月球表面。在过去的大约 1500 年里，人们以越发精密的手段验证了自然的这种神奇特性，而第一个实验者远远早于伽利略。最新的研究结果表明，这个原理在万亿分之几的水平上都是成立的。为什么有人要进行更精准的测量呢？人们之所以要深入探究，是因为这个等效原理和所有模型一样，可能会在某个更高的准确度水平上被打破，从而揭示自然行为的另一面。事实上，在本章稍后部分，我们将遇到一个典型的例子——"接替"牛顿理论的另一种自然行为的模型诞生了。

我们怎样根据牛顿定律计算行星在轨道上运动的情况呢？这里需要的数学对这本书来说有些太难了。不过，我想指出另一个潜在的重大问题：牛顿定律讲的是质点之间的相互吸引……但行星是质点吗？太阳是质点吗？你也许会得出否定的结论，从"点"的任何合理定义来看，它们都不是。它们（几乎）是球体。当然，有人会说，同行星之间及行星和太阳之间的距离相比，行星的大小可以忽略不计，因此在计算行星围绕太阳运动的轨道时，行星大小带来的任何影响都是可以忽略的。就我们目前的测量准确度来看，这种说法算是正确的。但在地月系统中，地球半径和地月距离的比值近似是 1 : 60，如果想算出准确契合观测的结果（误差远小于 1%），这个比值就完全不能忽略了。

因为均匀的球体是球对称的，我们可以猜测，牛顿定律中的引力起作用时可能就像所有质量都集中在球心时一样。这个猜想是正确的，但用当时的数学工具证明这一点，绝不是容易的事。然而，牛顿是一位出色的几何学家，可以和欧几里得"平"分秋色，他能够证明对那个年代来说很不简单的一个定理：对于质量呈球对称分布的物体，它对外部质点施加的引力与球对称物体的所有质量都集中在其中心时的情况相同，也就是说，它可以当作质点看待。这是一个了不起的结论，看来解决了一个重大问题。

不过，你可能会好奇：行星的质量分布是球对称的吗？不是。但这个条件的偏离程度微乎其微。因为实在没差多少，所以可以用一种简单的系统方法来处理，但这超出了本书的范围。有了牛顿证明的结论，我们就可以对月球、行星和其他卫星的轨道进行准确的计算了，尽管计算过程很不容易，但计算结果能够契合从地球上观测到的值。牛顿和许多同辈及后辈天文学家和数学家一起承担了这项计算任务，不仅大大加深了人们对太阳系天体运动的了解，还在应用数学方面取得了重大进展。

你可能会问：行星之间力的作用这么复杂，这些科学家要怎么在计算上取得进展呢？难道他们不需要知道行星的质量、行星在特定时间的位置什么的吗？是的，相关数值至关重要，而且一开始是肯定没有的。那怎么办呢？简单的答案是，我们可以在这些量没有具体数值的情况下初步建立理论，再将理论和观测结果进行比较，解出未知量。考虑一个简单的类比——一辆汽车在一条笔直的道路上匀速行驶，行驶距离和时间之间存在线性关系。起初，我们并不知道汽车的速度。通过测量汽车相对起点的若干位置，以及汽车到达不同位置的时间，我们可以推断出汽车的平均速度。因此，根据这些测量结果，我们可以确定未知速度的值。同样，我们可以多次观测行星相对固定恒星的位置，并记录相应的观测时间，用于确定行星的轨道和质量，不过方法要复杂得多。这和托勒密的工作情形非常相似，托勒密需要七个量的值来确定行星的轨道，以建立他的行星运动模型。

发现新行星

1781 年 3 月，当时就已经是著名天文学家的威廉·赫舍尔（William Herschel）有了一项可以说是突如其来的惊人发现：在距离太阳比土星更远的地方，有一颗裸眼看不到的行星。这是人类度过古老的文明时期之后发现的第一颗新行星。起初，赫舍尔认为他发现了一颗新彗星。几个月后，科学家们才知道这是一颗行星。这个新发现的天体引起了人们极大的兴趣，成了经常被观测的目标。人们通过观测确定，它的轨道大致呈圆形，远比土星的轨道长。相比之下，大多数彗星的轨道都比较扁，有一头接近太阳。再加上这个天体似乎没有尾巴，它就更具行星而非彗星的"气息"。

鉴于当时的知识水平和科学发展程度，发现新行星（不久后被命名为天王星）确实是个大新闻。就连本杰明·富兰克林也写信向赫舍尔表示祝贺，尽管这信是几年后才写的。天王星的命名始末本身就很有趣，好奇的人可以在网上找到这个故事。

早在 17 世纪 90 年代，这颗新行星就被观测到过，但当时人们并没有意识到那是一颗未知的行星。相关情况被记录为恒星的观测结果，直到天王星被发现之后，才获得关注和反思。早期观测会记录历元（时间）和天体的天空坐标。那时没有摄影，没有胶卷，当然也没有电子或数字记录设备。回想一下，一旦观测到行星轨道的相当一部分，就可以比较准确地推算出之前的时间段里它在天空中的位置，以及未来在哪里可以找到它。因此，如果一个人视力好、有耐心、能接触到观测记录，且有检索搜寻的毅力和兴趣，那他就可以翻阅和核对同一天体在不同时期的位置曾被计算出怎样的预测结果。

寻找更早的观测记录有什么意义吗？一个事实是，对一颗行星进行观测的时间跨度越大，人们就能越准确地判断它在天空中的位置。得知上个世纪的这些观测数据是关于天王星的，天文学家便将它们纳入考虑范围，再估计天王星的轨道周期，精度便提高了大约三倍。随着时间的推移，天体被发现前的观测数据的重要性会提升还是下降？为什么？随着时间的推移，更准确（为什么？）的新观测数据不断积累，旧的观测数据对于确定天体轨道的重要性会降低，但仍然是有用的。

这里还有一个精彩的调查故事，情节曲折、引人入胜。我们现在跳到 1820 年。此时，天文学家已经对这个新确认的行星成员进行了大约半个世纪的辛勤观测。天王星毕竟是"新来的孩子"，因此备受关注。1820 年，天文学家注意到，把预期的不确定度考虑进来，根据过去的观测结果推算出的天王星预测轨道并不符合新的观测结果。这种差异是系统性的，也就是说，它们有明确的趋势，而不是随机地散布在预测轨道上。许多天文学家说，这些差异还没有大到值得担心的份儿上，以此消除大家的疑虑。但到了 19 世纪 40 年代初，差距已经非常明显，任何明智的天文学家都无法忽视它们了。

　　到底发生了什么？牛顿的定律是不是不管用了？还是说，这些定律对自然行为的解释已经达到极限了？虽然素不相识，但英国的约翰·库奇·亚当斯（John Couch Adams）和法国的于尔班·J. J. 勒威耶（Urbain J. J. Le Verrier）不约而同地产生了一个想法：假如还有一颗行星，比天王星距离太阳更远，质量足以明显扭曲天王星的轨道呢？我们怎样才能验证这种可能性呢？就算相当了解行星 A 的质量和轨道，计算行星 A 对行星 B 的作用也很困难。如果没有这些信息，又怎么可能进行这样的计算呢？

　　虽然两位天文学家使用了不同的技术，但他们都需要做出能够回答这个问题的假设。最重要的是关于轨道的假设。当时已知的所有行星的轨道几乎都在同一个平面上，除了水星，其他行星的轨道都接近圆形。因此，亚当斯和勒威耶各自独立做出了两个相应的假设：这颗假定行星的轨道和地球基本在同一平面上，而且它的轨道也是接近圆形的。然而，光有这两个假设还不够。这两位天文学家又各自独立找到了一条已经制定出来的经验定律，他们认为，这样就可以确定这颗假定新行星的轨道半长轴 a 的合理值。

　　这条经验定律被称为波得定则，也叫提丢斯－波得定则，以与之相关的两个人名命名（想了解更多信息，你可以上网搜一搜）。波得定则预测过天王星的半长轴，精度大约在 2%，所以亚当斯和勒威耶都认为它也可以用来确定假定的新行星的半长轴。事实上，他们犯了个大错误，但幸运的是，多亏了新行星被发现时在天空中的位置，这个错误并没有造成太大的影响。

　　通过以上假设、多少有所不同的数学过程，以及一年多的辛勤工作（当时还没有计算机，能依靠的基本只有对数表和勤奋），两位天文学家各自得出了最终结果，包括这颗假定的行星当时会在天空中的哪个方向被发现，以及它的亮度大约是多少。因此，有兴趣的天文学家应该确定一下他们的仪器够不够灵敏，能不能看到这样一颗天体，如果够灵敏，他们就应该去找找看。

有了这番预测，勒威耶试图说服法国天文学家去搜寻这颗行星，但没有人愿意仅仅为了一个理论家的一家之言而去费这个力气。在英国，情况则有所不同。1845 年夏末，亚当斯向剑桥天文台的詹姆斯·查利斯（James Challis）发送了他对一颗可能的新行星的初步定位。1846 年 7 月，查利斯开始深入了解亚当斯提供的位置附近的恒星分布。但是，查利斯并没有继续检查观测记录，搜寻可能出现的新发现。他当时整日忙于将积累的彗星观测结果整理得井井有条。事实上，查利斯曾两次记录自己看到过这颗新行星，但直到它被确认为新行星之后，他才意识到这一点。亚当斯不知道查利斯做了什么，1846 年夏天，他继续四处找人做观测，甚至去了一位皇家天文学家的家，敲了人家的后门。他留下了一个口信，这个口信显然被送达了：在这位天文学家的关照下，确实有一些观测落实了，但显然没有人花时间去核查有没有新发现，具体是什么。

勒威耶对法国同行感到失望，于是转而求助德国同行。柏林天文台的天文学家约翰·加勒（Johann Galle）在前一年给勒威耶寄了一份自己的博士论文，请他发表意见。于是，勒威耶于 1846 年 9 月 18 日写信给加勒，催促他寻找这颗预测出来的新行星，并告诉他应该去哪里寻找，以及可能会看到什么。勒威耶估计，他预测的位置和实际位置相差不到 1 度，他预测的亮度和实际情况只差一个不大于 2 的倍数，也就是说，观测到的亮度是预测情况的 0.5~2 倍。9 月 23 日，加勒收到了这个请求。经过一番努力，他得到了天文台台长、以研究彗星而著称的约翰·恩克（Johann Encke）的许可，可以进行相关观测。在加勒的指示下，热心的助手海因里希·路易斯·德阿雷斯特（Heinrich Louis d'Arrest）在当晚便使用他们的顶级望远镜（直径 23 厘米的折射镜）找寻这个新天体。

　　德阿雷斯特看到的天体几乎正好符合预测的位置和亮度。纬度值范围是 −12 度到 −15 度，观测到的纬度和计算出的纬度之间的差异远远小于 1 度（图 4-1）。回忆一下，时间相差 1 小时，经度相差 15 度，因此时间相差 4 分钟（1/15 小时），经度相差 1 度，这就是观测到的经度和计算出的经度之间的差值。

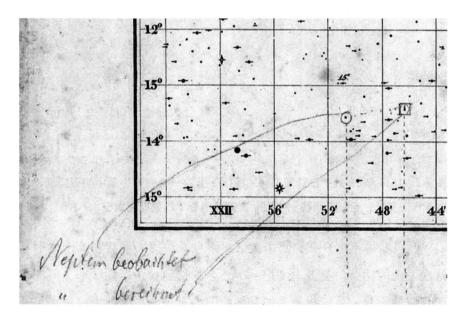

图 4-1　海王星的观测位置和预测位置对比。请注意，德语手写笔记中的"beobachtet"意为"观测到的"，而"berechnet"意为"计算出的"

　　这个发现让加勒一举成名，也让恩克更具声望。德阿雷斯特就没那么幸运了，因为身份低微，他没有得到多少认可。这个发现本身确实是一个世界性的新闻：有一颗新行星在天空中几乎和预测位置完全一致的地方被找到了！接下来，随着新发现被公布，英国人查看了他们之前的数据，也找到了这颗新行星。（说起这件事来，查利斯就感到非常羞愧。）于是，真正的好戏开始了——优先权抢夺战打响。和这件事相关的一些（但不是全部）英国人声称，亚当斯首先预测到了这颗新行星的位置，并要求功劳重归英国科学家。法国人不认同这一点，他们认为英国人试图窃取他们毫无争议的优先权（图 4-2）。

图 4-2　**1846 年 11 月 7 日法国刊物《画报》上的一幅漫画，画中的亚当斯一直在寻找海王星，但一无所获（左图），直到他偷看了勒威耶的笔记本（右图）**

　　两边吵得不可开交，当争论最终平息，法国人同意和英国人平分这次发现的功劳。英国人则把一个著名的奖项授予了勒威耶，但没有亚当斯的份儿。可以想象，如果勒威耶没有理会加勒的审稿请求，或者，查利斯在观测时就钻研了那些记录，或者发生了别的什么事，这段历史会有怎样的不同。有趣的是，我们现在知道（虽然这个事实是最近几十年刚发现的），海王星早在此前 200 多年就被伽利略观测到了。这颗行星相对恒星背景肯定是有所移动的，伽利略差一点就看出来了，但他当时专注于观测木星，海王星就从他眼皮子底下溜掉了。

然后就是命名之争。和天王星的命名一样，这里也有故事（好奇的人可以去网上搜搜）。另外，你可能认为接下来的推断是合理可靠的：图 4-1 左下方的德文注释是在海王星被发现后很久才写上去的。原因是什么呢？

这个传奇故事说明了预测新发现和取得新发现之间的巨大差异。无论是在英国还是在法国，天文学家都没有意识到仅以预测作为凭据去寻找新发现的重要性。然而，一旦有了这样的发现，全世界就都为之着迷。仅仅作为又一颗新行星，海王星就已经令人印象深刻了，而且它还是第一颗经验证被正确预测到的行星，这对科学和科学家都有巨大的推动作用。牛顿提出的定律是如此之好，以至于能够预测出一颗以前从未见过的行星。这在当时是了不得的进步，也是科学家们的巨大荣耀。

天文学家、应用数学家和物理学家——或者至少是他们中的一部分人——为这个事例所展现的科学的力量而激动不已。每个人，无论是受教育程度高的人，还是受教育最少的人，都清楚地看到了科学的力量。那么，科学有没有立即风靡全球，激励每个人好好学习、潜心探索了呢？我不知道有谁研究、探讨过这个问题。海王星被发现之后，科学发展的步伐和科学研究获得的资助金额有没有发生明显的变化？我没有看出来。

水星轨道近日点的移动

1859 年, 成功预言海王星的存在、天空位置和视亮度十几年后, 勒威耶发表了他对水星(最内层行星)凌日的观测情况的研究结果。他的结论令人震惊: 水星的轨道不符合牛顿定律。这样的结论似曾相识。在这之前, 天王星的轨道就和预测不符。后来有人提出, 牛顿的理论可能并不适用于所有情况。我们现在知道, 牛顿的理论是没问题的, 天王星只是被一颗当时未知的行星影响了而已。这次是因为同样的情况吗?

在讨论这个问题之前, 我们先介绍一下什么是"凌日"。凌日是指从地球上看到的一颗行星(这里指水星)从太阳前面经过的现象。在地球上的观察者看来, 这颗行星就像一个黑点在太阳表面移动。我们可以精确测量黑点进入和离开太阳圆盘的时间, 从而准确地划定凌日行星的轨道。以 1687 年为起点, 勒威耶选取 200 年间较好的一部分数据, 研究了约 20 次水星凌日。有了根据这些观测数据确定的水星轨道, 对比根据牛顿理论预测出的水星轨道, 以及其他行星的轨道, 他发现了差异。具体来说, 他发现水星椭圆轨道的近日点位置("近日点"指天体轨道中离太阳最近的点)比预测的推进得更快。在连续的轨道上, 水星的近日点会略有移动(前进), 和行星的运动方向一致(图 4-3)。

结果发现, 这个前进速度比他计算出来的预测情况每世纪快了大约 40 角秒。从牛顿的运动和引力模型获得方程, 18 和 19 世纪的科学家们计算出, 其他行星的引力, 尤其是质量最大的木星和距离最近的

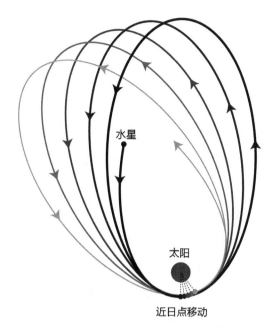

水星

太阳

近日点移动

图 4-3　水星轨道近日点位置随时间移动的情况，图片有所夸张。图片来自戴维·夏皮罗

金星的引力，会让水星的近日点位置每世纪前进大约 500 角秒。然而，勒威耶对凌日观测数据的分析表明，真实的情况几乎比这个数字高出 10%，差不多是每世纪 540 角秒。

　　是什么因素造成了观测和理论之间的差异呢？科学家们很快提出了四种主要的可能。第一种来自勒威耶自己，他认为有一颗未知行星比水星更接近太阳。一颗比天王星更加远离太阳的行星被预测和发现之后，天王星轨道的明显偏差便得到了解释，同样的道理，一颗比水星更接近太阳的行星也可以解释这个新差异。这颗假定的行星被称为"火神"（Vulcan），因为它离太阳很近，理应温度很高。不过，经过几年的观测和推断,人们发现"火神"的尺寸上限太小,考虑到其单位体积质量(密度)的合理值,总质量不足以对水星轨道造成这样大的影响。

另一项提议关乎由单个小天体组成的天体带,这个天体带在水星轨道内围绕太阳运转,可能会让水星近日点的位置有所移动。但经过细致的观测和相关的计算,人们最终发现用这种天体带去解释水星轨道的差异并不可行。

还有一种观点认为,太阳由于自转而呈扁球形,赤道处像地球一样有所凸起,是这种凸起移动了水星近日点的位置。如果这种凸起足够大,它对水星的引力就会给近日点的位置移动增加足够大的速率,从而解释这种差异。可惜的是,最专业的观测和计算表明,这种解释也行不通:太阳的凸起太小了。

最后的思路是:也许牛顿的那些定律并不完全正确,而是和更正确的模型略有不同,从而造成了水星所表现出来的轨道差异。例如,也许几个量之间不完全是平方反比关系,真正的幂和 2 略有不同。这种对牛顿定律的临时篡改也不起作用。观测结果和理论预测之间似乎总是存在其他差异,这使得讨论中的修改无法让太阳系的所有观测结果符合同一套逻辑。

会不会是勒威耶的分析有误呢?到了 19 世纪后期,人们在很大程度上排除了这种可能,因为当时在美国海军天文台工作的西蒙·纽科姆(Simon Newcomb)重新进行了分析,还把 40 年间更准确的数据也包括了进来。他得出的偏差为每世纪 43 角秒,几乎和勒威耶的发现相同,但不确定度更小,这是因为他拥有更多、更准确的数据可供分析。

这个理论和观测之间的差异问题在半个多世纪的时间里悬而未决。

它最终是怎么解决的呢？这需要对万有引力理论的模型进行重大改革。

狭义相对论

这就说到爱因斯坦了。20 世纪初，他钻研了时空理论和电磁理论（Electricity and Magnetism，E&M）的基本原理。前者主要由牛顿提出，后者诞生于 19 世纪中叶，主要依据的是迈克尔·法拉第（Michael Faraday）的实验和詹姆斯·克拉克·麦克斯韦（James Clerk Maxwell）的理论。随后，爱因斯坦为自然行为创建了一个大胆的新模型——一种新的时空理论，也就是狭义相对论。按照他的做法，研究的起点非常简单，却往往令人吃惊。在研究狭义相对论时，爱因斯坦是从以下两个内核相同的概念开始的：

1. 真空中的光速 c 与光源或接收器的速度无关。爱因斯坦赋予光的这一特性符合麦克斯韦的电磁理论，却和我们的日常经验大相径庭。以抛球为例，如果我们顺着汽车的运动方向从车上扔下一个球，我们扔球的速度必须加上汽车的速度，才能和在汽车前方接球的人测量到的球速相匹配。这里不考虑接球者和汽车之间可能发生的碰撞。

2. 任何物体在真空中的速度都不可能超过光速。这样的限制也符合麦克斯韦的电磁理论。

这就产生了一个问题：上述两点是相互独立的，还是有着千丝万缕的联系？如果假设了第二点，却没有假设第一点，我们会遇到什么情况呢？我们可以从移动的平台上发射光信号，把平台的速度加到光信号的速度上。但这样一来，我们又违反了第二条基本原则，或者至少给自己造成了一种尴尬的局面，似乎没有了自洽性。把其他情况也考虑一遍，就会得出一个不无道理的结论：狭义相对论的这两点是相辅相成的。

从这些看似简单的假设出发，爱因斯坦颠覆了（或者应该说更正了）我们对空间和时间的理解。它们不再被认为是相互独立和截然不同的，而是密不可分地交融在一起，有点像上面的两点。

爱因斯坦的理论可以预测各种奇特的情形，其中比较容易验证的都得到了确认。但是，那些不符合我们日常经验的情况只有在相对速度相当接近 c 时才会显现出来。因此，如果一个对象的寿命可以在实验室中很好地测量出来，但它以接近光速的速度从我们身边经过，我们就会发现它的寿命远远长于同类对象相对于我们静止时的寿命测量值。

狭义相对论优雅的逻辑几乎立刻赢得了欧洲诸多顶级物理学家的认可。这就是水星轨道近日点移动异象得到解释的第一步，尽管当时人们肯定没有意识到这一点。你可能已经注意到，在这第一步中，我们完全没有提到质量及有质量的物体怎样互相影响。爱因斯坦当然非常清楚这里涉及的局限性，这也是"狭义"一说的主要由来。于是，他开始着手消除局限性。他要扩展这个狭义的理论，让它包含质量及质量间的相互作用。也就是说，他需要建立一个引力模型。

广义相对论

首先，是什么让爱因斯坦认为牛顿的万有引力定律需要修改呢？

为了回答这个问题，让我们回顾并分析一下牛顿理论的陈述：有质量的物体会互相吸引，引力和两个物体的质量的乘积成正比，和它们之间距离的平方成反比（式4-5）。这番陈述隐含了这个定律的什么特点呢？引力在这里是隔着距离起作用的。也就是说，一个物体对另一个物体施加的力只取决于该物体在施加力的时候（瞬间）所处的位置。远处施力的物体不需要花时间让力到达受力物体。根据牛顿的理论，当一个物体运动时，无论与另一个物体相距多远，都会立即感受到引力的变化。

但是，这种远距离的瞬时作用违反了爱因斯坦狭义相对论的第二点，因为没有什么东西的速度能超过 c。怎么办呢？爱因斯坦便探寻一种新的万有引力理论，这种理论不存在远距离作用的缺陷。探寻这样的理论很简单吗？并不是。爱因斯坦花了近十年的时间，进行了相当深入的研究，才发展出这样一个能够满足种种条件的理论。这个理论的基础就是前面提到过的等效原理：事实上，不看一个物体，我们并不能区分它对另一个物体的引力和另一个物体相应的加速度。1915年底，正值第一次世界大战期间，爱因斯坦的这项创造性的智慧结晶诞生了，他将它命名为广义相对论。这个理论成果是如此令人赞叹，即使是在战争时期，相关的消息也通过中立国在科学家中间传播开来。

我们用文字和相对简单的公式表述了牛顿的万有引力理论，那么爱因斯坦的广义相对论呢？它可是完全不同的理论，复杂极了，无法在轻松地缩减成几句话之后就能让普通读者有所理解。因此，我只能说，这个理论是用一组相互关联的方程来表示的，左侧代表时空几何，右侧关乎宇宙中的质量、能量和动量。（简单起见，你可以把物体的动量视为其质量和速度的乘积。）因此，根据这些方程，宇宙中的质量、能量和动量决定了宇宙的时空结构。这些方程和物理情境对应的已知解很少，而且涉及的都是相当简单的情况，尽管现在人们使用数值方法可以求解更复杂的情况。

这个理论涉及的数学远远超出了本书的水平，但就算只能简单介绍一下，我也还是要提到它，这是为什么呢？从牛顿到爱因斯坦，万有引力的基本理论变得复杂了许多，我认为，看到这一点对心灵有益处。有些人也许希望有朝一日能了解其中的细节，这些内容能够触动他们。自然明显比我们很久以前所想象的要微妙得多，万有引力模型非但没有变得更简单，反而变得更复杂了。不过，从某个层面来说，它也变得更简单了：牛顿既需要提出运动定律，又需要提出（单独的）万有引力定律。而在爱因斯坦的理论中，两者包含在了一组方程中，尽管这些方程要复杂得多。

我们接着聊爱因斯坦和他创立的广义相对论。第一次把自己的新理论整理好的时候，爱因斯坦做了什么呢？他用这个理论测算了水星的环日轨道，结果当然令他相当开心。不同于牛顿理论对单一行星预测出的椭圆轨道，广义相对论所预测的水星近日点位置每世纪移动43角秒，刚好和纽科姆推出的（同牛顿理论的）差异相一致。想象一下，研究了差不多十年的新理论刚好解释了困惑人们半个多世纪的异常现象，爱因斯坦一定高兴坏了！

其他行星的轨道呢？为什么它们没有像水星一样，在近日点移动上表现出和牛顿理论预测的轨道的不同呢？简单来说，广义相对论的这种影响在其他行星身上太不明显了，在当时无法观测到。根据预测，随着半长轴变短，这种影响会变大，当然，这也要看人们测量近日点位置时能够达到的准确程度。偏心率越小，轨道越接近圆形，近日点位置就越难确定。例如，由于金星的轨道偏心率约为水星轨道的 1/50，1915 年人们根本无法观测到金星在广义相对论下的近日点移动。

在不同于牛顿理论的方面，爱因斯坦的理论还有哪些可以得到验证的预测呢？爱因斯坦找到了另外两个：第一，当光源靠近大质量天体，而探测器在远处时，光谱线（见第 5 章）会有频移；第二，经过大质量天体时，光波的传播方向会发生偏移。两种现象最终都被测量到了，甚长基线干涉测量中，在我的建议下，人们使用了甚长基线干涉测量（Very Long Baseline Interferometry，VLBI）方法，让第二种现象得到了最准确的验证（见第 10 章）。早些时候，在 1919 年 5 月的一场日全食期间，有人通过测量光线证实了第二个预测，这直接让爱因斯坦成了家喻户晓的天才，或者，至少也是享誉世界的科学家，他的声名自此稳固了下来。当爱因斯坦关于太阳弯曲光线方向的预言被英国人验证后，这个结果成为报纸的头条新闻，在第一次世界大战之后引起了公众的关注。

关于爱因斯坦的理论，我还指出过一个他本人没有设想到的预测（读完本段，你能想到爱因斯坦为什么没看出这一点吗？），并且我和许多才华横溢的同事一起进行了验证。这个预测就是，如果光的路径从一个大质量天体附近经过，那么光往返目标的时间会更长。这种影响在太阳系微乎其微。例如，从地球上看，当水星位于太阳背后时，如果雷达信号（见第 5 章）在从地球到水星的途中经过太阳边缘附近，那么回波的往返延迟时间将增加约 200 微秒（百万分之一秒）。就像上面提到的，这种预想到的效应通过行星际雷达测量得到了首次成功验证，后来又通过从太阳背后经过的行星际航天器进行了更准确的验证。如今，它被称为夏皮罗延迟效应，观测结果和理论计算相差不到万分之一。

这是科学统一的又一个例子：天文学中，我们能够用什么方式检验一个被提出的基本物理定律，正如之前检验牛顿定律？这也说明了，科学研究为什么能产生出人意料的惊艳结果。对太阳系外侧一个天体的观测，以及观测结果和预测的偏差，直接引导人们发现了一颗新行星。更厉害的是，太阳系内侧的一个类似发现在一定程度上揭示了全新的引力理论，而这个新理论现在也从根本上决定了我们怎么看待宇宙的结构（见第 7 章）。

总之，我们要注意的是，从历史上看，对太阳系天体的观测很快就把我们从（1）太阳系外侧行星预测位置的偏离，直接促成了一颗新行星的发现，从而戏剧性地展现了科学的力量；引向（2）太阳系内侧的类似发现，一定程度上揭示了全新的引力理论，而这个新理论现在也从根本上决定了我们怎么看待宇宙的结构。

到这里，我们关于物理学基本理论的探讨就告一段落了，在第一部分接近尾声的时候，另一个问题也许会让我们进一步加深理解，从而将"大物理"和"小物理"结合起来。这句话现在看起来不知所云，但读完第 7 章之后，你应该就能品出其中的意味了。

第 5 章
宇宙距离阶梯

现在，我们将揭开宇宙面纱的主题转向一个更有实际意义的关键点：距离。举例来说，我们需要知道距离方面的信息，才能建立准确的宇宙模型。所以，我们想知道月球、太阳、行星、恒星和星系离我们有多远。它们明显非常遥远，但究竟有多远呢？我们在地球上遇到的任何距离在它们面前都短得没法比。因此，自人类开始对宇宙提出疑问以来，怎么应对这些距离一直是个令人头疼的问题。事实证明，测量不同尺度的距离需要使用不同的工具。天文学家们用上了自己的幽默感，把这些工具统称为宇宙距离阶梯（Cosmic Distance Ladder）。每一种工具，或者说它可以测量的距离范围，都被视为这个（形象化的）阶梯上的一级。我们马上要聊到的第一级是最底层，适用于太阳系内部的距离尺度。

不过，在我们开始攀登距离阶梯之前，有一点要提醒大家：本章的部分内容可能是本书中最难的。如果你能读懂这些，那么本书的其余部分（第 11 章可能除外）应该就是香甜可口的小菜一碟了——希望如此。

太阳系的距离

　　月球离地球相对较近，所以我们可以通过视差或三角测量法（见下一节）得知大致的地月距离：大约是地球半径的 60 倍。那么太阳和行星的距离呢？开普勒第三定律为我们提供了帮助——怎么个帮法呢？它指出了轨道周期和轨道半长轴的关系，而轨道周期是最容易准确测量的。半长轴用天文单位衡量，1 天文单位大约是太阳和地球之间的平均距离。顾名思义，这个距离单位适用于天文学。但对于发送航天器穿越太阳系这类问题来说，它就不那么合适了。为此，我们需要以地球（陆地）上使用的单位来衡量距离。谈及火箭性能参数时，我们就要用到地球上的距离单位，例如公制单位——厘米、米、千米，诸如此类。这些距离单位和天文单位有什么关系呢？这并不容易确定。在 20世纪后半叶之前，将三角测量法应用到相对较近的小行星上，差不多就是大家的测量极限了，而且效果并不理想。

　　到了 20 世纪中期，天文学家们认为他们在这种换算上只有万分之一（10^{-4}）的不确定度。然而，当我们能够更准确地确定它（见下文）时，却发现这个数字应该是千分之一（10^{-3}），比他们想象的差了一个 0。深究一下这背后的影响，假设我们想把航天器发往金星，但在距离上有千分之一的不确定度，那么会出现什么样的问题呢？简单的计算就能得出粗略的答案：（1.5×10^8，1 个天文单位大致的千米数）×（1×10^{-3}，千分之一的相对误差），结果大约是 1.5×10^5 千米。前往金星的航天器只需要飞行大约 1/3 个天文单位。假设这个航天器被设计为包括一个照相机，用来近距离拍摄金星。考虑到计算和实际情况之间

可能有 $(1/3) \times 1.5 \times 10^5$（$=50\,000$）千米的差距，拍摄可能很难进行。（真正的不确定度和差距算起来没有这么简单，但对我们目前的目的来说，这是一个令人满意的近似值。）对航天器上的其他仪器来说，这样的差距也很麻烦。"水手 2 号"就曾面临这类问题，它于 1962年发射，是意在访问另一颗行星的第一架航天器。对于这种导航问题，从原理上讲有不同的解决方案。那么真正被采用的是哪个呢？

人们用雷达来解决这个问题，这个方案随后成了宇宙距离阶梯的第一级。什么是 "radar"[①]？这个英文单词虽然现在常被直接使用，但它其实是个缩写，全称是 "radio detection and ranging"，即无线电探测和测距。在第二次世界大战的不列颠之战中，雷达帮助英伦三岛抵御了德国战机的攻击：雷达信号被发射到空中，通过探测到的回波，英军可以确定战机的位置，并采取适当的防御措施（BBC 英剧《不列颠上空的堡垒》就讲述了这段故事）。雷达虽然发明时间比较早，但包括发射机和高灵敏度接收机在内的各方面获得艰难突破，却是在第二次世界大战期间。因此，在战争结束不久的 1946 年，虽然匈牙利和美国新泽西州美国通信部队的科学家们肯定互不相识，却能不约而同地向月球发送雷达信号，并探测到它们的回波。

既然月球和太阳在天空中看起来大小差不多，那么从太阳获取雷达回波也应该同样容易，对吗？不对，原因有两个：首先，雷达回波的功率和目标距离的某次方（幂）成反比。某次方是几次方呢？这个答案讲起来有点意思，从太阳这么远、这么大的目标返回的雷达信号，和从月球这么远、这么大的目标返回的雷达信号有什么差距？关键就在

---

① 中文"雷达"是从这个词音译而来的。——编者注

这里。向太空发送时，雷达信号实质上像是附在（部分）球面上一圈圈向外扩散开的，雷达则是球体的中心。球体的表面积和半径的平方成正比（这是一个几何事实，详见第 4 章关于平方反比定律的讨论）。因此，到达目标的信号单位面积的功率，会随着地球上发射机到目标距离的平方的增大而减小，这里有 r^{-2}，其中 r 是发射机到目标的距离。目标会将部分雷达信号反射回发射机。在回程中，反射的雷达信号也是以（部分）球体表面扩散的方式传播的。从目标继续往回传播时，雷达信号（回波）单位面积上的功率也会随着距离平方的增大而减小，于是又出现了 r^{-2}。那么全程算下来，信号功率要随着目标距离的 4 次方的增大而减小，这里有 $r^{-4}(=r^{-2}\times r^{-2})$。因此，如果一个目标的距离是另一个目标的 2 倍，但其他方面相同，那么从前者返回的雷达信号只相当于后者的 1/16。

回波功率还取决于目标的大小，特别是它的面积。因此，如果一个球形目标的半径是另一个目标的 2 倍，但其他方面完全相同，那么从它返回的雷达信号将是后者的 4 倍，因为回波功率随着目标面积（A）的增大而增大，也随着半径平方的增大而增大。利用数学的语言，回波功率 $P_{回波}$ 和这两个因素的关系可以表示为：

$$P_{回波}\propto A_{目标}/r^4 \tag{5-1}$$

其中 ∝ 表示"成正比"。如果两个（近似）球形的天体，比如月球和太阳，在天空中的角大小相同，那么我们可以得出结论，它们各自的表面积除以各自同我们的距离的平方，也就是 A/r^2，将是相等的。因此，在式 5-1 中，两个天体的 $P_{回波}$ 之比，同它们和我们的距离的平方之比，是反比的关系：

$$P_{\text{回波}1}/P_{\text{回波}2} \propto (r_2/r_1)^2 \qquad\qquad (5\text{-}2)$$

代入相关数字，我们就会发现，如果太阳像月球一样反射雷达信号，那么人们能够接收到的来自太阳的回波功率只有月球的 1/150 000 左右。换句话说，在没有下面的问题的情况下，如果一台雷达只能勉强探测到来自月球的回波，那么它的灵敏度必须提高约 15 万倍才能（勉强）探测到来自太阳的回波。

现在，我们来说说用雷达探测地日距离的第二个难点：太阳没有固体表面，它会吸收信号或从非固体表面反射信号，这取决于传送给它的雷达信号的波长（或频率）。从如此不理想的表面反射回信号，会不会让人们难以准确判定地面距离单位和天文单位的关系？会的。但是，我们不用把雷达信号对准太阳，也能得到换算两者的数值。怎么不能呢？再次利用开普勒第三定律就好。因为我们测量行星轨道周期的准确度非常高，所以可以在差不多的准确度下列出每颗行星以天文单位计的半长轴。因此，在准确知晓每颗行星以天文单位计算的轨道情况后，我们就可以随时轻松而准确地得出两颗行星之间以天文单位计算的距离。然后，我们只需要用地面上的距离单位测量出地球和另一颗行星之间的距离，就可以通过简单的计算确定两种单位的关系。（其实这里的过程也没有那么简单。例如，我们需要首先确定地球和目标行星的轨道，还有行星的半径和形状，还要达到一定的准确度。）所以，我们不需要直接测量地球和太阳之间的距离。

沿着轨道来到离地球最近的地方时，金星是除月球之外最方便用雷达探测的太阳系目标，所需的灵敏度只比探测月球高出 100 万倍多一点。那么，这样的改进多长时间才完成呢？大约 15 年。雷达系统在天线尺寸、发射机功率和接收机灵敏度等各方面的显著进步，使我所了解的所有雷达性能得到了最大程度的持续提高——在近50年的时间里，灵敏度平均每年总体提升两倍多！我曾经是麻省理工学院林肯实验室的团队成员，我们在戈登·佩滕吉尔（Gordon Pettengill）的领导下，在1961年4月初得到了从金星返回雷达信号时间延迟的可靠探测数据，那差不多就是地球和金星最靠近彼此的时候。每日观测进行了不到一周，地面距离单位和天文单位的换算就获得了极大的完善，精确了1000多倍。真是大获全胜！这时我们才意识到，以前那个换算数值的不确定度实际上是我们以为的10倍。

这里用到的雷达系统有一个直径25米的天线，它也是第一台为了追踪某一个人造地球卫星而造的雷达——苏联在1957年10月4日发射了"斯普特尼克1号"不久之后，这台雷达就派上了用场，而且它现在仍在使用中。

同样是测量天文单位，在此之前几天，理查德·戈德斯坦（Richard Goldstein）领导下的团队使用美国国家航空航天局（NASA）的喷气推进实验室（JPL）的戈德斯通雷达，也得出了水平相当的结果。他们采用了一种准确程度略差的技术，测量雷达信号的多普勒效应（本章稍后将讨论这种效应）。有了这些测定，前往金星的"水手2号"就可以进行航迹推算了。这样一来，我们就知道了太阳系中的所有距离，不仅是以天文单位计算的距离，还有足够准确、能以千米之类的单位完成导航的距离。

如何用容易理解的语言来描述太阳系的规模呢？也许打个比方就有足够清楚的答案了。按照这个想法，我们先把地球缩小到一粒胡椒粉的大小，就是许多厨房台子上的研磨机里能找到的那种胡椒粉渣。

如果以同样的倍数缩小太阳，它就会变成一个篮球大小，而它和地球之间的距离大约是从足球场一端到另一端的距离。花点时间想一想这个比方，它能让我们合理地感受到地球在太阳系中有多么渺小，同时，太阳系中的天体有多么分散。和这些天体自身的大小相比，它们之间的空间是极为广阔的。当然，和我们自身相比，地球是巨大的：地球的直径大约是我身高的 700 万倍。相比之下，太阳和地球的距离只有地球直径的 12 000 倍左右。

地球与恒星的距离

现在，我们已经足够了解太阳系的距离，可以用地球上的距离单位来换算了。那么太阳系以外的距离呢？宇宙距离阶梯的第二级能测量附近恒星的距离。在这里，我们可以把地球轨道作为基准，进行三角测量。这究竟是怎样完成的呢？我们使用了视差的概念：当我们从两个不同的位置观察更远处天体映衬下的目标时，方向会产生明显的变化。

已知三角形底边的长度，我们可以利用基本的三角学知识，通过测量从底边两端到顶点的角度，计算出这两端到顶点的距离。如果以地球轨道直径为底边，那么这个方法也可以用来计算恒星距离。在这种情况下，我们要测量从底边两端到顶点恒星的角度。这类角度测量是以背景恒星为参照的，背景恒星比我们想通过测量视差来确定距离的目标恒星要远得多。不过，这里存在一个固有的难题：我们怎么知道哪些恒星离我们很近，哪些离我们很远？我们可能会认为，看起来更亮的恒星离我们更近，而更暗的恒星离我们更远。糟糕的是，这条经验并不可靠，因为恒星的固有亮度（光度）并不是全体一致的，甚至千差万别。在实践中，我们也许会把许多恒星当作参考恒星，并试着确定目标恒星是相对所有恒星在移动，还是仅相对其中一些恒星在移动。如果情况比较乱，我们可以尝试在附近的天空中寻找其他恒星，看看它们能不能当参考恒星，直到找到一些看起来相对彼此静止的恒星为止。然后，我们就可以很有把握地假设，它们距离目标恒星足够远，自身没有可观测到的视差。

人们第一次认真尝试这种利用视差测量恒星距离的方法，是在1729年的英国，实践者是詹姆斯·布拉德利（James Bradley）。在当时可达到的角度测量的最高精度（约10角秒）下，他发现一颗恒星的位置在一年中没有明显变化，也就是说，没有恒星视差。不过，布拉德利确实发现了光行差，这是一种物理规律，举例来说，一颗恒星的光看上去从哪个方向传播过来，取决于地球的公转速度。这类似于一个人在雨中行走的经历：在没有风的情况下，雨水从哪个方向打向你，取决于你自己行走的速度和方向。你能想到布拉德利的这个发现对太阳系的地心说和日心说之争意味着什么吗？原因又是什么呢？

很早以前人们就已经意识到，这种用来测量恒星距离的视差可以明确地判定是地球绕着太阳运动，还是太阳绕着地球运动。如果地球留在原地，而整个宇宙严格围绕它旋转，那么人们在一年中不会看到任何一颗恒星的方位相对其他恒星有明显变化。但是，如果地球相对恒星是运动的，而且不同的恒星和我们的距离不同，那我们就有可能发现，相对较近的恒星和相对很远的恒星的相对位置每年都会发生变化。如果这个方法能通过恒星视差确认这一点，而且每年的情况是重复的，那么（几乎！）所有人都会认为，有无可争辩的证据证明地球绕着太阳转，而不是宇宙绕着地球转。当然，布拉德利发现的光行差几乎提供了能让所有人满意的铁证，证明地球相对恒星是运动的。

如果没有观测到任何恒星视差，那又能得出什么结论呢？有两种显而易见的解释：要么地球相对恒星"真的"是静止不动的，要么恒星距离我们太遥远，现有的测量水平不足以让我们发现视差测量应该揭示的运动。直到 1836 年，也就是布拉德利做出尝试一个多世纪之后，视差测量的仪器和方法才有了足够的改进，得出了预期的结果。著名数学家和天文学家弗里德里希·威廉·贝塞尔（Friedrich Wilhelm Bessel）成功测定了一颗明亮恒星天鹅座 61 的视差，约为0.3 角秒。

怎样将视差测量和具体的距离挂钩呢？为此，我们要引入一个新的距离单位：秒差距（parsec）。这个单位是 1913 年由赫伯特·霍尔·特纳（Herbert Hall Turner）提出的，名称中包含"视差"的"差"和"角秒"的"秒"，指的是以地球轨道半径 [更准确地说是 1 天文单位（au）] 为底边，顶角为 1 角秒时，连接顶点恒星的一条边的长度（图 5-1）。需要注意的是，这里有两个容易混淆的数值：秒差距是用地球绕太阳运行的轨道半径来定义的，但为了尽量提高准确程度，测量时使用的是地球轨道的直径，这当然是半径的两倍。

秒差距是目前天文学中广泛使用的距离单位，但不是唯一的距离单位。同时在使用的还有光年（1 秒差距 =3.26 光年）。你可能猜到了，光年是光在真空中传播一年的距离。但人们对"光"和"年"的理解往往是模糊的：例如，这里用的是哪个"年"？年有多种定义，包括相邻两次春分的间隔，而光年中的年只能使用一种。不过，超出太阳系的距离测量没有那么准确，这种程度的不严谨在实用层面还不至于对测量结果产生重大影响。

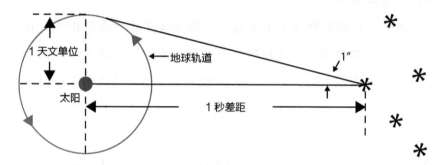

图 5-1　视差和秒差距（距离单位）的关系。注意：本图并非按比例绘制，举例来说，和呈现秒差距定义的三角形的顶点恒星相比，远处的参考恒星应该更加遥远，形成无法分辨出视差的真实天体背景。地球轨道半径构成了三角形的底边，人们需要从底边两端，以遥远的恒星为参照，测量顶点恒星的角度。图片来自戴维·夏皮罗

在地球表面使用视差法的时候，由于大气层的"闪光"，能够可靠测量的距离限制在了大约 100 秒差距。不过，欧洲航天局（ESA）在2013 年 12 月发射了一艘名为"盖亚"的航天器，有了它，以视差法测量恒星距离的范围扩大到了 10 000 秒差距，最佳精度达到了 10 微角秒，随距离的增加而缓慢变差。这类测量方法被彻底改变了。值得注意的一点是，"盖亚"用于确定恒星距离的方法是受到过质疑的。之前的欧洲航天器"依巴谷"（Hipparcos）卫星使用过同样的方法，但和另一种更可靠的技术——甚长基线干涉测量（这是个拗口的词，第 10 章会有定义和讨论）——得出的结果不一致。调查最终表明，甚长基线干

涉测量得出的昴星团（一个星团）距离结果是准确的，而"依巴谷"卫星的结果问题很大。"盖亚"航天器对昴星团的测量结果和甚长基线干涉测量一致，而和"依巴谷"卫星不同。"依巴谷"卫星为什么会得出不一样的结果？目前还没有找到原因。这个故事说明，科学并不总是笔直的大路，而是经常会有意想不到的小径。然而，真理最终总会胜利，可以说，这就是我们的信条。

通过周光关系得出的距离

宇宙中更遥远的天体无法通过视差测量确定距离，该拿它们怎么办呢？在智慧和运气的结合下，一个巧妙的方法出现了。一个多世纪前，哈佛天文台（Harvard College Observatory）在秘鲁拥有一架望远镜，用来观测只有从南半球才能看到的恒星。南天的一个区域被称为小麦哲伦云（Small Magellanic Cloud），那里聚集了大量恒星，它们大概是被引力相互束缚住的，全都和我们相隔大致相同的距离。位于秘鲁的观测者对小麦哲伦云中的恒星进行了反复观测。包含南天图像的大幅玻璃底片被送回哈佛天文台进行详细分析。当时，这家天文台有一个了不起的计算组负责分析工作，而担当重任的不是苹果、三星、戴尔的计算机，也不是 IBM 的计算机，它们还不存在。相关计算都是由女性工作人员完成的，她们被称为"计算员"，在英文中恰好也是computer（图 5-2）。在那个时代，女性从事科学研究的机会少得近乎不存在。但时任哈佛天文台台长的爱德华·C. 皮克林（Edward C. Pickering）聘用了许多优秀、聪明的女性，她们的研究工作也硕果累累。达瓦·索贝尔（Dava Sobel）在2016年出版了一本关于这些"计算员"的书，名为《玻璃底片上的宇宙》（*The Glass Universe*），相当畅销。有一位叫亨丽埃塔·莱维特（Henrietta Leavitt）的计算员在处理关于变星的数据时注意到，一些变星的亮度随时间呈周期性变化（图5-3）。此外，她还发现了一个完全出人意料的关系：这些被称为造父变星的恒星，它们的亮度变化周期和平均亮度（也可以是最大／最小亮度）有关。具体来讲，造父变星的平均亮度越大，亮度变化的周期就越长。

图5-2　1900年前后，在哈佛天文台工作的计算员

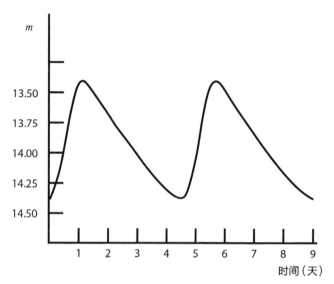

图 5-3　图中涉及的时间段只有 **9** 天，从中可以看出亨丽埃塔·莱维特发现的变星亮度变化（以星等为单位）情况。星等（纵轴上的"***m***"）是涉及对数的一种恒星亮度表示法。不过，星等越大，亮度越低，因此在这张图上，**13.50*m*** 大约是 **14.50*m*** 亮度的 **2.5** 倍。由戴维·夏皮罗改编自 **ESA/Hubble & ESO Astronomy Exercise Series，CC BY 4.0**

　　怎么会这样呢？很清楚的是，这些造父变星和太阳系的距离不是随机的。它们都在差不多远的地方，不然这种关系的意义便无法确定。为什么呢？我们探测到的亮度是视亮度，和恒星距离的平方成反比。（恒星的视亮度，是我们在地球上看到的恒星亮度。恒星的光度，是恒星本来的亮度，也就是恒星在单位时间内辐射或发射的能量，两者的区别请千万记好。）因此，如果这些造父变星和我们的距离是随机的，而不是在一个相对较小的范围内，那么人们就难以由此确认周光关系（Period-Luminosity Relation）。

无论造父变星距离我们有多遥远，只要它们的亮度足以让我们探测到变化，我们就可以完成观测，并利用这种变化，或者说变化的周期，来推测距离（图 5-3）。方法是，先观测出变星亮度变化在一个周期内的平均值，或者变化过程中的最大／最小视亮度，再和周期相同且距离已知的造父变星进行相应的比较。因此，我们要列出两个平均亮度的比值，它们等于两个具有相同亮度变化周期的造父变星各自距离的平方之比的倒数。

$$B_1/B_0 = r_0^2/r_1^2 \qquad\qquad (5\text{-}3)$$

稍加整理，我们就能解出 r_1，也就是我们想了解的那颗造父变星的距离：

$$r_1 = r_0(B_0/B_1)^{1/2} \qquad\qquad (5\text{-}4)$$

其中，B_0 和 B_1 分别代表作为参考的造父变星和距离未知的造父变星的平均亮度，r_0 和 r_1 是它们和我们的距离。我们可以快速检查一下两个平均亮度的比值是不是正确，有没有颠倒，要注意的是，未知造父变星的亮度越暗，它的距离肯定就越远。因此 B_1 在分母中，分母越小分数越大。提醒一下，在上述两个式子中，亮度的单位不是 m，这里用到的单位需要让 B 的值和天体亮度直接成正比。

式 5-3 的依据看起来可能不够清晰。让我试着解释一下：两颗造父变星具有相同的亮度变化周期，因此根据周光关系，它们的固有亮度相同。不过，因为常常和我们相隔不同的距离，它们的视亮度是不一样的。而这些星辰同我们的距离的平方又和它们的视亮度成反比。将每颗造父变星的亮度乘以它和我们的距离的平方，就可以消掉距离平方的倒数带来的影响。由此得到的结果本质上和距离不再相关，对于固有亮度或者说光度相同的两颗造父变星来说，是完全一致的。因为它们的亮度变化周期是相同的，而且它们都遵循周光关系，所以我们已经证明了式 5-3 的合理性。虽然有点啰唆，但我希望这个解释还算清楚，尽管你可能要读两遍才能看明白。

就这样，我们有了一种确定相对距离的间接方法。要确定绝对距离，比如说以秒差距或光年为单位的距离，就必须校准这种关系。具体来说，我们必须先确认一些造父变星的平均亮度，或者相关的具体量对应多长的绝对距离。要怎么校准呢？一个简单的方法就是找到一颗已经测量过平均亮度，而且离我们足够近的造父变星，我们可以通过视差来确定它有多远。这种校准实际上就完成了。不过，可能有人会觉得奇怪，即使是在亨丽埃塔·莱维特发现周光关系一个多世纪后的今天，校准中的不确定性仍然在限制这种确定距离的方法。当然，现在的校准比一个世纪前更准确了，但这种间接的距离校准技术依然有局限性。通过提高视差测定的准确程度，并将可以测量的范围扩大至 100 倍，"盖亚"航天器应该会在未来几年大幅改进之前的校准情况，实现十几倍的优化。

需要注意的是，一旦超出了视差测量的范围上限，我们就需要使用间接方法了，周光关系是其中的第一种方法。基于这种关系的间接方法是宇宙距离阶梯的第三级。但这么久过去了，周光关系的发现者却没能通过命名得到明确的认可。在我看来，它的正式名称应该是"莱维特周光关系"，或者其他类似的叫法。

红移与距离的关系

宇宙距离阶梯的第四级是什么，我们为什么需要它？让我们先讲清楚第二个问题：位于非常遥远的星系时，造父变星的光度不足以让它们被观测到。为了给下一阶梯做好铺垫，我们仍要先讲讲这段历史。

我们从一个问题开始。一个多世纪前，人们了解宇宙的大小吗？不太了解。当时，天文学家们还在争论银河系是宇宙的全部，还是仅为众多星系中的一个。那个年代的望远镜质量（大小）已经足够让人们在不同的方向上看到朦胧的光斑，也就是星云。这些光斑在天空中的分布似乎多少带有随机性质。相比之下，恒星似乎都集中在一条带子，也就是银河上，这表明银河系的形状就像一张薄饼。如果这些朦胧的光斑（也称为"岛宇宙"）是银河系的一部分，那么它们怎么会大致均匀地分布在天空中，而不是也像薄饼一样呢？另外，相对银河系的中心，我们和太阳在哪里？我们怎样才能知道呢？

当时，人们还没有确知宇宙结构的组成，而这种性质的争议事关根本，于是，著名天文学家乔治·埃勒里·海耳（George Ellery Hale）建议在美国国家科学院举行一场辩论会，让学界选两位能言善辩的先生各抒己见（当时女士们还不被允许达到同等的地位）。被选中的辩手是哈洛·沙普利（Harlow Shapley）和希伯·柯蒂斯（Heber Curtis）。沙普利正准备接替皮克林担任哈佛天文台台长，柯蒂斯则来自旧金山湾区著名的里克天文台，是一位更年长的天文学家和更出色的演说家。这场辩论于 1920 年 4 月 26 日举行，没有笔录或录音，但大约一年后，很有可能——不，是毫无疑问——经过大量修改的记录被印刷了出来。这个印刷出来的版本介绍了两位辩手在两个主要问题上的立场。辩论的核心是，星系有一个还是多个。柯蒂斯的论据要有说服力得多，例如，随机分布的岛宇宙无法解释为位于一个整体为薄饼状的宇宙中。沙普利对只存在单一星系的辩护在一定程度上基于一种说法（后来被证明是错误的）：有一个岛宇宙被观测到在天空中有较大的角度移动，如果存在于银河系外，那么就算以最宽松的方式去估计银河系的大小，这个岛宇宙的移动速度都会大于 c，从而违反狭义相对论。另外，沙普利并没能解释观测到的岛宇宙为什么在天空中如此分布。

谈到我们和银河系中心的距离有多远，沙普利的论点更有说服力，他认为我们和银河系中心的距离约为 10 000 秒差距。而柯蒂斯的说法比这远好多倍。无论谁是正确的，抑或他们都没说对，请注意，人类自以为的宇宙特殊地位在不断下降：且不说银河系是独一无二的，还是有一大堆同类，到了这个时候，人们发现就连这个星系的中心也离自己远得很。

虽然人们对这些基本问题的答案争论不休，但基本假设是宇宙总体上是静止的。爱因斯坦认为，他的广义相对论应该为宇宙的行为提供一个模型，而宇宙保持静止一说则让他感到困惑。因为所有的物质都会互相吸引（其实这一条牛顿的理论里也有），所以那样的宇宙会自我坍缩，非常不稳定，不能长时间存在。反过来讲，如果宇宙真的是静止的，就像当时大多数或者至少是许多天文学家（我没调查过到底多少人）所说的，爱因斯坦的广义相对论就不可能是整个宇宙的良好模型。尽管如此，在较短的空间距离内，比如在太阳系里，这个理论似乎还是相当有效的。

怎么办呢？爱因斯坦曾经陷入理论上的巨大困境。他给出的解决方案非常出色。他提议，在几何一侧为自己的方程加入一个额外项，这个项在较小的空间尺度上没有明显影响，但在更大的空间尺度上构成一个斥力。这个新项的作用就像一个大小合适的反引力，它由一个常数决定，而这个常数的值取决于宇宙的具体特征。在几何一侧添加这个项，对于最初的理论是一种巨大的改变，不存在神秘常数本是它引以为傲的一点。爱因斯坦把新提出的常数，也就是这个新项的系数，称为宇宙学常数。

与此同时，人们正在积极地将爱因斯坦的广义相对论应用于宇宙学（宇宙的结构和演化）的理论研究。亚历山大·弗里德曼（Alexander Friedmann）是苏联一位杰出的年轻科学家，他在 20 世纪 20 年代初就推断出宇宙膨胀是爱因斯坦广义相对论方程的一个可能解。同样，比利时的一位神职人员乔治·勒梅特（Georges Lemaître）在 1927 年独立得出了类似的结论。之后不久，埃德温·哈勃（Edwin Hubble），也就是如今因哈勃太空望远镜而广为人知的科学家，开始使用当时最灵敏的望远镜——美国加利福尼亚州帕萨迪纳北边威尔逊山上直径 100 英寸（主镜直径 2.54 米＝100 英寸）的胡克反射望远镜——测量一些岛宇宙的距离。20 世纪 20 年代末，他利用造父变星成功地测量出了一些岛宇宙的距离（见下文），从而表明它们确实是独立的星系，和我们的距离有几百万光年之远。

在分析观测到的星系的光时，哈勃还用到了它们的光谱，大部分（也可能是全部）来自美国天文学家维斯托·斯莱弗（Vesto Slipher）在大约 10 年前的研究。这些光谱是什么呢？因为在本书第一部分的后续内容里，光谱在不少地方起到了关键作用，所以我们短暂地偏离一下主题，简单介绍一下它的背景知识。和往常一样，我们先讲历史：1813 年，德国物理学家约瑟夫·冯·夫琅和费（Joseph von Fraunhofer）

观测了太阳的光谱，确认并扩展了 W. H. 渥拉斯顿（W. H. Wollaston）1802 年的观测结果。夫琅和费观察到，太阳光穿过透明的三棱镜时，在屏幕上照射出的色彩——光谱（按频率或颜色排列的图案）——在某些地方含有深色的细线。夫琅和费不确定这些线条意味着什么。后来的科学家发现，有电流通过时，特定原子（元素）的气体（如纯氧或纯氢）会发光，再让这种光通过棱镜或类似装置，就能显示出对应具体频率（颜色）且因元素而异的线条。所以，由此而来的图案反映了元素的特征：在实验室中，任何特定元素的线条总会出现在相同的位置，也就是说，它们总是显示为相同的频率或颜色。每种元素都有一个独特的光谱，就像是元素的指纹。这些所谓的亮发射线分别和太阳光谱中的暗线（= 吸收线）相对应，太阳外部的元素吸收了来自太阳更内部的更热的光线，这让当时的人们百思不得其解。

哈勃所研究的斯莱弗星系光谱揭示了什么呢？这些光谱显示了特征谱线，可以辨别出相关元素，但这里存在一个重要的区别：与在实验室中观察到的相应元素的谱线相比，星系光谱中的那些元素的位置发生了频移。为什么会有这样的现象？光谱线向哪个方向移动？移动了多少？我们需要再偏离一下话题，给出解释答案所需的两个背景知识点：波速和多普勒效应。

一道波的速度

回到 1844 年的维也纳，克里斯蒂安·多普勒（Christian Doppler）用望远镜研究一对双星时，观察到光的频率在来回变化。他推断，这是因为两颗星绕着彼此做轨道运动，这就是双星的定义。光的这种特点和我们所熟悉的一种声音效应很相似。例如，当一列火车朝我们行驶过来，汽笛声会变得高亢，火车远离我们时，汽笛声会变得低沉。这种音调或频率的变化被称为多普勒频移，你可以猜到这是以谁的名字命名的。其实，它也可以被称为罗默效应，因为奥勒·罗默对这种频移的发现比多普勒早了近 200 年，他还曾经用这种现象证明光的传播速度有限。针对光讨论这种现象的时候，我们怎样用数学方法将频移表示为光源相对我们的速度的函数呢？首先，我们需要一个光的模型。在这种情况下，光波模型（图 5-4）就很适合应用。你可以想一想水的波浪。掀起的高浪和波峰相对应。一个波峰和下一个波峰之间的距离是波长 λ，波底（波谷）到波顶（波峰）垂直距离的一半是波幅 a。这样的波如果水平传播，那么在它经过的空间点，物质会周期性地上升和下降。

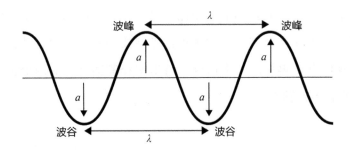

图 5-4　文中提到的波的运动。图片来自戴维·夏皮罗

　　水波在单位时间内涌动而过的波长个数被称为频率。现在想一想光波，我们可以表示出它的速度 c，等于它的波长和频率的乘积：

$$c = \lambda \times f \qquad (5\text{-}5)$$

先想一个简单的例子，然后加以概括，也许就能更清楚地说明这种关系。假设我们站在一个地方看波浪经过，在 1 秒内有一个完整的波浪经过，比如第一个波峰过去了，而第二个波峰刚到，这道波的速度就是波长乘 1。在这个例子里，1 秒内经过的波长数就是 1。如果 1 秒内有两个完整的波浪经过，那么波的传播速度将是上一个例子的 2 倍，前提是两个例子中波的波长相同。

多普勒频移又是怎么回事呢？多普勒频移的推导过程比较复杂，所以这里只介绍结论。如果信号源向观察者移动，观察者接收到的频率将符合：

$$f \approx f_0(1 + v/c) \qquad (5\text{-}6)$$

其中 v 表示信号源接近信号接收方时的速度，远小于光速 c，而≈表示约等于。如果信号源以相同的速度远离观察者，那么只需要把式 5-6 中的加号改为减号。

等一下！爱因斯坦不是说过，光的传播速度 c 无关光源相对接收方的运动速度吗？而且观测结果也支持了他的说法。的确如此。但这里要表达的是，如果频率 f 增加，希腊字母 λ 所表示的波长必须减小，以保持光速不变：$f \times \lambda = c$ 或者 $f_0 \times \lambda_0 = c$。

假设宇宙各处都遵循我们在地球上所发现的规律——这是一个基本假设。那么，如果我们发现源自遥远天体的光谱线和我们在实验室中观察到的光谱线相同，只是全部按同样的比例发生了频移，我们就会得出这样的结论：发光物体和我们之间存在视向速度，是速度的差异造成了这种现象。可能还有其他原因，但到目前为止，经得起探究分析的原因也就是这个了。

　　说回哈勃:他能够推断出几百万光年的距离,依据之一是对这些遥远星系中的造父变星做出的观测。哈勃能很好地观测到这些天体,是因为他使用了比以前功能更强的望远镜。观测结果颇具决定性,表明那些岛宇宙远远超出了当时人们所相信的银河系范围。于是,天文学界头也不回地扭转了集体观点,确定岛宇宙就是银河系范围之外的其他星系。就这样,"人类在宇宙中有着特殊地位"的自傲感,又被打落了一个档次,我们甚至离一个普通星系的中心都远得很。如果能在宇宙其他地方发现存在其他智慧生物的铁证(见第22章),那么我们自以为在宇宙中享有的特殊位置可能会进一步甚至彻底被打破。

　　斯莱弗整理了这些星系发出光线的光谱,哈勃则利用光谱估算出了它们的距离,他显然注意到了一个显著的关系:星系的距离大致和观测到的光谱红移成正比。换句话说,这表明这些星系正在以和自身距离成正比的速度远离我们(图5-5)。具体来讲,每个光谱都向红光方向移动;光谱中代表元素的特征谱线,也都成比例地向光谱中较红(波长较长)的方向移动。它们的频率低于在实验室中测得的频率,这表明这些光源正在远离我们,速度同它们与我们的距离成正比。这个非凡的观测结果要怎么解释呢?嗯,假设我们要均匀地拉伸一条松紧带或者均匀地吹大一个气球,当松紧带的长度或气球的半径均匀增加时,上面间隔相同的点会有什么样的相对运动呢?相邻的点、相隔的点,以及以此类推其他的点,它们将以和距离成正比的速率远离彼此。

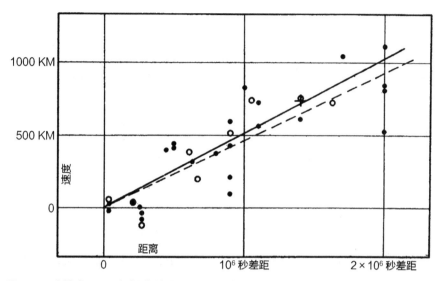

图 5-5　哈勃在 1929 年得出的附近星系距离和速度的经典结论，距离单位为百万秒差距（10⁶ 秒差距）。空心圆和填充圆的差距，以及实线和虚线的差异可以忽略不计。[请注意，哈勃的图表标注有误：图中纵轴的单位标注 "KM"（千米）省略了 "/s"（每秒），其实这里显示的是以 "千米每秒" 为单位的速度。"KM" 规范写法为 "km"。] Edwin Hubble, "A Relation between Distance and Radial Velocity among Extra-Galactic Nebulae," Proceedings of the National Academy of Sciences 15, no. 3 (1929): 168–173.3 (1929): 168-173. 图片来自卡内基科学研究院

　　因此，哈勃的观测结果，无论是完全独立于弗里德曼和 / 或勒梅特的工作，还是至少部分受到了他们的启发，都证明了宇宙正在膨胀。如果他所发现的红移 - 距离关系（Redshift-Distance Relation）总的来说符合事实，这似乎是一个不可避免的结论。有趣的是，哈勃在 1929 年发表的研究成果中并没有写出这一点。他是一个谨慎的人，但他为什么决定把（尽管是暂时的）结论引向别处，而对宇宙膨胀只字不提呢？我无法做出可靠的判断。会不会是因为他当时没有意识到这种可

能性呢?

　　相比推测单独一颗造父变星发出的更集中的光,推测分布在星系各处的常见特定元素(原子)的光的红移,更加容易。因此,通过红移测量的整个星系,可以比通过亮度测量的单个造父变星遥远许多,何况单个造父变星的光还不一定能够分辨出来。于是,这种红移–距离关系就成了宇宙距离阶梯的下一级,也就是第四级,可以表示为:

$$v = Hd \qquad\qquad (5\text{-}7)$$

其中,v 代表星系远离我们的速度,d 代表星系和我们的距离。这里的 H 是一个比例常数。这个常数会不会随着 d 的大幅增加而保持不变?我们将在第 7 章中继续讨论。猜猜这个常数是以谁的名字命名的? 不过,我们会在第 6 章提到,勒梅特比哈勃早两年公布了它的值。因此,许多天文学家认为这个常数应该写成 L,而不是 H,并命名为勒梅特常数,而不是哈勃常数。不过,哈勃似乎很精通宣传活动,据我所知,勒梅特并没有表现出这样的特质。

　　宇宙距离阶梯上这一级面临的困难是,星系内的恒星也有自己的速度,这在一定程度上模糊了星系的整体运动情况。此外,还有所谓的星系本动速度,也就是说,星系的整体速度并不能对应一般意义上宇宙均匀膨胀的速度。本动速度因星系而异,就好比在某个时刻,逃离着火大楼的人们跑得不一样快。当然,这些都是红移–距离关系中的小变数,这种方法从整体来看还是实用的。

　　攀上第四级阶梯大概已经够让人筋疲力尽的了,接下来是第五级,不过也是最后一级了。

宇宙距离阶梯的第五级

第五级是宇宙距离阶梯的最后一级，它让我们的测量超越了红移和距离的关系，而且可能更准确。原因之一在于，这里的方法避免了在对整个星系的光进行观测并得出综合结果时，单个恒星相对运动带来的那种影响。第五级是以超新星作为示距天体的。超新星是什么呢？一颗超新星突然出现在天空中时，会是一个散发出极强光芒的天体，虽然像一个点，它的亮度却可以在短时间内等于或超越整个星系。超新星的亮度会在最初的若干天大大增强，然后较为缓慢地减弱，比如也许经过一两个月，我们就无法再分辨出某些遥远星系中的超新星了。有一些方法可以辨别不同种类超新星的特征，基于光谱以及亮度随时间的变化，通过观测将它们区分开来。不过，目前还没有完全令人满意的模型可以描述任何一类超新星。

科学家认为，许多超新星都是恒星核燃料燃尽的最终阶段，它们在自身质量的引力作用下坍缩，引发大规模爆炸，这就是一类超新星的核心。通过对超新星的仔细研究，一种被称为 Ia 类型的超新星已经得到了良好的校准，成为标准烛光。

什么是标准烛光？这是对一种天体的描述，它们的光度是已知的，而且同类天体的光度完全相同。依靠这种稳定性，找出这类天体中任何一个成员的视亮度，我们就能通过平方反比定律来确定它和我们的距离，除非存在干扰物质，可能造成某些影响（关于这种可能性的简短讨论，见第 7 章）。当然，要用同类天体确定距离，我们必须首先通过其他方法确定至少一颗 Ia 型超新星离我们有多远。这种校准的前提是，至少要有一颗 Ia 型超新星在附近的星系中被发现，我们可以使用宇宙距离阶梯中较低的一级来合理、可靠地确定它的距离。

就这样，这种超新星"标准烛光"提供了一种据信、可靠的示距天体，可以借此测量的距离达到了几十亿秒差距。我们将在第 7 章进一步讨论它。

阶梯的整体特性

宇宙距离阶梯还有一个特性是任何只熟悉普通阶梯的人都意想不到的。这个特性在普通阶梯上无法观测到：在宇宙距离阶梯上攀得越高，也就是说，向外看的距离越远，我们看到的时间就越古早。我们现在看到的光线在更早的时候就离开了我们所观测的天体，因为光线从天体到达我们这里是需要时间的。因此，我们看到的 1000 光年远的天体是它在 1000 年前的样子。简而言之：眺望太空意味着回望过去。

完成了距离之旅和宇宙距离阶梯的构建，我们将在接下来的章节中看到宇宙距离阶梯的用处，更深入地探究现代宇宙学。

第6章
宇宙微波背景

　　显然，比利时天才科学家、神父勒梅特在 1927 年首次确定了红移－距离关系，并指出，这意味着宇宙在膨胀。这项发现常常被归功于哈勃，一部分原因在于他比较喜欢自我宣传，但已出版的史料显示，勒梅特才是第一人。他也是第一个估算出膨胀率的人，这个数现在被普遍称为哈勃常数，而不是勒梅特常数。历史有时就是这样……不过，现在勒梅特已经得到了部分承认：国际天文学联合会已经正式将红移－距离关系更名为哈勃－勒梅特定律。回顾一下：这一关系表明，遥远的星系在远离银河系，速度与它们和银河系的距离成正比。你很容易发现，这种关系意味着宇宙正在膨胀。膨胀的宇宙是相当有深意的：如果宇宙一直在膨胀，那么作为一种思想实验，我们能够想到宇宙在过去一定更小。按道理说，我们可以回溯宇宙非常小的时期，勒梅特就是这么做的，尽管他更倾向于推断宇宙在膨胀之初并不是一个难以描述的、还没有原子大的点，而是尺度很小的物体，或者说，只不过是个巨型原子。目前的主流理论认为，宇宙在膨胀之初只有一个点那么大。这就是所谓的大爆炸理论。在 20 世纪中期，与之对立的"稳态理论"有一位主要的支持者，就是科学家弗雷德·霍伊尔（Fred Hoyle）。显然，出于嘲讽对手的目的，他在 20 世纪 40 年代末提出了"大爆炸"一词。现在，稳态理论已经被抛弃了，大爆炸理论却保留了下来，成了受人青睐的说法。

　　我们已经了解了大爆炸概念的基本特质，现在需要找到哪些观测证据来检验它的正确性呢？回答这个问题，是本章接下来的目标。首先我们要知道，回溯大爆炸，也是在估算宇宙的年龄。这可真让人兴奋！不过，在勒梅特的研究之后将近 20 年，才有人认真尝试计算宇宙大爆炸可能的观测结果。我不想对目前公认的宇宙膨胀数学模型做深入探讨，仅想简单粗略地进行定性描述：从最初的宇宙大爆炸中发出的光或辐射是极其炽热和强烈的。是的，这种辐射是有温度的，我们将在下文讨论。[①]顺便提一下，辐射不仅包括可见光（我们的双眼可以分辨的光），还包括频谱中的所有波长（和频率），从无线电波到 X 射线，等等。根据预测，来自宇宙大爆炸的辐射在各个方向上的强度都是相同的（下文会提到一个小例外），因为它们可能源自一个点（非常接近）球对称式的爆炸。在快速的演变之下，除了光，由一些光产生的基本粒子也加入进来（见第 11 章）。根据目前的模型，这种不透明的"汤"一直在膨胀和冷却，直到大约 38 万年后原子形成，光继续跟随膨胀冷却的过程而不受阻碍。（为什么会冷却？一个简单明了的解释是，物质的能量密度和温度直接相关，当物质膨胀到更大的空间时，能量密度就会降低。）这种辐射的温度现在是多少呢？谈到根据现有理论起源于宇宙初期且不断冷却的辐射，直到 20 世纪 40 年代末才有科学家针对它当下的可能温度发表了计算结果。据拉尔夫·阿尔弗（Ralph Alpher）、罗伯特·赫尔曼（Robert Herman），以及乔治·伽莫夫（George Gamow）的估计，大爆炸后不断冷却的辐射当前的温度约为 5

---

① 你也可以阅读史蒂文·温伯格（Steven Weinberg）的作品《最初三分钟》（*The First Three Minutes*），这本书的论述更为全面。

开尔文，只比绝对零度高 5 度。而绝对零度是开尔文温标上的最低位置，不打破我们对温度的理解，这被认为是可能的最低温度。开尔文温标的度数间隔和摄氏温标的度数间隔相同。只是原点（零点）不同，摄氏温标中的零点是水的冰点温度，开尔文温标中的零点则是所谓的绝对零度。

　　这样的预测有没有促使实验专家去寻找这种辐射存在的证据呢？显然，即使有，也是寥寥无几，无一成功。为什么呢？在 5 开尔文的温度下，辐射的峰值或者说最强处的波长（见下文关于黑体辐射的讨论）为 0.6 毫米，对应的频率为 500 千兆赫，处于光谱的无线电波部分①，而且振幅很小，用当时的设备很难发现。不过，我怀疑还有可能性更大的解释，真相也许不仅关乎测量难度，还因为宇宙学在当时其实不是热点，天文学家，尤其是射电天文学家不太热衷这个。射电天文学家大多具有电子工程和 / 或无线电物理学的背景，从事类似的微波测量，人数不太多。物理学家在 20 世纪 50 年代末和 60 年代初才开始实实在在地渗透天文学领域。促使这种渗透的原因很可能是苏联在 1957 年发射了"斯普特尼克 1 号"，开启了太空时代，美国试图追赶苏联，从而相应开辟了一些有趣的新课题，并提供了许多新的职位和资助机会来研究这些课题。但现实是，"温度 5 开尔文"的预言还是被忽视了。从某种角度讲，这种情况和当初英法天文学家都（几乎完全）忽视亚当斯和勒威耶关于海王星存在的预言非常相似。

———————————

① 按照电磁波谱，波长 0.6 毫米的电磁波其实落在了红外线（波长为 760 纳米至 1 毫米）范围内，但临近与微波（波长为 1 毫米至 1 米）的交界处。这种波长的电磁波有时会被划分为微波，而微波经常被划分为无线电波。下文说明，预测的温度其实偏高了，因此波长确实落在了微波的区域内。——编者注

黑体辐射

　　早在 100 多年前，物理学家们就已经知道，从光谱特征上看，熔炉中发出的光或辐射符合所谓的黑体辐射。黑体会吸收照射到它身上的所有光线，在任何波长上都不会反射任何光线（不过，黑体和黑洞不是一回事儿）。然而，吸收掉了所有照射过来的外部光线，自己却要发射光线，这似乎有些怪异。值得一提的是，就像观测所揭示的，按照自然的行为，这些黑体发出的光会有什么样的光谱只取决于一个参数，就是黑体的温度。光谱跟黑体的成分、密度、形状什么的没有关系；光谱只取决于黑体的温度。早在令人满意的光谱模型问世之前，人们就已经知道了这个事实。

　　黑体的光谱还具有另一个共同特点：波长为 0 时辐射为 0，接下来，辐射随波长单调上升（或者说持续上升）至最强，然后又单调下降，在波长趋近无限长时接近 0。当我们用频率而不是波长来描述光谱时，也会呈现出相同的模式：辐射始于 0，终于 0。对于温度为 T 的黑体，在对应的光谱中，辐射达到最强时的波长 $\lambda_{\max}$ 满足威廉·维恩（Wilhelm Wien）在 1893 年发现的维恩位移定律：

$$\lambda_{\max} T \approx 0.3 \text{ cm} \cdot \text{K} \tag{6-1}$$

例如，$T = 5\text{K}$ 时，根据式 6-1 及前文的描述可以算出，黑体辐射最强处的波长预计为 0.06 厘米。如图 6-1 所示，横轴上各点的单位是纳米（nm），也就是 10^{-9} 米，因此，$0.06\text{cm} = 0.06 \times 10^{7}\text{nm} = 600\ 000\text{nm}$，比图片展示的部分靠右，而且非常遥远。

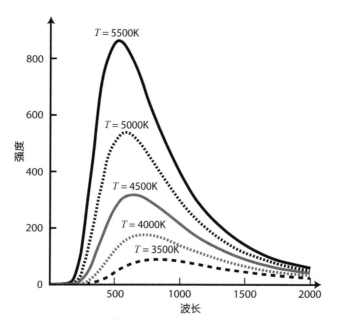

图 6-1　黑体光谱。请注意，不同温度下的强度曲线互不交叉，随着黑体温度的降低，曲线的顶峰会向更低的数值和更长的波长移动。图片来自 Unc.hbar

　　许多（大多数？）人感觉黑体辐射是一个难以捉摸的概念。理解它的模型的确很难，但就像我们通过实验观测到的，自然就是有这样的行为模式，单纯地接受这一点应该是比较容易的。这并不比移开叉子下的拇指，叉子就会掉到地上更"离奇"。只不过，把东西摔在地上这种事，我们从小就熟，甚至还不会说话的时候就已经学会了。因此，面对自然的这种行为，我们的不适感更小。至少我是这么认为的，尽管我基本拿不出证据来支持自己的观点。

　　人眼能够分辨的波长对应可见光，这也是容易穿过大气的光线，在太阳光中占了很大的比例。需要注意的是，太阳的表面温度接近 6000 开尔文。这是巧合吗？我很怀疑！

宇宙微波背景的发现

直到 20 世纪 60 年代中期，人们才开始认真尝试探测这种被称为宇宙微波背景（Cosmic Microwave Background）的微波辐射。这番尝试并非一帆风顺，虽然距离预言宇宙微波背景的论文发表已经过去了不止 15 年，其间技术一直在不断进步，但探测这么微弱的辐射仍然是极具挑战性的实践：所有其他辐射（在这个情景中属于噪声）源都要得到充分的考虑，总的不确定度需要远远小于预期中来自宇宙微波背景的 5 开尔文。尽管如此，在普林斯顿大学，由物理学家鲍勃·迪克（Bob Dicke）领导的团队依然在研究怎样建造所需的设备。

当普林斯顿团队开发用于探测宇宙微波背景的整套仪器时，在附近的新泽西州霍姆德尔，两位刚毕业的年轻物理博士阿诺·彭齐亚斯（Arno Penzias）和罗伯特·威尔逊（Robert Wilson）正守着一台非常灵敏的喇叭天线（图 6-2）。他们当时在贝尔实验室工作，这里隶属于美国电话电报公司（American Telephone and Telegraph Company，AT&T）。那时，这家涉足公用事业的公司垄断了美国的电话通信业务。说句离题的话，我可以毫不含糊地说，我从未见过比威尔逊更敏锐、更谨慎、更有职业操守的人。

他们试图确定天空中的所有噪声源，以便避开它们，从而使喇叭更加有效地配合卫星通信。（顺便说一句，喇叭天线可以很好地避开不需要的地面信号。）说得简单一点，接收越可靠，美国电话电报公司的利润就越高。

因此，贝尔实验室很重视这个项目。两位物理学家日夜不停地对着天空各处仔细测量，找到了他们关注的微波频率的所有信号源，频段在 4 千兆赫（每秒振荡 40 亿次，对应波长约为 7.5 厘米，回忆一下，

图 6-2　贝尔实验室的喇叭天线。1965 年，人们通过这台天线发现了宇宙微波背景。图片经诺基亚公司和美国电话电报公司档案部门许可后再次使用

光速等于波长乘以频率：$c=\lambda f$）附近。然而，他们发现了一个无法确定来源的残余信号；它的等效温度约为 3 开尔文，均匀地分布在天空中。这种辐射会是什么呢？他们检查了所有能想到的东西，包括喇叭上的鸽子粪便，一旦发现鸟屎，他们就一丝不苟地清理干净。但是，这种背景噪声并没有消失。他们感到很困惑。两人中的彭齐亚斯同麻省理工学院的伯纳德·伯克（Bernard Burke）聊了聊，跟他描述了喇叭从所有方向都能收到的这种神秘噪声。伯克知道普林斯顿大学的团队正在努力探测宇宙微波背景，就把他们的计划告诉了彭齐亚斯。彭齐亚斯随后联系了普林斯顿大学的团队，双方同意发表论文并互相支持。贝尔实验室一方宣布明确探测到了温度约为 3 开尔文的宇宙微波背景，普林斯顿大学一方则描述探测结果背后的理论，以及这个结果为什么是支持"热大爆炸"的证据。

　　我们要追问一下:问题解决了吗?如果没有,为什么没有?问题当然没有解决。人们只是在某一频率上测量了辐射的强度,并不能确定这种辐射具有预期中的宇宙微波背景的黑体光谱(图6-1)。另外,尽管贝尔实验室的科学家们非常认真,但在测量的时候,最新的技术还有点儿不够用,可能存在一些不易察觉的误差。

　　贝尔实验室探测到的宇宙微波背景是宇宙大爆炸理论第一个直接观测到的证据,它在射电天文学界掀起了一股热潮。那些拥有相关专业知识和设备的人急忙自己动手开展测量。但许多测量针对的是以设想中黑体光谱的峰值为界,频率比较低的(波长较长)那一侧,而不针对另一侧。不过,不久之后,有两位天文学家想到了一个线索,他们就是乔治·菲尔德(George Field)和稍晚一步却同样独立思考出结果的帕特里克·撒迪厄斯(Patrick Thaddeus)。这个线索就是,在20世纪30年代末,人们在相对较近的星际空间中观测到了氰化物分子,它们似乎就处在约2.7开尔文的环境之中。没有人知道这是怎么回事儿。是什么在星际空间提供了能量,使氰化物分子在那里能够达到2.7开尔文的温度?现在事情搞清楚了:是宇宙微波背景辐射。虽然这个问题还没有完全解决,但已经有了能够令人信服的答案。宇宙微波背景的存在为宇宙大爆炸的概念提供了强有力的支持。因此,彭齐亚斯和威尔逊获得了1978年的诺贝尔物理学奖。

宇宙微波背景温度的空间波动

　　观测太空中的宇宙微波背景依然是人们非常感兴趣的课题。为什么呢？如果宇宙微波背景在所有方向上的表现完全一致，也就是说，如果它作为黑体完全符合各向同性，没有任何偏离各向同性的现象（量子效应除外，这一点我们不做讨论），那么我们就可以得出结论，人类无法观测它。要在宇宙中形成结构，最初的爆炸中必须存在一些不均匀的情况，当然这里的前提是我们目前的宇宙大爆炸理论没错——这一点并不确定。不过，这种不均匀应该是很细微的。从地球表面探测宇宙微波背景已经是一项巨大的挑战了。如果要探测偏离各向同性的情况，那么在有限的技术发展水平下，设备就需要进入太空。举个例子，大气密度的变化对宇宙微波背景信号是有影响的，大爆炸中的不均匀情况又很微小，尝试从地球表面观测几乎是没有希望的。

在贝尔实验室探测到宇宙微波背景约 25 年后的 1989 年，第一颗开展跟进实验的卫星发射升空，名为宇宙背景探测器（Cosmic Background Explorer，COBE）。COBE 对宇宙微波背景进行了测量，确定它具有迄今为止观测到的最完美的黑体光谱，随后又有两项重大发现。

首先，COBE 探测了太阳系相对宇宙微波背景的运动。这是怎么实现的呢？宇宙微波背景定义了一个参考系：刨除上文提到的在宇宙中催生结构并最终孕育人类的"小例外"，所有方向上的温度都是一样的。但是，如果我们从一个（相对宇宙微波背景来说）移动的平台上观测宇宙微波背景，会发现什么情况呢？我们会遇到第 5 章中讨论过的多普勒频移，从接收情况看，和我们方向一致的辐射频率会上升，方向相反的辐射频率会下降，在其他方向上会探测到两者之间的频率值。因此，举例来说，和航天器运动方向一致的时候，观测到的宇宙微波背景光谱峰值会向更高的频率移动，而在运动方向相反时，则会向更低的频率移动。等效黑体温度也会发生类似的情况：宇宙微波背景黑体辐射的温度在一个方向上升高幅度最大，在相反方向上降低幅度最大，在其他方向上的值介于两者之间。由于前面提到的大气效应，从地面进行的探测无法觉察这种变化，但 COBE 从大气层上方进行探测会有所收获。

结果显示，太阳相对宇宙微波背景的移动速度约为 370 千米 / 秒，草率地做个参照，这大致相当于光速的 0.001 233。运动方向朝向天空中的狮子座，而狮子座的方向同北斗七星的方向相当接近，这样一说，大多数读者应该就知道了。就这样，宇宙微波背景提供了一个通用参考系，我们可以根据它来定义其他的运动，包括我们自己的运动。（在确定这里给出的太阳相对宇宙微波背景的速度值之前，我们先刨除了航天器相对地球的运动和地球相对太阳的运动。不过说到底，这两个被刨除的速度加在一起还不到总体的 10%。）

第二个重大发现更加重要，就是宇宙微波背景中的波动，或者说，随方向变化的温度不均。从发现的情况来看，这种差异最多只能达到宇宙微波背景温度本身万分之一的水平，却是我们推断年轻宇宙中结构形成的基础。现在，威尔金森微波各向异性探测器（Wilkinson Microwave Anisotropy Probe，WMAP）和"普朗克"（Planck）航天器的探测结果在灵敏度和频率范围上都超过了 COBE。WMAP 于 2001 年由美国国家航空航天局发射升空，得名于这个研究领域里的杰出科学家戴夫·威尔金森（Dave Wilkinson）。在 2002 年因癌症过早去世之前，他一直在参与这台航天器的相关工作。"普朗克"航天器于 2009 年由欧洲航天局发射升空，这一命名是为了纪念 20 世纪初的物理学家马克斯·普朗克（Max Planck），他是第一个在理论上正确描述黑体辐射特征的人。相对于 COBE，两台新航天器在测量方面具有更高的空间分辨率和灵敏度，可以确定不同方向的温差，温度测量精度接近百万分之一。天空中最冷的部分低于宇宙微波背景平均温度约 200 微开尔文，最热的部分高于宇宙微波背景平均温度约 200 微开尔文。注意，1 微开尔文是 1 开尔文的百万分之一。

这些测量结果严格约束了目前用来描述宇宙几何和膨胀情况的参数。这个领域的发展虽然还远没有达到顶峰，但现在已经处在天体物理学研究的前沿了。采用更灵敏、更精专的设备进行的更精细的研究正在不断推进，将用于揭示更多关乎宇宙的微妙特质，包括引力波对早期宇宙的特性有什么影响。以爱因斯坦广义相对论为基础的预测明确指出，某些运动的物质（质量）应该会发出引力波。目前为止，这类和早期宇宙有关的引力波还没被探测到。不过，在过去几年里，人们已经从许多成对的黑洞和中子星的并合情境中探测到了引力波，而这些天体所处的区域离宇宙早期并不遥远。顺便说一下，中子星非常小，半径只有大约 10 千米。而它们的密度非常大（一小块的体积就含有相当于地球上一座大山的质量），应该主要由中子组成。随着新仪器的建造和 / 或投入使用，许多科学家抱有希望，期待在未来 10 年左右探测到来自早期宇宙的引力波，获得有关早期宇宙历史的重要新信息。此外，通过观测所谓毫秒脉冲星（自转周期为毫秒量级的中子星，也就是自转一圈只需千分之一或千分之几秒的中子星）发出的信号在时间上的某类波动，我们也有望找到这些引力波的证据。

总之，我们注意到，宇宙微波背景的发现为以前几乎单纯依靠推测的宇宙学领域奠定了相当坚实的观测基础。实际上，宇宙学这个领域瞄准的是终极的"大图景"，在最大的时空尺度上研究宇宙的起源和后续演化。更进一步地说，得益于宇宙微波背景的许多后续观测和理论研究，宇宙学已经成了一个蓬勃发展且由数据驱动的天文学前沿领域，实实在在地体现着我们对于起源问题在最大图景上的思考。

第 7 章

暗物质与暗能量

前面几章是不是已经成功地展示了宇宙的全貌？不见得，谜题还有很多。不过，由于篇幅有限，我们只能省略绝大部分谜题，包括系外行星、恒星和星系的形成和演化、类星体与脉冲星之谜、宇宙射线、伽马射线暴、快速射电暴、估算哈勃常数的不同方法得出的不同结果……尽管这些话题都令人着迷。取而代之，让我们在本书的第一部分再集中讨论两个话题，两者看来都具有关乎根本的重要意义：暗物质和暗能量。

暗物质

20 世纪 30 年代初，一位才华横溢、思想超前的年轻瑞士天体物理学家崭露头角。弗里茨·兹维基（Fritz Zwicky）在研究一个星系团的光谱时，注意到了一个奇特的现象：星系团中各星系光谱的多普勒频移范围相当大。兹维基根据星系发出的光估计了它们的质量，进而得出结论：这些星系之间的引力不足以将它们束缚在一起。从星系发光做出合理推断，兹维基发现总质量需要增大至 10 倍左右，这些星系才能在相互吸引中聚集起来。当然，有人可能会说，这只是一个偶然，这些星系聚在一起的时间确实相对较短，也像是一种偶然的临时组合。然而，兹维基根据合理的假设计算出了这种偶然组合的概率，发现这种可能性太小，无法提供说得通的解释。那么，他给出的解释又是什么呢？是暗物质。由于某种原因，这种物质不可见，但它的质量足以补充使这些星系聚集的引力。他认为自己的理由很充分。天文学界对他的论文有什么反应呢？几乎是一片死寂。天文学家们普遍认为这篇论文很有趣，但没有人特别在意。

　　直到大约 40 年后，兹维基的工作才得到了重点关注。例如，在 20 世纪 70 年代，薇拉·鲁宾（Vera Rubin）和她的同事肯特·福特（Kent Ford）就在测量星系中氢原子发出的光（这时，女性已经在这个领域产生了重大影响）。当时的技术已经可以测定相关的径向（我们的视线方向）速度了，在星系中，同中心位置距离各异的氢原子的径向速度就是其中之一。对于这些在星系中位置不同、和中心距离不同的原子，他们确定了所用望远镜观察方向上的相应速度，这里用到的其实就是第 5 章给出的多普勒频移方程。从星系中心到边缘，不同位置的原子速度都有了结果。如果光线减弱到一定程度，鲁宾和福特无法再进行必要的观测，那么边缘就到了。他们从亮度变化推断出（薄饼状）星系中原子的密度怎样随着它们和中心的距离变化。接下来预估的情况是，离星系中心越远，这些原子的速度就越慢。为什么呢？我们可以把开普勒第三定律（见第 2 章）看作一个大致相关的模型：$P^2 = $ 常数 $\times a^3$。[①]因此，原子在（近似）圆形轨道上绕星系中心运动的平均轨道速度（v 表示速度大小）v_{avge} 应该符合 $v_{\mathrm{avge}} = 2\pi a/P$，也就是轨道周长除以绕转

---

① 式中 P 代表运动周期，a 代表原子与星系中心的距离。——编者注

一周的时间（速度 = 路程 / 时间）。而根据开普勒第三定律，v_{avge} 和 $a/a^{3/2}$ 成正比。将上式两边同时开方，用 v_{avge} 表示 P 并代入上式的左侧就能得出这个结论。再将分子和分母同时除以 a，对此时的等式右边进行简化，就能得出结论：v_{avge} 和 $a^{-1/2}$ 成正比，即 v_{avge} 随原子和星系中心的距离 a 的增大而减小。

根据牛顿（或爱因斯坦）的理论，速度减小的确切表达式取决于星系质量分布的细节。不过，所有星系的（可见）物质似乎都是向中心大量集中的。我们可以预期，其余的可见物质随着和星系中心距离的增大，它们在我们这个方向（物质朝向我们的方向，或者说视向方向）上的速度会减小。

那么，把所有冗长拗口的解释先放一放，鲁宾和福特以及那个时代的其他科学家究竟发现了什么呢？他们的观测结果并没有显示出物质在我们这个方向上的速度会随着物质与星系中心距离的增大而减慢。相反，在距离星系中心很远的地方，只要有足够的光线供科学家们测量，这个速度就大致保持不变——它并没有像预期的那样减慢。如图 7-1 所示，需要注意的是，从星系中心向外较小的半径（距离）上，由于气体和恒星轨道半径增大，内部质量增加，旋转速度（大约等于望远镜或地球方向的速度）最初会增加；在远离星系中心一定距离之后（取决于星系内部质量分布的详细情况），质量的增加将不足以抵消距离的增大，因此，这些物质在轨道上的速度会减慢，这就是预测的曲线走势。但是，代表观测情况的点和代表预测情况的黑色曲线有着明显的差距。不过，随着观测到的部分与星系中心距离的增大，星系发出的可见光亮度确实降低了。

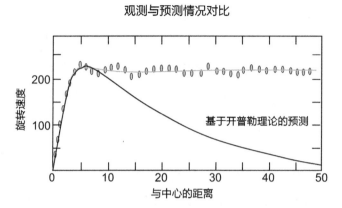

图 7-1　星系旋转曲线：观测和预测。图片来自美国俄亥俄州立大学理查德·波格（Richard Pogge）原作

　　一种解释是，暗物质聚集在远离星系中心的地方，所以在距离星系中心较远的地方，物质在我们这个方向上的速度并不会减慢。至于暗物质为什么会这样分布，让物质朝向我们的速度（几乎）不随着它们和星系中心距离的增大而变化，原因并不明确。这种结果，再加上兹维基在 40 年前的推论，引起了天文学家的注意。不同的天文学家团队为其他星系绘制了这种旋转曲线，结果都大同小异：星系中物质在轨道上旋转的速度并没有随着物质与星系中心距离的增大而减慢。

　　人们提出了三种解释或可能。第一种是暗物质由许多普通物质的小天体组成，例如自由飘浮的行星（没有被恒星的引力束缚），这些天体太小，无法通过一般的光线（包括发出的光线和反射的光线）单独观测到。因此，这些天体隐没在黑暗中，我们是看不到的。迄今为止，在天空中还没有发现隐藏着这样的假想天体，甚至没有符合条件的黑洞，而黑洞的存在应该可以通过它们对更远处天体光线的影响来确认。事实上，根据观测结果，天文学家相当确信，银河系中的暗物质不可能是这种天体。

第二种解释是，暗物质确实是某种形式的物质。也就是说，暗物质具有质量，不过和我们通常观测到的物质不同。人们提出了不同类型的物质，其中一种可能的物质形式在命名上多少带有些天马行空，这就是弱相互作用大质量粒子（Weakly Interacting Massive Particle）。它被假定具有基于当前基本粒子物理学标准模型进行扩展后的特性。人们一直在寻找这种粒子存在的直接证据，尤其是在很深的地下井中。在那里，超纯材料被用作探测器（其中细节我们必须略过），而且不会受到包括地外高能物质在内的各种已知物质的干扰。人们已经尝试过非常复杂且富有想象力的方案，而且正在尝试更多方案，还有一些方案在开发和 / 或改进中。迄今为止的结果却是：什么也没探测到，还没有弱相互作用大质量粒子的蛛丝马迹。

第三种解释是，问题出在引力理论上，需要对其进行修改。人们已经提出了许多这样的理论，其中一种被称为修正牛顿引力理论（Modified Newtonian Dynamics），它建议更改现有的引力模型，让可见物质足以解释观测结果，比如让引力的作用在大尺度情境下（如星系外围）有所增强。目前为止，所有提议都没能让预测和观测结果完全吻合。

如今，绝大多数科学家接受了暗物质的存在，研究距离大爆炸不远的早期宇宙模型、思考它怎样演变成现在的宇宙结构时，他们会考虑暗物质的数量和分布。这些宇宙演化的数值模拟通过大量的单个粒子对宇宙进行近似。目前，计算机能够处理的最高数量约为 10^{12} 或更多——这项功能进步很快。这个数字虽然看起来很大，但和宇宙中粒子的估计总数相比，微不足道。但模拟依然有希望对宇宙的演化真相做出合理的解释。

模拟要怎样进行呢？我们让粒子根据目前已知的、一贯解释得通的物理定律相互作用。我们先完成初始配置，模仿我们所知道的宇宙大爆炸的直接结果，然后让系统在这些定律所规定的相互作用下演化。当然，这种安排存在很多困难。例如，我们并不清楚初始条件；我们还不能模拟所有可能相关的物理定律；我们能用的粒子数量和真实宇宙相比很少、很少。尽管如此，大多数天文学家和天体物理学家认为，这种模拟能够很好地对宇宙的物理演变进行近似。这些模拟的结果似乎表明，存在于宇宙中的所有物质里，大约有 80% 是暗物质。（在 20 世纪 30 年代初的开创性工作中，兹维基估计他所研究的星系团中约有 90% 的物质是暗物质。）更值得注意的是，我们根本不知道这 80% 的物质是什么，事实上，我们甚至还不能确定它真的存在。

暗能量

既然宇宙在均匀地膨胀，那么我们能推测出什么样的未来呢？宇宙会以哈勃常数 H_0 所表示的当前速率继续膨胀吗？（下标中的“0”表示当前值，至于这个值到底是多少，尚存在争议。）或者，这个膨胀率会发生变化吗？如果会，随着时间的推移，它会增加还是减少呢？

根据牛顿的观点——实际上也是爱因斯坦的观点——物质会吸引其他物质，所以我们预期宇宙中的物质会互相吸引，膨胀则会减慢。这和我们更熟悉的一种情况是相似的：我们从地球表面向上抛出一个球，球会上升，但在上升过程中速度会减慢，它可不是被气体摩擦减速的。至于宇宙，它的每一部分都在膨胀并远离所有其他部分。由于存在质量，所有部分也在吸引着所有其他部分，因此膨胀率预计会减慢。我们可以根据当前的情况估计一下，看看宇宙的膨胀率会减慢到什么程度，或者说减速到什么程度。我们发现这个程度非常小，需要通过精妙的实验才能探测到。我们要怎么做呢？我们可以同时观测附近和非常遥远的天体，通过天体光谱线的波长偏移，了解远离我们的天体所体现的膨胀速度（退行速度）怎样变化，这也反映了哈勃常数的变化。

宇宙膨胀率随时间的变化情况有这样几种可能（图 7-2）。在图 7-2中，每条线上每一点处的斜率，也就是这一点上距离随退行速度（膨胀速度）改变的情况，给出了膨胀率的倒数，其实这就是哈勃常数的倒数，

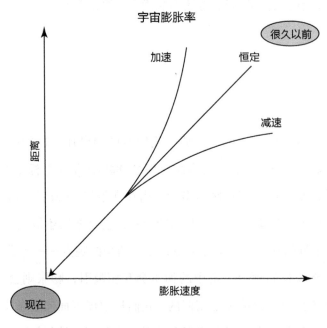

图 7-2　从很久以前到现在，宇宙膨胀率可能的发展情况（见正文）。图片来自戴维·夏皮罗

所以斜率越大，哈勃常数越小（膨胀率越低），斜率越小，哈勃常数越大（膨胀率越高）。如果说对于（当下的）固定的膨胀率，过去的退行速度小于预期（最上面的曲线），那么过去的膨胀率就比现在要低。最下面的曲线显示了相反的可能性，过去的膨胀率更大，现在已经放缓，也就是哈勃常数随着时间的推移而减小。

概括地说，如果通过测量遥远星系的距离和速度来确定膨胀率 H，也就是回溯遥远的过去，我们会发现 H 的值要比我们对附近星系进行同类测量时大。为什么呢？因为这意味着随着宇宙的膨胀，膨胀率正在减慢。这种放缓是意料之中的，因为物质之间的相互吸引应该会减缓物质彼此分离的速率。因此我们会发现，越往古老的过去看，越往太空中遥远的地方看，H 越大。

科学家们决定利用手头最精密、也可能是最准确的长距离测量工具（见第 5 章），也就是占据宇宙距离阶梯顶端的特殊类型超新星 SN Ia，来探测 H 的这种（非常小的）预期变化。为了进行这项测量，两个重点团队展开了竞争，一个以加州大学伯克利分校为核心（超新星宇宙学计划），另一个以当时的哈佛史密松天体物理中心为核心（高 Z 超新星搜索）[①]。（Z 是一个关乎天体与我们之间距离的量：距离越远，Z 值就越大。）两个团队之间的竞争非常激烈。最终的结果令人吃惊又震撼：数据显示，过去（50 亿年之内）的哈勃常数并不是更大，而是更小（图 7-3）。哈勃常数随着时间的推移在增大。换句话说，宇宙在加速膨胀，而不是减速膨胀。实际上，宇宙中存在某种反引力，它将星系推开，克服并超越了我们所熟知和喜爱的将物质（和星系）拉在一起的引力。

---

① 也被译为"高红移超新星搜索"。——译者注

在宇宙非常年轻、致密的时候，这种反引力并没有起到加速的作用；在当时的条件下，引力的强度足以使宇宙的膨胀减速。但在大约 50 亿年前（图 7-3），随着宇宙变得足够大，密度没有那么高了，引力及广义相对论下的同类作用也变得足够小，反引力就胜出了。结果，膨胀率改为正向变化，也就是说，它的变化让宇宙膨胀加速，就像我们现在观测到的那样。

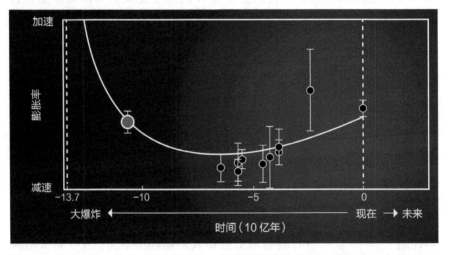

图 7-3　从大约 110 亿年前到今天的宇宙膨胀率变化情况。请注意，大约 50 亿年前，在宇宙的密度充分降低之后，膨胀率开始变慢。[注：密度，也就是单位体积内的质量－能量，随着宇宙的膨胀减小，因为质量－能量的总量没有变化（回忆一下爱因斯坦关于质量和能量的著名公式 $E=mc^2$），却占据了更大的空间。]© 2010 The Regents of the University of California, through the Lawrence Berkeley National Laboratory

　　学界相关领域有没有简单地接受这个令人震惊的结果呢？并没有。首先，科学家必须仔细研究使用 SN Ia 作为示距天体的各种潜在问题。

一个主要的例子是，每个视向上的尘埃量并不是确定的。尘埃会吸收超新星发出的部分光线，从而降低视亮度，进而增加 SN Ia 的推断距离。另一个潜在问题是，被我们归为一类的超新星之间也有固有亮度的差异。人们考虑了每一个潜在的问题，发现它们要么可以纠正，要么影响太小，不足以动摇宇宙加速膨胀的结论。因此，现在大多数科学家认为宇宙的膨胀正在加速，和这种加速相关的能量被称为暗能量。有三位科学家因发现宇宙现如今的加速膨胀而获得诺贝尔物理学奖，他们分别来自两个多人合作项目，按姓氏字母顺序排名如下：索尔·珀尔马特（Saul Perlmutter）、亚当·里斯（Adam Riess）、布赖恩·施密特（Brian Schmidt）。第二位和第三位在当时的哈佛史密松天体物理中心完成了主要工作，而后发现了宇宙膨胀加速的现象；第一位则在加州大学伯克利分校工作，曾是哈佛大学的一名本科生。

　　自然的行为竟然有如此惊人的一面，这背后是什么？没有人知道。物理学家发现，基本粒子物理学标准模型允许真空中存在负压（不过，别为这个看似矛盾的说法而纠结。即使人们理解了这个问题，我们也没有篇幅来详细解释它）。但一些计算表明，负压要么正好为零，要么比观测到的大 10^{120} 倍左右，这种反差匪夷所思。不过，科学家们也意识到，他们可以将爱因斯坦的宇宙学常数从历史的垃圾堆中捡回来，并让迄今为止收集到的所有关于宇宙加速膨胀的超新星数据得到解释。这并不能让我们对宇宙有更进一步的了解，但确实提供了一个似乎可行的模型。

　　更确切地说，宇宙学常数完全是临时拼凑出来的，它并不是根据任何已知的物理学原理得出的。许多科学家认为，关于宇宙加速膨胀的新发现似乎意味着，我们对物理学和宇宙结构的看法需要迎来颠覆性的革新。一些科学家希望未来有一个新模型能够成为 21 世纪的重大突破，在重要性上堪比 20 世纪在量子和引力方面的突破。多数科学家则心怀疑虑。一切就交给时间去证明吧。与此同时，如果盘点一下加速宇宙所涉及的质量和能量总量，我们就会发现所谓的暗能量约占总量的 70%，暗物质约占 25%，我们的普通质量和能量占剩余的 5%。这样计算下来，物质约占总量的 30%，其中约 85% 是暗物质，约 15% 是我们非常熟悉的物质，就像前面提到过的。因此，谈到宇宙的起源甚至其中约 95% 的存在，我们都不像自己希望的那样接近真相。自人类早先自以为占据了宇宙中心的重要位置以来，这是我们地位的又一次降级，如果你愿意这么理解。

　　在结束本书第一部分之前，我还想简要地讨论三个问题：为什么粒子比反粒子多？为什么引力比电磁力小很多？还有别的宇宙吗？

为什么粒子比反粒子多？

　　科学家们现在知道，每一种带电粒子，比如电子或质子，都有一种反粒子，也就是除电荷符号外，和该粒子完全相同的粒子。举例来说，1932 年科学家发现了正电子，它就是电子（见第 11 章）的反粒子。反粒子的一个惊人特性是，当一个粒子和对应的反粒子碰撞时，它们会互相摧毁，同时保持能量和动量守恒——这符合一个多世纪前发现的两条物理学基本定律。这类碰撞的产物是光子，总的能量和动量与碰撞前的粒子和反粒子相同。为什么我们周围的宇宙似乎主要由粒子而不是反粒子组成呢？这种情况在地球上非常明显，但在宇宙更遥远的地方就不那么明显了。这种情况是怎么产生的？是什么造成了这种不一致？这个研究方向显然是关乎根本的。同样明显的是，目前还没有人找到明确的解谜线索。自然的行为似乎就是这样，但我们还不能为这种行为建立可检验的良好模型。

为什么引力比电磁力小很多？

我们知道两种隔着距离起作用的宏观力：电磁力和引力。它们比较起来怎么样呢？带电粒子（并非所有粒子都带电）分为带正电的和带负电的两种，符号相同的相互排斥，符号相反的相互吸引。相比之下，除了本章探讨过的最大空间尺度外，引力会让所有（有质量的）粒子相互吸引。质量之于引力，像极了电荷之于电磁力，不过质量只有一种，不分正负。因此，有了质量，所有粒子都会相互吸引，而不是像电荷那样，会让一些粒子相互吸引，一些粒子相互排斥。这可太神秘了。对于这些观察到的自然特性，我们还没有很好的模型。

那么，在强度上比较电磁力和引力又会怎么样呢？有一个行得通的方法，例如，选择电子和质子，我们可以比较影响两种粒子的电磁力和引力的强度。这两种力在很好的近似下都可以看作是和间隔距离的平方成反比的。经过计算，人们发现电磁力是引力的近 10^{40} 倍。为什么会有这么大的差异呢？这是一个有趣的问题，我们没有很好的模型，而自然的行为就是这样的。还有一个问题：既然电磁力比引力大这么多，后者的作用又怎么能显现出来呢？答案是，因为大量粒子的集合非常接近电中性，所以电磁力往往会被抵消掉；引力则不然，它只有一种符号，因为质量总是正的（按照惯例）。因此，在粒子数量非常大的情况下，引力必须被考虑，而且通常占主导地位。

还有别的宇宙吗？

为什么光速的大小是这个特定值？为什么电子带有这种特定的电荷？为什么万有引力中的引力常数是这样一个特定的值？对于关乎自然规律的其他常数，我们也可以提出类似的问题。一种可能的答案是，自然就是这样的。还有其他很多可能的解释，其中之一是，我们身处的地方只是诸多相互隔绝的宇宙之一，而每个宇宙的常数都有不同的值。还有其他理论促使我们思考多个宇宙存在的可能（多元宇宙概念），详细的研究就不赘述了。我只想说，一些理论家估计，这样的宇宙多达 10^{500} 个，这绝对是一个令人头疼的数量。现在还没有已知的方法来检验多元宇宙假说。因此，我们现在谈到的话题也许更像科幻小说，而不是科学：根据人们现有的知识，这些理论无法通过探索自然来证伪。但未来的事，谁知道呢？

第二部分

地球和化石

第 8 章
地球的起源、形状和大小

地球的起源

地球从哪里来？这个问题千年来一直吸引着人们。尽管我们已经为宇宙起源和其中的结构演变建立了模型，但对于行星的起源，我们还拿不出令人信服的具体模型。

我概括地讲一讲科学家已经接受的说法：宇宙大爆炸的产物不均匀，引力引发了坍缩，第一代恒星因此形成。据我们所知，受宇宙大爆炸和物理定律的限制，（原子）产物包括氢、氦和少量锂。而第一代恒星最终耗尽了它们的核燃料，许多恒星随后发生坍缩，以及惊人的爆发。它们在核反应中制造的较重的原子（元素）在爆发中全部被释放到了星际空间，有一些重元素在中子星的碰撞中诞生。在那里，它们形成了气体和尘埃（相当小的固体颗粒），后者应该源自气体原子和分子的一系列碰撞，再往前追溯的话，应该还有其他原子的碰撞。这样的物质在空间中分布不均，结构往往不稳定，容易发生引力坍缩，随着时间的推移，相当一部分物质会变成第二代恒星。和第一代恒星一样，这些恒星也会获得较大的质量，使得它们在自身组成部分的相互吸引下大致变成球形。有一些物质，比如相对来说速度足够大的那部分，可以避免坍缩，留在轨道上绕着后来的中心恒星旋转，通常大致呈饼状。这些绕轨道运行的物质也由气体和尘埃组成，随着时间的推移，它们往往会相互碰撞。碰撞时，这些绕转的物质与中心位置（恒星）距离相同，彼此的相对速度一般不大，常常在碰撞过程中粘在一起。两个物体在碰撞时是会粘在一起，还是碎裂成小块，或者介于两者之间，可能取决于它们的相对速度、碰撞时的方向、形状、大小、物理结构和成分。简而言之，这个问题可能非常复杂。

上面这段话完全是定性来说的，在我们目前的知识水平下，有个可靠的定量的说法并不容易。因此，我们的定性结论是，这些残留的尘埃和气体通过碰撞聚集成了较大的天体，到了一定大小后，就能被称为行星。在数值实验中，我们用大量粒子进行了模拟，但这里的细节似乎和刚才的定性描述不符。显然，通过这种碰撞机制形成直径超过几米的天体是有难度的。当然，行星确实形成了，这是明明白白的事，所以自然成功地克服了我们在模拟中发现的这个问题。一项前沿领域研究的就是自然怎样完成这项任务，但各种观点互不相让。换句话说，这个问题尚未"尘埃落定"。

科学家认为，地球在形成之后至少是部分熔化的，中心部分尤其如此。越是内侧的部分，覆盖在上面的物质越多，挤压越明显，当我们向地球中心移动时，压强会变大，温度会变高。密度较大的熔融物质，比如铁，会向中心沉积。虽然现在还不清楚具体过程，但大量的水以某种方式出现在了地表，上方气体形成了大气层——瞧，我们熟悉的地球出现了！随着时间的推移，地球也发生了巨大的变化，尤其是大气层和地表，这些我们稍后会提到。但是，我们应该始终牢记一个事实：地球和人类以及其他生物基本上是由诞生自恒星的原子构成的，只是氢元素另有来处。

现在，我们已经大致了解了地球可能的形成过程，接下来就来讨论它的特性。

地球的形状

几千年前的人们怎样确定自己生活和行走于上的天体是什么形状呢？答案并不确定。现在，在地球大部分地区远足或旅游的时候，我们能看到大地并不平整，分布着丘陵、山脉和山谷。这倒没什么不好，但这个天体的整体形状是怎样的呢？我们不知道人类最早是在什么时候了解地球的形状的。不过，一些古人很有可能已经意识到了地球大致是球形。他们是怎样得出这个结论的呢？举个例子，抬头观天的时候，人们可能会发现，在地球位于太阳和月球之间的月食期间，地球在月亮上的影子看起来是圆形的。那个时代的知识分子很可能已经掌握了足够先进的几何知识，意识到球体在平面上的投影就是一个圆。虽然月球不是一个平面，但我们这里说的是天空的平面。月食期间，地球的影子在月面上移动，总是呈现为圆的一部分，这个事实很可能直接引导人们得出了结论：地球至少大致呈球形（图8-1）。

还有其他方法可以确定地球至少具有弯曲的表面。最典型的例子就是观察一艘从港口驶出的轮船。当船从视线中消失时，无论它朝哪个方向行驶，最先不见的部分都是底部，最后不见的部分都是顶部。针对这样的顺序，明显的解释就是地球是弯曲的。虽然这种证据本身并不是决定性的，但地球（大致）是球形的观点无疑和这些事实一致。在离我们更近的时代，特别是在太空时代开启之后，有了从太空拍摄

的地球照片，而环球航行则在约 500 年前就已实现，地球形状的证据
更加直接，也更有说服力了。

图 8-1　月球被地球遮挡，出现偏食的现代照片。地球投下的圆形阴影应该很容易看清楚。图片来自 Aerialpete，CC BY-SA 2.0

地球的大小

从古至今，有多种方法能让人们（怎么也认不清事实的极少数人例外）准确无误地推测出地球的形状，在讨论过其中一些方法之后，我们

现在要面对的是地球的大小问题。即便是在古代，人们也一定知道地球比人体大得多得多。但它到底有多大呢？研究过人类认识地球大小的相关历史的学者通常认为，第一个有理有据的定量估计是由埃拉托色尼（Eratosthenes）在公元前 250 年左右做出的。在深入探讨之前，我想提醒一下，埃拉托色尼的原作没有明确地流传下来，下面的大部分历史故事可能并不可靠。这就是研究遥远历史的难点。埃拉托色尼可能做过什么呢？他显然相信地球是球形的，并着手测量了地球的周长（图 8-2）。他有一个非常棒的想法：测量出从地球中心出发的两条半径之间的夹角 θ，并沿着地球表面测量出两者之间的距离（弧长 D），就可以根据简单的比例计算出周长——夹角 θ（度数）除以 360 等于弧长 D 除以地球的周长 C，其中 C 和 D 所用单位相同。因此，我们可以通过简单的代数计算求出周长 C：

$$C = D \times 360/\theta\,(\theta\ \text{以度为单位}) \tag{8-1}$$

但 D 和 θ 要怎么测量呢？我们先说说这位先贤怎么选择弧 D 的两端。第一个点很容易找，就在埃拉托色尼所居住的埃及亚历山大城。第二个点的选择关乎一个有趣的偶然事件。在亚历山大城以南，赛伊尼的河中岛上有一口著名的水井，每年夏至（大概在 6 月 21 日）的正午时分，阳光会直晒井下。在这个时刻，阳光从太阳出发，直线穿过水井外侧到达地球中心（图 8-2）。不难想象，埃拉托色尼也许在这一天待在亚历山大城，在当地测量正午时间太阳和垂直方向的夹角，也就是 θ。我的推测是，使用当时可用的设备，他有很大的可能以低至十分几度的不确定度测出这个角度。

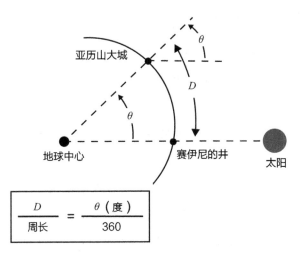

$$\frac{D}{\text{周长}} = \frac{\theta\,(\text{度})}{360}$$

图 8-2　埃拉托色尼测量地球周长的几何示意图。注意：地球和太阳的距离，以及太阳的大小显然不是等比绘制的。图片来自戴维·夏皮罗

　　那么，怎么测量 D，也就是亚历山大城和赛伊尼之间的距离呢？我们推测，埃拉托色尼采用的是那个年代常用的距离单位"斯塔德"（stadion，复数 stadia），但我们不知道他究竟是怎么测量的。各种猜想层出不穷，其中一种说法是，由于当时埃及的土地测量工作做得很好，埃拉托色尼只需参考测量结果，就能确定所需的距离。另一种推测是，骆驼从赛伊尼走到亚历山大城需要多长时间，返程又需要多长时间，以及骆驼在这段路上的平均行走速度是多少，这些都是"众所周知"的。有了这些数据，通过简单的算术就可以估计出亚历山大城和赛伊尼之间的距离。虽然我没有看到原始证据，但我知道，埃拉托色尼推算出的地球周长约为 250 000（±50 000）斯塔德，测得的角度 θ 为 7.2度（圆周的 1/50），所以 $D=5000\pm1000$（斯塔德）。（5000 很可能是一个近似值。在我看来，将这么长距离的陆地测量结果整理出来，不太

可能正好得出 5000 斯塔德。）和我们现在的测量值相比，这个估算结果有多好？说到这里，我们就遇到了最后一个问题：用现代的距离单位，如米和千米来计算，1 斯塔德的长度是多少？

对于历史"发烧友"来说，这是一个探究起来非常有趣的问题。显然，"斯塔德"的定义是古希腊雅典最初的奥林匹克体育场的跑道长度。但这座体育场已经重建了两次，而且没有人知道这个距离单位的定义依据究竟是哪一条跑道，似乎也没有人知道这个距离单位是怎样（准确地）传到亚历山大城的，这里明显还有争论的余地。我根据阅读到的情况，经过深思熟虑得出的（业余的）结论是，1 斯塔德大约相当于 175 米，不确定度约为 10%。就像前面讲的，假定对距离 D 的估算有两倍于这一百分比的不确定度，那么我们可以得出结论，以现代距离单位计算，埃拉托色尼测定的地球周长约为[1]：

$$C=44\,000 \pm 10\,000\,（千米） \tag{8-2}$$

然而，让埃拉托色尼闻名于世的是他发明的方法，不是他得出的结果。综合各方面考虑，这个结果离我们目前对地球周长的了解也没有那么远。在埃拉托色尼进行估测时用到的从南至北方向上，这个数值应该大约是：

$$C=40\,000\,（千米） \tag{8-3}$$

自埃拉托色尼的时代以来，对地球大小的测量方法一直在不断改进，尽管这种改进相当零散。例如，就像我们在第 4 章中提到的，

---

[1] 实际为 $C=43\,750 \pm 8750\,（千米）$，但或许是为了便于计算，作者的估算幅度较大，但不妨碍理解。——编者注

让·皮卡德在 1670 年前后测量了地球表面一条纬线的长度，得到的结果和现代数值相差约 0.4%。（这里还有一个故事，不知道符不符合实情，因为看到了让·皮卡德的结论，牛顿在他的万有引力模型下研究的重力加速度和地球给月球的加速度总算一致了。）

得益于空间大地测量（从太空准确测量地球上各个地方的位置，第 10 章会详细介绍），现在我们可以测量地球上许多地方之间的距离，哪怕它们相隔一个大陆甚至更加遥远，而且可以达到毫米水平的不确定度。我们还可以测量地球在极地方向上的平均周长，并精确到 10^{-9}。此外，我们还可以在许多地方多次测量地心到地表的距离，精度达到厘米级。为什么我要写"多次"呢？因为涉及任何具体地点的地球半径都会随时间变化。例如，水的流动会产生季节性影响，还有几十厘米幅度的全日潮和半日潮。我们能够监测到这些变化，表明在半个多世纪的时间里，测量精度提高了大约 1000 到 10 000 倍，这是空间大地测量学科目前的发展水平。

在了解了地球的形状和大小之后，我们再来看看它的内部结构。

第9章
地球的内部

　　我们怎么才能了解地球的内部结构？我们不能直接钻到地心去。即便用上最先进的设备，我们也只能在一个地方钻探到大约 12 千米的深度，勉强走了"地心之旅"的 0.2%，可以说，只是挖了挖表面。（不过，要钻得更深似乎是不可能的，因为迄今为止，所有的人造结构都无法承受更深处的高压而不遭到破坏。）尽管如此，钻探到 12 千米的深度并不是一项不重要的成就，因为这已经让我们了解了许多信息，而且还有继续探究的空间，比如，我们可以从找到的物质中推断过去的气候情况。向下钻探在某种程度上是对过去的探索，就好比眺望太空，就是在回望过去。

　　关于地球的内部，人类以前能了解到什么？在两个多世纪前，人们可以计算出地球的两个总体特性：质量和平均密度（单位体积的质量）。前者是通过测量坠落物体在地球表面的加速度，利用牛顿万有引力定律和运动定律，以及地球半径和万有引力常数 G 的值得到的。人们测出的加速度大约是 10 米每二次方秒，结合地球半径的测量值和 G 的测量值，算出的结果约为 4×10^{27} 克，或约 10^{25} 磅。在计算密度时，人们用到的是这个质量和地球的体积，后者是从地球的形状和大小得出的。这样得到的密度值相当大，略高于 5 克 / 立方厘米，是水密度的 5 倍多。这个结果表明，地球内部的物质比地表更加紧密，因为地表附近岩石的密度只有这个数的一半左右，约为 2.5 克 / 立方厘米。这些是整个地球的总体特性。那么地球内部结构的细节呢？

　　和"宇宙距离阶梯"差不多，我们主要用间接方法来了解地球内部，具体来说，就是研究地震。这个事实有点讽刺，因为人们研究地球内部的主要原因之一是想利用研究结果来预测地震。虽然人们已经开展了大量的工作，但这个目标还没有实现，不过这显然是值得我们追求的。

地震学

　　谈到人类对自然现象的认识，我们所知道的一些最古老的看法就是关于地震的，相关记录可以追溯到近 4000 年前。在公元前 1831 年，中国东部的山东省发生了一次地震，并留下了记录。这种突如其来、无法预料的现象有时会造成巨大的灾难，必然会引起人们的注意。亚里士多德也一如既往地说出了自己的观点。显然，他认为地震是由地球内部的风引起的。在这方面，第一个可视作科学理论的解释出自一位 18 世纪的博学之人，英国牧师约翰·米歇尔（John Michell）。米歇尔推断，之所以会有地震，是因为"（地球）表面以下很深的地方，岩块的移动产生了波"，这是很有洞察力的描述。1755 年 11 月，葡萄牙最大的城市里斯本发生了一场极为严重的地震，这很可能激发了米歇尔的兴趣，或者说再度引起了他的注意。这次地震的震中位于葡萄牙西南端西南偏西约 200 千米处，整个欧洲甚至更远的地方都有震感。

　　那么，我们怎么利用地震来探索地球内部呢？地震的特点在于，距离地表较近的岩块相对周边发生位移，构成地球的物质之中会产生波。这些波有不同的类型，每种类型都有自己的特征。在这些波到达地球表面时对其进行探测，是研究和解释它们的第一步。这类探测和研究的过程构成了地震学的课题。这个学科为我们提供了有关地球内部结构的大部分信息。所以我们现在要讨论地震学的基础知识，以及迄今为止取得的一些主要成果。

　　用于探测和记录（主要由地震引起的）地表运动的仪器通常被称为地震仪。在地震仪之前，还有一种来自中国的仪器叫地动仪，能指示地震的方向。我不知道它是什么样子，也不知道它究竟是怎样工作的，但它的机制似乎是这样的：仪器边上的龙形杯中有小球，当地震使仪器倾斜时，倾倒方向的小球就会脱落，从而指示地震方向。不必反复琢磨这种古老的仪器，让我们跳到现代地震仪的示意图，来解释它的基本工作原理（图 9-1）。

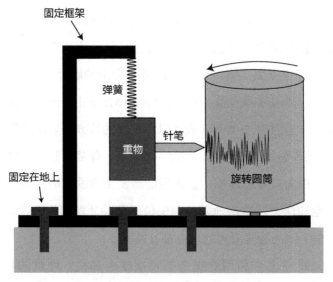

图 9-1　适合记录上下震动的简易地震仪示意图。图片来自戴维·夏皮罗

地震仪有一个框架，必须牢牢固定在地面上，最大限度地同步地震波穿过这里时地面所产生的垂直运动。框架会上下移动，而悬挂在弹簧上的重物基本上不受影响，不会一同快速地上下移动。牢牢固定在重物上的针笔碰触牢牢固定在框架上的旋转圆筒，画出重物相对框架的垂直运动，也就为框架的运动情况保留了记录。一个关键问题是：怎样将旋转圆筒上的记录和这一位置的大地的垂直运动联系起来？确定这种关系的过程被称为仪器校准。举例来说，我们可以将框架放在一个平台上，平台通过吸收材料和下面的大地隔离，然后以提前确定好的速率和振幅上下移动框架。我们可以对各种速率和振幅进行模拟，模仿在各种地震中影响框架的情况。在了解了框架所呈现的各种量后，科学家们就可以解释旋转圆筒在地震时收集到的曲线。实际的校准方法或许有所不同，这里的概述意在说清基本原理。

那么大地的水平运动呢？大地的水平运动可以用类似的方法探测，但多少要复杂一些。例如，水平运动有两个维度（南北和东西），而不是只有一个维度（上下）需要处理。不过，基本原理是一样的。

人们还想知道这类运动记录下来的时间，这样一来，可以比较（某个时刻）不同地点的记录。因此，地震仪需要和手头最准确的时钟相结合，才能确保时间和运动一同被正确地记录下来。如今，这些记录都是全数字化的了。

这些地震运动是什么样的？我们又该怎么描述和解释它们呢？这里要来点"硬核"内容了，我会先告诉你地震波是什么样的，然后举出例子、表明证据。地震波（地震时地球内部物质运动激发的波）有三种基本类型：体波（在地球内部传播）、地球自由振荡（简正模）和面波。因为无法面面俱到，所以我们只讨论体波。体波有两种主要类型：

P 波和 S 波。"P"代表压力（Pressure）、推拉（Push-pull）或首先到达（Primary）；"S"代表剪切（Shear）、侧向（Sideway）或随后到达（Secondary）。压力波（P 波）穿过地球的速度大于剪切波（S 波），所以会先于相应的剪切波到达特定的地震仪。在地震中，这两种波是由地球内物质的同一种运动激发的。P 波和 S 波的区分还关乎两种波到达目标的时间顺序（图 9-2，请注意，中间那幅图的纵轴刻度应该和上下两幅图标注相同）。图中 P 波的记录开始时间比 S 波早约 10 秒，这表明 P 波首先到达远离震源的地点。

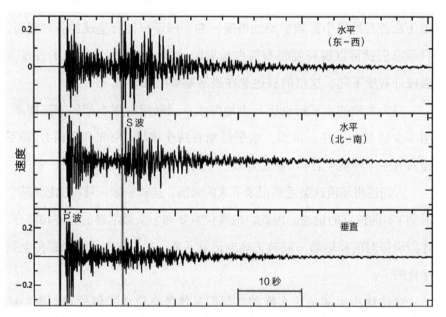

图 9-2　地震仪记录的 P 波和 S 波。请注意，在最左侧垂直线的右侧，从轻微的动态能看出 P 波已经到达。仅从这张图上看，S 波的到来就不那么明显了。维基共享资源，来自用户 Crickett

　　这些波是怎样传播（在介质中移动）的呢？对于 P 波，物质的运动方向和传播方向相同（或相反）。相比之下，S 波的关键特点在于，物质的运动是侧向的，方向和波的传播方向垂直。这就解释了 P 波和 S 波的另一重含义，它们分别是推拉和侧向传播的波。

当 P 波在岩石中传播的时候，岩石中的粒子会互相靠近，然后分开，然后靠近……随着时间的推移，各个部分会朝着波的方向移动。相应地，对于从左往右移动的 S 波，随着时间的推移，粒子会在平面的这一部分上下移动。或者举例来说，粒子可以进出岩石，或者向任何其他方向移动，和波的运动方向垂直。

推断地球的结构

现在来看看 P 波和 S 波在地球内的传播路径（图 9-3）。图中画出了地球横截面，P 波（黑线）的传播可以穿越地核，而 S 波（也是黑线）

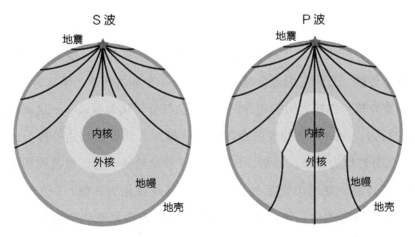

图 9-3　S 波和 P 波怎样穿过地球。图片来自美国地质调查局 /USGS

只在地球的固体地幔中传播。这是为什么呢？因为剪切波不会在液体中传播。液体中微粒的侧向运动影响不了这种波传播方向上的邻近微粒，因此当剪切波遇到液体时，就会停止传播。在两幅图中，靠近中心的圆形部分至少外边一圈是液体的。因为发现了这种（不）传播的模式，科学家推断地球内部有液态核。

　　图 9-3 还有一个显著的特点：每道波的路径都是弯折的，从图中顶部的起始点一直延伸到下面再次撞击地表的地方。这些线之所以会弯折，主要是因为地球中物质的密度在不同的位置是不同的，越往地幔深处走密度越大。从地表到地心，物质的成分和其他性质也会发生变化。如果传播不是径向的，这些会让传播方向发生相应的变化。出于同样的原因，当一束光以不垂直于水面的方向射入水中时，光的传播方向也会发生变化。特别是，当光线从空气中进入水中时，光线会向垂直于水面的方向弯折。

　　虽然图 9-3 的下半部分 S 波极少，但它们还是会出现在那里。这里有两种穿透方式。第一种：S 波主要是侧向移动的，在横穿地表之前只移动了一段相对较短的距离。虽然这里没有画出来，但这些波会有部分反射，强度减弱后再移动一小段距离，然后再横穿地表，如此绕着地球传播，直到它们逐渐减弱，强度几乎全部消耗掉。第二种：当 P 波横穿外核与内核之间的边界时，P 波会部分转化为 S 波——这就是自然的行为。由此而来的 S 波在内核中传播，直到再次到达外核，此时 S 波部分转化为 P 波。然后，P 波继续平静地传播，直到撞击到和下方地幔的边界。在这个交汇处，P 波再次部分转化为 S 波。S 波继续传播，直到撞击地表，如此循环。这里可能会有很复杂的传播路径，并且可以从位于地球表面多个地点的地震仪记录中推断出来。

那么，我们能从所有这些记录中了解到什么有关地球结构的信息呢？面对在全球各地发生的许多场地震，我们可以借助世界各处的地震仪监测每场地震中多种地震波的到达时间和类型。例如，我们可以推断出 P 波和 S 波的传播速度和深度的函数关系。速度主要随深度变化，当然异质的存在也会让速度在其他方向上发生变化，但随深度产生的变化是主要的（图 9-4）。

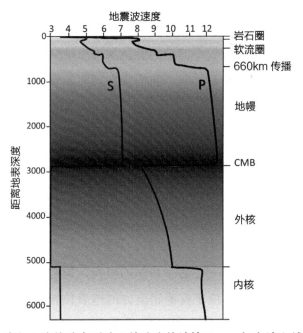

图 9-4　P 波和 S 波从地表到地心的速度估计情况，一般离地心越近，不确定度越大（外核中的 S 波速度除外！）。此外，请注意 P 波速度在地幔和外核边界处急剧下降。数据来源：Stephen Earle, Physical Geology, 2nd ed. (Victoria, B.C.: BCcampus Open Education, 2019), 300. CC BY 4.0

在这里我们可以看到，从大约 2900 千米到将近 5200 千米深处，S

波的速度消失了，这是液态地核存在的主要证据。液态地核内部是固态地核，大约在 1935 年，丹麦地球物理学家英厄·莱曼（Inge Lehmann）通过巧妙的科学探测工作，部分使用上文提到的技术发现了这一点——她活了 104 岁，是最长寿的科学家之一。我们还能看到，P 波和 S 波的速度差异相当大，而且这种差异随着深度的增加而增大，在固态内核中差不多达到了 8 千米 / 秒。当然，在几乎全部外核之中，这种差异甚至更大，因为 S 波在外核中消失了。

我们可以从这些数据和其他数据中推断出地球近似球形的分层结构。此外，还有一些相对较小的结构能呈现出更细微的情况，它们在地球上的分布并不是球形对称的。我们将在后面的章节中讨论其中的一部分。

地震位置

通过地震台网监测地震产生的波，我们可以了解地震的哪些特征？通过比较 P 波和 S 波到达各个台站的时间，我们可以借助三角测量法推断出震中的位置（位于震源正上方的地表位置）。说起来容易，具体要怎么实现呢？先考虑一个台站的情况。我们通过地震仪观察 P 波和 S 波，注意每种波首次到达地震仪的时间差异。我们已经知道了两种波传播速度的差异随深度变化的规律，如果地震发生在相对较浅的地方，我们就可以放心地使用 P 波和 S 波在地表附近传播的速度，合理地估算出震中和地震仪的距离。为了方便说明，我们可以忽略地球的曲率。在这些条件和假设下，我们怎样估计震中的位置呢？知道了两种波的传播速度，我们就可以利用传播时间的差异——两种波最初到达的时间差异——来确定波传播的总距离 d：剪切波（S波）传播的总时间就是它们传播的距离除以传播的速度（时间等于距离除以速度）；压力波（P波）的总传播时间也遵循同样的规律。两者传播时间的差值就是传播耗时的差异，也可以说是两种波到达地震仪的时间差。因此，在下面的等式中，唯一的未知数是距离 d，我们可以用代数方法来求解：

$$(d/v_s) - (d/v_p) = t_s - t_p \qquad\qquad (9\text{-}1)$$

$$d = (t_s - t_p) / [(1/v_s) - (1/v_p)] \qquad\qquad (9\text{-}2)$$

$$= (t_s - t_p) v_s v_p / (v_p - v_s) \qquad\qquad (9\text{-}3)$$

在这里，符号的含义应该不言自明了，比如 v_p 就是压力波的速度。

　　知道了地震仪到震中的距离，我们就知道震中位于一个以地震仪为圆心、半径等于震中距离的圆上。但震中究竟在圆周的什么位置呢？如果只有一台地震仪采集数据，我们是无法做出判断的。如果其他地方有另一台地震仪采集同样的数据，我们就能以第二台地震仪为圆心画出另一个圆。可以想见，两个圆一般会相交于两个点，两个点是两个圆共有的。就这样，震中的可能位置缩小到了两处，我们只需二选一即可。为了区分这两个位置，我们要使用第三台地震仪的数据，这台地震仪的位置和前两台都不一样，而且不共线。（为什么这些注意事项至关重要？）这样一来，三个圆共同的交点就落在了一处（图9-5）。通过以上冗长的描述，我们展示了怎样大致确定地震震中的位置。

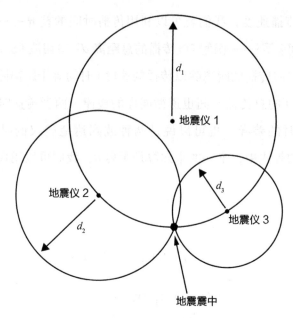

图 9-5 根据 S 波和 P 波分别到达三台（不共线）地震仪的时间差，借助三角测量法确定地震震中。图片来自戴维·夏皮罗

里氏震级

　　我们怎样描述地震的强度？更确切地说，我们怎样确定一场地震的振幅，或者说，释放的能量？1935 年，查尔斯·里克特（Charles Richter）制定了一套标度，它被称为里氏震级。但这套标度有些"摇摇晃晃"——它在应用中做不到非常准确。里氏震级给出的振幅是一种等级，具体来说就是某个特定标准下的最大振幅的对数。要估算地震时产生的运动的最大振幅是多少，我们需要知道很多情况，比如地震发生处和地震仪的相对位置、地震仪测得的地面运动振幅，以及地震

波通过的介质的特性。地震释放的能量和地震运动的最大振幅之间的关系也不是简单明了的。撇开这些复杂的因素不谈，我们可以说，在里氏震级中，高一个震级的地震所释放的能量是低一个震级的地震所释放的能量的 30 倍左右。下面是更加直观的描述，在一场里氏 2 级地震中，就算你位于震中附近，也几乎感觉不到什么，而里氏 9 级地震的影响相当巨大，比如 1960 年智利发生的那一场地震就是百年一遇的大灾难。

在过去的 20 年里，里氏震级在科学界已经不常用了，取而代之的是一种关于"地震矩"的（复杂难懂的）衡量方式。我不想介绍这个新标度，但还是要点出它，因为你可能偶尔会在报纸上有关地震的文章中看到它。

地球的温度

在离开地球内部之前，我感觉必须谈一谈地球的温度。我们怎样才能知道它有多热呢？地震学无法直接提供很大的帮助。但是，我们从地震探测中了解到的地球结构，确实可以提供间接帮助。从物质密度和深度的关系，以及物质的状态（例如液态外核）入手，我们可以对物质的成分做出实际推断。通过高压、高温下进行的实验室研究，科学家们推断，内核必定主要由铁和镍组成。这两种元素重量大、密度高，在地球形成过程中就已经出现，很可能在地球较晚的形成阶段，在最早熔化时沉入了内部。在实验室中承受相似的高压时，这些元素的混合物也会呈现出和液态外核类似的密度。

通过这种方法，温度的测量范围扩展了，从能够直接测量的地表附近和不太深的地下，比如矿井中，延伸到深深的地心。然而，由于

在估算过程中进行了各种（不可靠的）推断，因此地球深处的温度结论
被认为并不可靠。在说明了这一点之后，我想请大家看一下目前温度
和地球深度关系的估计情况（表9-1）。这是一张略显粗糙因而谈不上
很准确的表，我们可以认为，温度随深度的增加而线性升高，深度则
与结构部位（例如地幔和外核的边界）相对应。

表 9-1　地球内部温度随深度增加的大致情况

深度（km）	温度（K）
410	500
660	1900
2900	3000
5150	5000
6370	7000

最后总结一下：温度会迅速升至极高，在地心附近达到 7000 开尔文左
右，可以和太阳表面温度相比较，而太阳中心的温度约为 1500 万开尔文。

压裂、地震和受污染的水

在本章的最后，让我们来探讨一下发生在美国的一个关于地震的社会
问题，它说明了科学会怎样深度参与社会生活，又引发了什么样的争议。

先介绍一下背景。直到 15 到 25 年前，美国中西部地区一直没有
多少地震记录，即便有，震级也不高。后来，当地地震的频率和震级
都上升了，尤其在过去 10 年左右，增幅非常明显。为什么会这样？问
得好，就算问的只是"为什么"！答案似乎和人们常说的"压裂"（全

称是"水力压裂")有关，这是一种从地下开采天然气和石油的方法，
而这些年当地开采活动在急剧增加。这种方法始于20世纪40年代，
人们把水和其他物质混合，然后高压注入地下，打破包裹石油和天然
气的物质，为开采开路。除了石油和天然气，开采过程还会产生大量
无用的"脏"水（图9-6）。这些压裂废水会被泵回地下——显然会这么
处理，因为开采过程已经制造了孔洞。

　　然后，地震就来了。近些年的记录表明，从2009年开始，随着压
裂方法使用增多，地震也急剧增加。那么问题来了：是压裂本身导致了
地震，还是废水的这种处理方式导致了地震？这是一个备受争议的话
题，争论双方言辞激烈，但都没有多少数据。在美国地质调查局的支
持下，目前的共识似乎是将责任归咎于让废水返回地下的做法。然而，
《科学》（Science）杂志于2016年刊登了一项在加拿大西部进行的研
究，结论是压裂方法本身导致了当地出现地震。哪一方是正确的？会
不会两个结论各自对应不同的环境情况？还是说，地震是由某些综合
因素造成的？答案非常重要：如果问题出在压裂上，那么这种方法也许
应该禁止；如果问题出在废水上，那么也许换一种处理废水的方法就可
以解决问题。无论如何，即便这个问题还没有答案，我们也要提出下
一个问题：为什么该地区的地震大概从2015年开始有所减少？

　　不过，我很清楚的是，压裂体现了人类活动对环境的直接影响。
这也是一个政治问题，大众舆论很可能会在应对这种问题的过程中发
挥作用，这也说明，大家多少应该对科学问题有起码的了解，这是非
常重要的。虽然不能保证大家百分之百做出最明智的选择，但获取科
学知识依然大有帮助。一个意味深长的事件将这个问题推上了风口浪尖：
2016年9月，美国俄克拉荷马州发生了当地记录中前所未有的5.6级

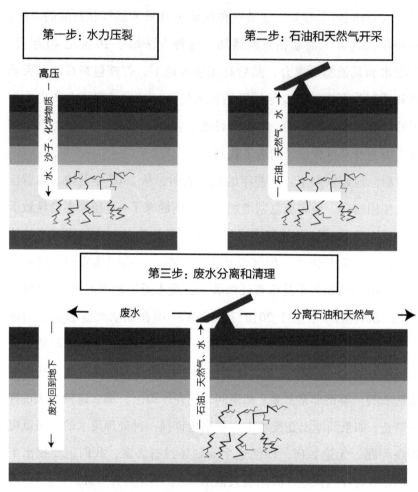

图 9-6　压裂过程。图片来自戴维·夏皮罗

地震。这次地震是和压裂有关，还是有完全不同的原因？

　　关于压裂的另一个巨大争议是：它会不会污染压裂现场附近地区的水源？我只想说，这些关于地震和水源污染的问题恐怕不会很快出现让所有人都满意的解决方案。现在，让我们来探讨另一项引人入胜的地球研究——我们是怎样了解地表演变的。

第 10 章
地表的演变

在知道了人们了解地球形状、大小和内部的经过，以及现有的研究进展以后，让我们以同样的方式聊聊地表及其可能有过的演变。故事主要发生在 20 世纪，地质学、物理学、化学和生物学专家合作解密、调查，人们在此基础上取得了卓越成就，找到了地表演变的古老问题的解决方案。这个例子也多少体现了科学统一。

在 19 世纪初，地质学曾是一门享有盛誉的科学。然而，随着时间的推移，地质学在物理学、化学、天文学以及后来的生物学面前失去了光彩，到了 20 世纪初，这个领域在众人口中已经变得单调无趣。新西兰杰出的物理学家欧内斯特·卢瑟福（Ernest Rutherford）将地质学比作收集邮票，在他的描述中，这一行就是在 "通过识别和定位岩石及化石来绘制地图"。然而，针对地表的研究在 20 世纪迎来了一场变革，地质学的范式也有了根本的改变，其负面形象从此一扫而空，成了一个潜力极为可观的领域。

一些科学家认为，科学的地质研究始于丹麦科学家尼古拉斯·斯泰诺（Nicolaus Steno）在 17 世纪末所做的工作。然而，地质学的鼎盛时期通常被认为始于 1795 年，当时，苏格兰人詹姆斯·赫顿（James Hutton）得出了第一批关于地质学的科学结论，其中一个是：火山活动会补充被侵蚀消耗的土地。还有两个结论是："当下是（了解）过去的钥匙"以及"因此，我们目前的疑问在于，起源的遗迹没有找到，终结的可能也无从设想"。赫顿还认为，地球有几百万年的历史，这使他和教会信仰产生了冲突，后者认为地球只有 6000 年的历史（见第 12 章）。他的方法基于对岩石和地层的研究，和斯泰诺一致。

到了 19 世纪 30 年代，英国地质学家大多属于一个学派，其内部成员被称为均变论者。学派思想的主要倡导者是查尔斯·莱尔（Charles Lyell），他写出了推崇均变论的著作，影响相当深远，其中的基本观点是，地球经历着无休止的周期，所有周期都大致相同。在科学界，英国人似乎战胜了法国人。后者是灾变论的倡导者，例如，他们认为物种有时会消失，而这与无休止相似循环一说是相互矛盾的。然而，英国人获得的只是表面的胜利，他们的逻辑并非更有说服力。

19 世纪晚期出现的一些派别对地球表面及其随时间的变化，有各不相同的看法。许多地质学家成了固定论者，他们的口号是："曾经是大陆，永远是大陆；曾经是海洋，永远是海洋。"一个提供了佐证的明显例子来自在大陆间出现和消失的浅海（不是海洋），在陆地上发现的海洋化石中没有找到深海生物，而固定论者认为，自己的学说可以解释其中的原因。还有人支持收缩说，他们认为地球的历史不是循环重复的，而是更像单程旅行：随着地球内部的收缩，地壳会出现褶皱、折叠和下沉。在这个模型中，这些变化的动力是地球的收缩，原因是地球在冷却。

这里每个理论的基本前提都有问题。就拿收缩说来讲，任何对收缩效应的合理估计都无法解释山脉为什么这样连续绵长。此外，19 世纪晚期被发现的放射现象也有力地反驳了收缩理论：地球上有这种放射性热源，它会导致膨胀而不是收缩。简言之，收缩说的"发动机"

过热了。

大陆漂移说

　　下面进入正题。阿尔弗雷德·魏格纳（Alfred Wegener）是一位天文学博士，选择了气象学作为职业，他在 1912 年出手维护早先提出的一个理论——大陆漂移说。之所以维护大陆漂移说，是因为他偶然观察到非洲西海岸和南美洲东海岸明显能够贴合上。显然，早在 1596 年，第一批包含非洲和南美洲海岸线的地图出现在欧洲时，人们就已经注意到了这种现象。不过，相关的描述首次出版被认为是在 1844 年。

　　在 19 世纪末，人们首次解释了这种契合现象。查尔斯·达尔文（Charles Darwin）的儿子乔治·达尔文（George Darwin）在 1878 年做出了这样的推测：在地球演化的早期，极快的旋转速度使得一大块质量从赤道附近甩了出去，形成了后来的月球。四年后，地质学家奥斯曼·费希尔（Osmond Fisher）提出，这块质量来自太平洋，随着非洲和南美洲的分离，大西洋敞开，太平洋的空缺得到了填补。这样的月球起源理论现在已被彻底否定，并被认为彻底"死亡"，然而，关于月球起源的话题仍然充满生机。

　　说回魏格纳。1915 年，他就这一主题出版了一本 94 页的书，书名是《大陆和海洋的形成》（*The Origin of Continents and Oceans*）。他的起源理论认为，现在的大陆原本连接在一起，早先是一个超级大陆，他把这个超级大陆称为联合古陆（也叫泛大陆），意为"所有的大地"。

他说，在地球内部某种力量的作用下，联合古陆碎裂成几块漂移开来，形成独立的大陆。他还设想了后续的重新组合，比如印度洋板块与亚欧板块碰撞，形成喜马拉雅山脉。

魏格纳还提出了哪些证据来支持他的大陆漂移理论？举个例子，就像下面的漫画所展示的，不同大陆分布着相似的物种和化石，如果说大陆曾经连在一起，后来才漂移开来，这就显得自然合理了（图10-1）。其他解释——比如，这些物种和化石的出现是因为大陆之间曾经有连接，后来沉没了——很难说得通，在过去和现在都没有证据支持。此外，大陆漂移说还能解释为什么斯匹次卑尔根岛处在亚热带时期的时

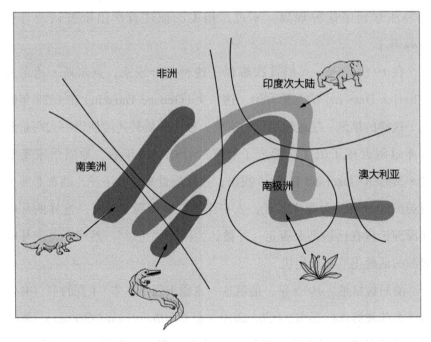

图10-1　与大陆漂移相一致的化石证据。图片来自美国地质调查局/USGS，有所改编

候，澳大利亚似乎刚好处在冰封时期。他还指出，南美洲东海岸和非洲西海岸的矿藏也很相似。魏格纳点明的另一件事是，大地测量学证据显示，格陵兰岛以每年约10米的速度向西漂移，但后来人们发现这个数太大了，大了差不多三个数量级（1000倍）！他又指出，放射现象会使地球内部升温，让大陆在地球表面的移动更加容易。魏格纳在自己的相关著作中（本书一共出了四版）得出结论说，"漂移论的想法只有百万分之一的可能性是错误的"。可惜，他是根据各种不同的"巧合"，不太科学地得出了这一概率。

科学界同行对魏格纳的想法作何反应呢？每个人都大受刺激。当时一些优秀的数学地球物理学家，比如哈罗德·杰弗里斯（Harold Jeffreys），嘲笑他的观点，断言没有任何已知的力可以像魏格纳提议的那样推动大陆在地球表面移动（杰弗里斯并不认为地幔会流动）。其他批评者基本在讽刺他：

真是"金线缝烂包"。

歪曲一下证据碎片，你就能轻松地拼凑出一种解释。但是这样一来，你的成功也不能说明你已经还原了一切的真相。这甚至不能证明这些碎片属于同一幅图景，也不能证明碎片没有遗漏。

我还在纽芬兰发现了一半化石，在爱尔兰发现了另一半呢！

魏格纳大陆漂移说遭到的排斥说明，在研究自然的行为时，人们会抵触打破固有看法的新观点。罗林·托马斯·钱伯林（R. T. Chamberlin）1928年提出的观点就相当典型："如果要相信魏格纳的假说，我们就必须忘掉过去70年中所学到的一切，从头再来。"理应客观的科学家竟然会对一个新观点提出这么不合逻辑的反对意见，这真是令人震惊。顺便提一下，这种反对意见在大西洋西岸更统一。而在欧洲，关于大陆漂移说的意见却存在很大分歧。

魏格纳在世时抵挡住了每一次攻击，例如，他为归纳推理辩护，把自己的研究同开普勒和牛顿的工作进行类比。此外，针对同时代的人提出的另一种理论——非洲和南美洲之间原本有一座陆桥，使得动植物能够穿行，只是后来沉没了——他也说出了质疑。1930 年晚秋，在格陵兰岛执行任务的时候，魏格纳因恶劣天气而过早离世。他关于大陆漂移的著作第四版也是最后一版已经在 1929 年出版。在他去世之后，其他人继续零星地为大陆漂移说而斗争，有些人格外积极。阿瑟·霍姆斯（Arthur Holmes）就是一位坚定的漂移说支持者，他指出，"证明魏格纳（在许多细节上）是错的，绝不等于否定大陆漂移"。魏格纳本人则认为，漂移是明确存在的，原因（动力）就等着别人去找了。

霍姆斯不仅为漂移说辩护，还提出了一种动力：大陆是被下方的地幔对流带着移动的，而这种对流的背后还有放射现象散发的热（图 10-2）。

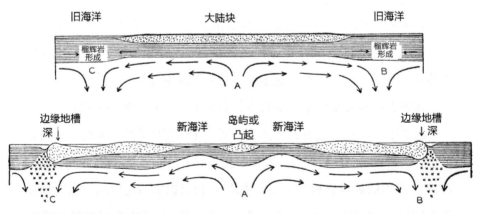

图 10-2　霍姆斯的插图，如图所示，他明智地提出地幔中熔融物质的对流（箭头所示）带动了大陆漂移。（请忽略"地槽"这个词，我们不讨论它了。）© Henry R. Frankel 2012，剑桥大学出版社出版。经许可人许可，通过 PLSclear 转载

霍姆斯的观点解决了之前一个棘手的难题：海底的岩石更硬，大陆的岩石更软，前者怎么能允许后者挤过去？就像那个时代的人说过的，这就好比让黄油棒挤过钢板一样。如果说大陆是被对流带着移动的，这就不再是个问题了。

板块构造、恒温磁性和地球磁场

尽管霍姆斯十分积极，但魏格纳的假说还是在 20 世纪 30 年代和 40 年代"漂移"出了大多数地质学家和地球物理学家的关注点，被扔到了一边。全世界都在忙于第二次世界大战，研究海洋和探测较小磁效应的技术却得到了发展。这是为什么？主要原因是这类技术可以探测到敌方的潜艇。因此，在第二次世界大战和随后的冷战期间，更灵敏、更紧凑的磁探测技术被开发出来，为探测磁效应提供了先进的方法，这将在战后成为科学领域，尤其是我们现在所关注的地球科学领域中的一个关键点。

其中一种技术关乎热剩磁（Thermoremanent Magnetization）。这到底是什么呢？热剩磁是许多岩石的一种特性。早期地球经历了冷却和凝固的过程，这些岩石脱离液体状态而成形，可能在长达数十亿年的时间里，它们都保留着凝固当时当场地球磁场强度和方向的印记。考虑到我们的目的，可以把地球磁场看作是由一个（巨大的）条形磁铁产生的，它的中段在地球中心，随着时间的推移改变其方向和强度（图 10-3）。磁场是我们在电磁学领域构建的模型（本书不讨论）。磁场的作用是可以被看到的，比如中学物理课上常常有这样的演示，条形磁铁周围存在磁场，附近微小的铁块（铁屑）会因此排列出一定的图案。

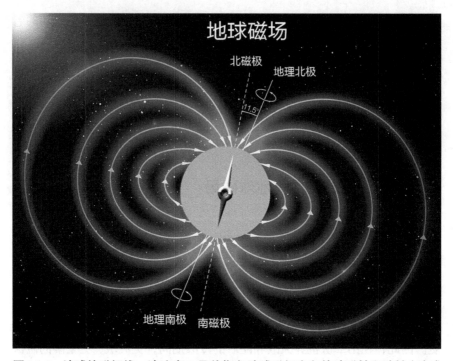

图 10-3　地球的磁场线。请注意，目前指向地球磁极方向的地磁轴和地轴（地球绕其旋转的轴线）错开了约 **11.5°**（关于这个现象，还没有任何模型能解释为什么在特定时间会有这样一个特定角度）。图片来自爱丁堡大学彼得·里德（Peter Reid，电子邮箱：peter.reid@ed.ac.uk）；经授权使用，有改动

　　尽管有些简化过度，但我们可以这样总结要点：在冷却过程中，即将形成的岩石中以铁为主的物质会根据岩石所在位置的地球磁场方向完成排列。一般来说，磁场越强，岩石中排列整齐的铁原子比例就越大。这个比例越大，这些铁产生的磁场就越强。因此，岩石在其形成位置保留了它在最初凝固时，地球磁场方向和强度的证据。我们将会看到，这样的特性对我们的故事非常重要。

　　值得注意的是，地球磁场平均每隔几十万年就会发生极性反转（南

北磁极对调）。1906 年，法国的贝尔纳·布吕纳（Bernard Brunhes）发
现了这个事实；20 世纪 20 年代，日本的松山基范首次进行了系统研
究。这种反转的时间间隔非常不规则，而反转本身发生的时间要短得
多，大约为万年或更短。太阳的磁场也会发生类似的反转，不过现在
太阳磁场反转的时间间隔还要再短许多，大约为 11 年，而且至少在目
前，这个时间间隔更像是固定的。许多人听说过这种太阳黑子周期，
但较少有人知道，全周期（从一种状态开始转变直到恢复原样）的平均
时长约为 22 年，因此，目前太阳磁极反转的时间尺度差不多是地球的
万分之一。

　　有什么证据可以让我们对磁极反转做出这些断言呢？对太阳来说，
磁极反转发生的时间尺度比人类寿命短，我们可以而且已经从地球上
测量到了太阳磁场方向的多次反转。对地球来说，这种反转的时间尺
度远远长于人类认识磁场的历史。因此，我们需要结合热剩磁和放射
性年代测定，从年代入手比较分布在全世界的岩石。虽然也有来自其
他国家的参与者，但这个项目主要由基思·伦科恩（Keith Runcorn）等
英国科学家开展。他将自己的职业生涯都投入到了这个被称为古地磁
学（paleomagnetism，paleo 意为"古老的"或"远古的"）的领域。

用热剩磁研究地球：有用且有趣

　　在大陆上的同一地点，从不同年代的岩石中测定的磁极方向会相
差很大。这是为什么呢？这是因为磁极在地球表面随时间转换，还是
因为有大陆漂移？同样的数据可以用两个原因中的任何一个进行解释

（图 10-4）。当然，也可以将这两种解释结合起来（我们没有进一步探讨这种可能性，原因很快就会，或者说应该会显现出来）。请注意，从一块（未被搅扰过的）岩石的热剩磁中，我们可以推断出岩石冷却时的磁极方向，但无法推断出岩石和磁极的距离。不过，我们现在确实知道，除了在磁极反转的过程中，地球磁极的位置不会过度偏离地球自转轴的两个"端点"，也就是地理两极。

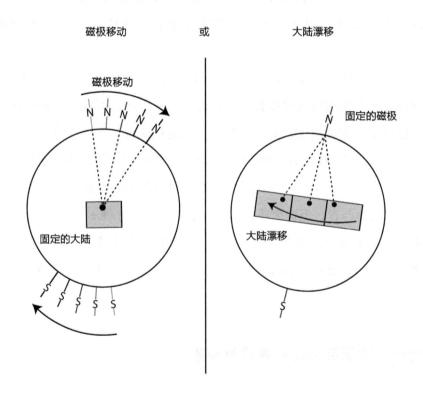

图 10-4 磁场方向变化的两种可能解释：一块假想的固定大陆在地球上，磁极移动（左图），或磁极固定在地球上，大陆漂移（右图）。图片来自戴维·夏皮罗，有改动

来自不同大陆的岩石又怎么样呢？针对不同大陆同时期的岩石，人们推断出不同的磁极位置，随着时间的推移发生了不同的变化。显而易见，是大陆移动了，否则从不同大陆推断出的结果之间会产生矛盾：同一个磁极不可能同时位于地球上两个截然不同的地方。此外，如果借一下魏格纳的光，用大陆漂移说来解释，从古气候和古地磁分析出的结果是一致的。

这些结果令人振奋，但必须足够稳妥才能克服巨大的阻力。不同国家的多个独立团队验证了仪器是可靠的，测量是可靠的，解释也是可靠的。游戏结束了？还早着呢！到了 20 世纪 50 年代中后期，学界观点才终于动摇，较快地转而支持漂移说。

随后，战斗转移到了海上。第二次世界大战之后，海洋研究的资金大幅增加，声呐（类似雷达，但使用的是声波而不是无线电波）等新仪器和世界各大洋中穿梭的科考船收集的数据也随之爆炸性增多。从事这项研究的人名正言顺地被称为海洋学家。普林斯顿大学的哈里·赫斯（Harry Hess）就是其中的佼佼者。1960 年，他提出了一种设想，赫斯自己称其为地质之诗。这里的依据是海底测绘的一个重要发现：洋中脊。以大西洋中部的洋中脊为例，它的中线有一条裂谷。这条裂谷的发现者玛丽·撒普（Marie Tharp）在第二次世界大战期间以及战后任职于美国哥伦比亚大学，当时她正在制作地图，用到的海底相关数据是诸多船只通过声呐收集到的。

就像我以前的学生道格拉斯·罗伯逊（Douglas Robertson）指出的那样，这种结构的存在本身就是支持大陆漂移说的有力证据：大西洋两岸的大陆海岸线契合，这可能只是一个巧合；洋中脊一出现，事情就变得大有深意了。赫斯提出的设想（模型）是，熔岩从洋中脊之间的裂谷

中涌出，将现有的海底推向一边，海底的"两端"则回到下面的地幔
中，这也契合了针对洋底的研究发现（图 10-5）。赫斯的提议在皮奥瑞
亚反响怎么样？不怎么样。典型的怀疑论者指出，两个"错误"（大陆
漂移和稳定的全球地幔对流）并不等于一个"真相"。守旧派是不会安
心隐退的。

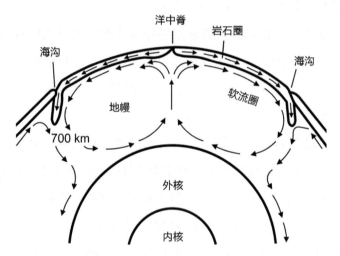

**图 10-5　熔岩从洋中脊中部冒出，在两侧对称地形成新的海底，旧的海底通过
海沟返回地幔。图片来自美国地质调查局 /USGS，有所改编**

撤开话术不谈，怎样检验这个海底扩张的观点呢？ 1963 年，劳伦
斯·莫利（Lawrence Morley，由于同行评审不力，他的论文被投稿期
刊退回，这种情况有时会发生）、弗雷德里克·维恩（Frederick Vine）
和德拉蒙德·马修斯（Drummond Mathews，这对搭档的论文倒是得到
了发表）分别独立地指出了海底扩张一个"显而易见"的结果：海底岩
石中的热剩磁在洋中脊两侧应该呈现出相同的"条纹"模式，最古老
的岩石离洋中脊最远（图 10-6）。

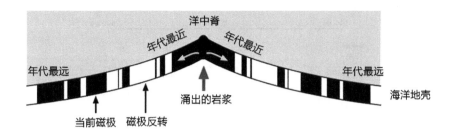

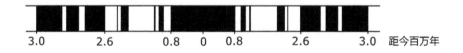

图 10-6　按照预测，洋中脊涌出的熔岩凝固时会在岩石里留下磁场方向的信息，形成对称的图案。© The University of Waikato Te Whare Wānanga o Waikato. 版权所有

　　大约在 1965 年，美国的"埃尔塔宁号"（Eltanin）科考船收集到了关键数据。这艘船将磁力仪放置到了非常接近海底的位置，在航行的过程中调查磁场。图 10-7 中包含了该船在科考之旅的第 19 航节中测量到的磁场强度变化情况（图 10-7 每组图的上方曲线；一个航节基本上是指一次航行，从离开一个港口直至到达下一个港口）。至于莫利 – 维恩 – 马修斯所预言的模式，事关"埃尔塔宁号"本次航行目的的研究计划甚至没有提到要验证它。实验人员起初也没有意识到他们获得的结果有多么重要。就像我们看到的，磁异常的情况在洋中脊的两侧非常对称（也就是说，如果将测量到的曲线沿着横轴的原点左右折叠，那么两半曲线几乎可以互相重叠）。如果洋中脊的熔岩流速恒定，那么地球磁场极性的反转情况就能对应上地表岩石的测量结果。根据这些结果，我们可以推断出，在超过 10 万年的时间里，洋中脊一侧岩石相

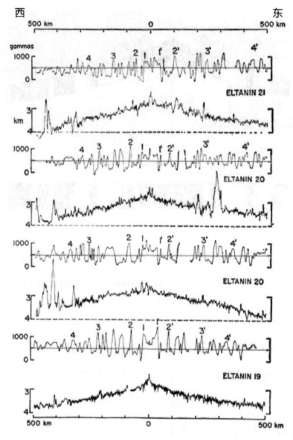

图 10-7 图中最下一列显示了东南太平洋洋中脊两侧海底岩石中测得的磁场强度异常（差异），于 1966 年出版。洋中脊中心横坐标为零。请注意，零点左右两侧的异常情况是对称的。（下方曲线是相应的海底深度，我们不必在意。）至于磁场强度：1 伽马等于 10^{-5} 高斯，地球表面目前的磁场强度为 0.2 高斯，约为 1 伽马的 20 000 倍。[①] 摘自 W. C. Pitman III and J. R. Heirtzler, "Magnetic Anomalies over the Pacific Antarctic Ridge," Science 154 (1966): 1164–1171；经美国科学院授权转载

① 原书中作者此处做了截图，中文版选择了全图。对于每一组图，上方曲线左侧标注 0~1000 的刻度代表磁场强度（单位伽马），下方曲线左侧标注 4~3 的刻度代表海底深度（单位千米）。图中"ELTANIN 19"意为"埃尔塔宁号"第 19 航节，这部分图显示了异常。——编者注

对另一侧岩石的平均扩张速度为每年约 4.5 厘米。这个推断是根据已知的时间间隔得出的，而时间间隔的依据是作为对照的地表岩石的放射性年代测定，以及海底岩石的磁场测量情况。

就这样，"埃尔塔宁号"第 19 航节的测量结果为漂移说的反对理论钉上了棺材板的最后一颗钉子，现代科学领域一个重要的悬疑故事就此落幕。大陆漂移方面的研究现在被称为板块构造学，部分原因是一些板块不仅涉及大陆，还涉及海洋，以前的说法就被淘汰掉了。

从板块构造看地球表面

概括地说，大家现在的观点是，地球表面由大小不一、形状各异的板块组成，这些板块以不同的速度相对移动，但总是相互结合在一起，当然也占据了整个地表。具体来说，目前我们从板块构造的新观念得出了哪些已知结论？下面举几个例子来说明一下。

1. 地震位置。根据全球地震台网中 152 处地震仪的地震图进行分析，可以确定地震震中位于板块之间的交界处。

2. 热点和岛弧的起源。加拿大的图佐·威尔逊（Tuzo Wilson）提出并在很大程度上推动了一种观点，就是地幔中有长期存在的热点，会向地表喷出炽热的熔岩。根据这个理论或者模型，夏威夷群岛的形成就可以追溯到一个热点。现在位于这个热点上方的板块大致从东南向西北方向移动，因此西北方向最远的岛屿（尼豪岛）最古老，约有 500 万年的历史，而东南方向最远的岛屿（夏威夷）最年轻，只有约 40 万年的历史。这里的时间是根据岛上岩石的放射性年代测定得出的。

3. 板块之间的碰撞。例如，印度洋板块和亚欧板块之间的碰撞分为五个阶段，时间从大约 7000 万年前跨越至今。碰撞的结果之一是产生了喜马拉雅山脉，这是目前地球表面海拔最高的山脉，山顶高度约为 8848 米。

4. 目前全球板块的平均运动。根据类似"埃尔塔宁号"科考数据的全球磁数据，我们可以推断出分布在全球的板块有着怎样的扩张速度。用于得出结论的数据时间分辨率相当低，大约为 10 万年或更长。而且，我们还没有一种基本理论可以可靠地预测这类扩张速率的数值。

测量当代板块运动

我们怎样才能以更高的时间分辨率测量当代的板块运动呢？半个多世纪的技术发展为我们找到了答案。在测量当代板块运动的过程中，有两种技术连同各自的实践者展开了竞争。一种技术名字很响亮，叫作甚长基线（无线电）干涉测量，另一种则叫作卫星激光测距（Satellite Laser Ranging，为便于描述，以下简称 SLR）。相对于第二种技术，第一种技术的使用思路出现得更早（其实，第一种技术的用法是我在 1966 年提出的）。

甚长基线干涉测量（以下简称 VLBI）是怎样工作的呢？基本思路是用射电望远镜观测非常遥远的天体，比如类星体，它们会发射无线电波。由于距离非常遥远，这些天体在天幕上没有可探测到的运动，因此看起来一动不动。它们实际上是静止的参照点。用地球上两个或两个以上地点的天线同时观测这样一个天体，每个天线上都能探测到和另一个（几个）天线相同的无线电波，但有一个关键的区别：我们接收到的波相同，但时间不同，因为参与测量的不同天线和遥远天体的距离不同。（请记住，相对于我们和天体之间的距离，地球上天线之间的距离确实非常小。）但是，你可能会问，如果不在两个相距甚远的天线上分别安装非常好的时钟，我们怎么能知道波到达这两个天线的时间差呢？的确如此。这里用到的时钟精度很高，而且有相当精妙的模型表示其中的差异。根据这些时间差测量结果确定每对天线之间的距离、以类星体为参照的方向，以及时钟情况，需要进行格外复杂的计算，因此我们跳过对细节的介绍。

这类测量目前可以达到的总体精度非常高。举例来说，利用一个大型阵列，通过对几个不同的信号源进行数小时的观测，可以确定不同大陆上两个天线之间的距离，不确定度只有若干毫米，相对精度约为十亿分之一。

SLR 的原理要比 VLBI 的原理容易解释得多：利用激光器向卫星发射短脉冲光，在发射短脉冲光的望远镜上探测卫星的反射情况，从而确定卫星的距离。卫星上装有所谓的角反射器，可以将光反射回发出的方向。目前在轨道上运行的卫星有许多装有这种角反射器，可以作为 SLR 的目标。

VLBI 使用的无线电波来源可以看作是在天空中静止的，而 SLR 的目标有非常明显的移动。这样的事实对 SLR 来说既是麻烦也是优势：测量激光信号往返不同卫星目标的时间，我们得到的数据既关乎 SLR 的站点位置，也关乎卫星的轨道。还有一个因素就可以称作优势了，地球的引力场会以摄动的方式影响卫星轨道（造成微小变化），我们能够有所觉察。

　　SLR 和 VLBI 之中，哪种技术最先产生了测量当代板块运动的可靠结果？撇开早期的虚假说法不谈（见下文），领先若干年的胜出者是……VLBI，成果出现在 1985 年。（从提出想法到取得可靠结果，我们用了差不多 19 年时间！）那次测量得出的结论是，马萨诸塞州海斯塔克天文台和瑞典翁萨拉空间天文台之间的距离变化为每年 1.7 ± 0.2 厘米，这样的数值可以对应根据海底扩张测量得出的长期平均值，不确定度符合要求（图 10-8）。

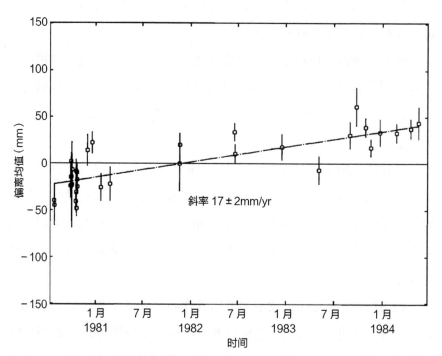

图 10-8　通过 VLBI 观测首次确定的当代板块运动情况，参与测量的有马萨诸塞州海斯塔克天文台和瑞典翁萨拉空间天文台。这个早期成果经受住了时间的考验。图片来自托马斯·赫林（Thomas Herring）

在离开这个话题之前，我想补充一些带有社会学意味的评论。在我们成功测定当代板块运动之前，其他 VLBI 团队和 SLR 团队都曾谎称探测到了这种运动。我想详细说说其中一个特别恶劣的事件。有一个团队试图通过 VLBI 测量横跨太平洋的板块运动。他们拿出了几年来的观测结果，简直让我大跌眼镜。他们展示了测量站点之间的距离和时间的关系，所有的点都乖乖地向一条直线靠拢，但每个点的误差线同点本身到直线的距离相比都非常宽。我迅速计算了一下，如果这些点是可靠的，那么从随机误差中得到这样的结果差不多是 10^{18} 次一遇，也就是每 10 亿个 10 亿次才会出现一次！这种可能性小到完全不可能发生。我百思不得其解，因为如果这群人在作弊，他们完全可以做得更好，而不会立即引起这样的怀疑。不管了，我向这个团队的负责人表达了我的担忧，但也没有什么作用。于是我告诉他，我会找监管他的人谈一谈，而且我也照做了。我首先指出，从表面上看，我和他们有利益冲突，因为是我发起了这场测量当代板块运动的竞赛，自己也参与其中，但我还是继续要求他们听取我的意见，回去管一管我提出的问题。他们无动于衷，我则继续坚持。经过一年的折腾，我终于成功拿到了他们的原始数据，让我们团队进行检查。这些数据中完全找不出有用的信息。他们的所有结果都是编造出来的。于是，上级把这个团队的负责人开除了。我知道这位前负责人花了不到两周的时间就找到了另一个职位，薪水是原来的两倍。故事结束。这种事情在科学界非常罕见，但并非没有先例。

这个主题下还有最后一个问题。在 30 多年后的今天，我们怎样观测板块运动？我们要利用现如今（几乎）能解决一切问题的全球定位系统（Global Positioning System，以下简称 GPS）卫星，这个想法最早由我以前的学生查尔斯·康塞尔曼（Charles Counselman）和我在20世纪70年代末分别独立提出。查尔斯开发出了第一台相关的专用接收机，真是了不起！和遥远的类星体相比，GPS卫星发射的无线电信号在地球上接收时强度更好。对宇宙中的辐射源进行VLBI观测需要巨大的天线，而在地球上探测GPS卫星发射的无线电信号只需要非常小的天线，而且相应地也很便宜。每个全球定位系统地面终端的成本最初不到10 000美元，现在接近2000美元，而VLBI地面终端的成本至少在1000万美元左右。由于成本大幅度降低，现在全世界有成千上万个GPS地面终端用于大地测量研究，其中的原理和VLBI技术相同。使用GPS也要根据数据估算卫星轨道位置，这项任务非常繁重，但在现代计算机的帮助下可以作为常规工作。说句直白的，涉及GPS地面终端的开发和应用已经成了全世界哪都有的作坊产业。这些地面终端的分布并不均匀，它们最集中的地方是人口稠密地区的地震多发地带附近，比如南加州的圣安德烈斯断层附近，以及日本的许多地方。

现在，VLBI系统在地球相关的研究上过时了吗？并没有。它目前主要用于研究地球自转的（微小）变化。这种研究需要一个固定的参考系，类星体等遥远、紧凑的宇宙射电源符合要求，GPS卫星不符合要求。在一些地方，比如南非的哈特比斯托克，VLBI系统、SLR系统和GPS都在运行。

在对地球地表形状、大小、结构和演变进行了（就篇幅来讲）不均衡的介绍之后，我们要开始讨论地球的年龄了。在看过VLBI和SLR的复杂精妙之后，转换话题大概是大家喜闻乐见的。但后面的讨论也包含大量错综复杂的问题。事实上，在讲述我们怎样破解地球的年龄问题之前，第 11 章将介绍关乎解决方案的科学发现。

　　在过去的 50 多年里，板块构造极其丰富的范式给地球科学家们带来了活力，他们的领域有了天翻地覆的发展，而且还没有显示出任何放缓的迹象，尽管在足够远的将来，发展的放缓是必然的，也是一定会出现的。

第 11 章
物质的结构

　　本章放在这里似乎有些奇怪，值得解释一下。除了提供必要的科学背景，帮助理解关于地球年龄的长期研究（见第 12 章）之外，本章其实还在讲述一个引人入胜的故事：有些发现让我们对物质的结构有了更深入的认识。我会具体地介绍它们，等后面聊到地球年龄的时候，这些信息将有助于理解。

　　19 世纪的最后 25 年，在物理实验室里，自然令人惊叹的特性被揭示出来。这背后当然有早期工作奠定的基础。早在 18 世纪末，人们就从化学研究中了解到了不同种类的物质，也就是所谓元素的存在。举例来说，伟大的法国化学家，死在法国大革命断头台上的安托万·拉瓦锡（Antoine Lavoisier）就发现了氧的一些特性。每个元素都有被称为原子的粒子。那么原子是什么？人们又是怎么知道它们存在的呢？

　　人们通常认为，古希腊哲学家德谟克利特（Democritus，约公元前460—前370年）在没有实验和观测的情况下，完全根据推测首次提出原子是物质不可分割的最小粒子，英国科学家约翰·道耳顿（John Dalton，1766—1844年）则是第一个根据观察到的物质行为判断原子存在的人。即使接受了原子是物质的最小粒子，我们对原子的结构又有多少了解呢？一无所知！让我们先来做一些简单的观察实验，实验结果可以说明，原子（如果存在）是一种中间有空隙的粒子。

水之类的液体似乎是不可压缩的。我们可以用尽全力向下按压液体表面，当然这些液体要先装在一个非常坚固的容器中，但它自有办法化解，不会出现明显被压缩的迹象。我们可以就此排除一些结论，比如，水不是实打实的固体。然而，如果把有色染料倒进水中，它就会迅速而均匀地扩散到整体。我们把糖倒入水中并搅拌，也会发现同样的结果：无论我们品尝水的哪个部分，它都是甜的，就是糖水应该有的味道。盐和许多其他颗粒状物质入水的效果也差不多。这些结果是怎样产生的呢？水必定是容许这些物质"处处穿行"的。水很可能是由看不见的小部分组成的，而这些小部分之间有空隙。

1827 年，罗伯特·布朗（Robert Brown）发现了液体由更小部分组成的另一个迹象，名叫布朗运动。布朗注意到，水中的小颗粒会微微抖动，用显微镜观察可以分辨出来。是什么在推动这些小颗粒运动呢？答案显而易见，是组成水的更小的部分。1905 年，爱因斯坦首先从很可能组成了水的微粒入手，对小颗粒的运动进行数学上的分析。他的数学模型正确地预测了小颗粒在水中运动的统计学表现。

那么将水的微小部分拆开看，作为组成单位的原子有着怎样的结构呢？（我们聊的是原子。不过，以水为例，我们现在知道原子组成了另一种叫作分子的实体，每个水分子都由两个氢元素的原子和一个氧元素的原子组成；这种组合是非常紧密的，每一例都被视为一个整体，也就是一个分子。）

回到刚才的问题：我们要怎么解释原子的独特之处呢？举个例子，原子发射的特定频率光谱线体现了什么？这里有一个非常有趣的调查故事。通常情况下，技术是解决问题的动力。19 世纪末，物理学家们显然普遍认为，自然界的一切基本原理都已经被发现，剩下的都是边边角角的问题，尽管还有一些相关的基本效应没有人知道半点底细。后来，人们开发出了在物理实验室里探索物质基本特性的新工具。到了智者的手里，这些新工具很快就击溃了老观念——我们前面提到过，人们本以为自然的行为在基本层面不会有什么重要的新发现了。

这类基础物理实验的关键新工具之一就是克鲁克斯管，它以发明者的姓氏命名，是早期电视机中使用的阴极射线管的前身。这种管的主要特点是：被称为阴极和阳极的金属板分别安在两端，两者之间可以产生高压（见下文）；管内部的真空程度很高，约为管外正常气压的千万分之一；最后，管（玻璃）壁是透明的。

英国科学家 J. J. 汤姆孙（J. J. Thomson）在实验中使用过这种克鲁克斯管。他在阴极和阳极之间施加高压，产生了当时被称为 β 射线的射线，从阴极射向阳极。这些 β 射线的运动路径会受到磁铁的影响。如果汤姆孙把一块条形磁铁的磁极靠近克鲁克斯管，β 射线的路径就会偏转方向，例如向下转弯，而当这块磁铁调转过来、换一个磁极对准原来的位置时，射线的路径就会向相反的方向偏转，也就是向上转弯。这类偏转之所以能被看到，是因为这些射线和克鲁克斯管中的残余气体相互作用，并产生了光。根据射线的能量和已知强度的磁铁造成的偏转角度，汤姆孙能够计算出组成 β 射线的粒子的质量约为氢原子质量的两千分之一。就这样，电子在 1897 年被发现了，它是人们找到的第一种所谓的基本粒子。

别忘了，我们正在讲述的是关乎原子结构的发现历程，这些内容对本书后面的相当一部分内容非常重要。

汤姆孙根据他发现的带有负电荷的电子，设计出了原子的"葡萄干布丁"模型——有趣的是，这个名称的英文是"plum pudding"，当年在英式英语中，布丁上的"plum"不是李子，而指的是葡萄干。（我们知道，电荷有两种符号，分别是正的和负的。提出电荷分正负的人是本杰明·富兰克林；根据他的选择，电子带有负电荷。）汤姆孙的模型主体部分（布丁）带正电荷，数量和葡萄干（电子）所带的负电荷相等，后者以某种方式分布在"布丁"上。重点在于，除了为什么原子似乎不带电以外，汤姆孙的这个模型没有解释任何问题。例如，它无法解释原子的光谱，甚至无法解释氢原子的光谱，而氢原子作为最轻的原子，应该是所有原子中最简单的。这个模型是不是稳定也不清楚，它没有解决相反电荷相吸的问题，因此无法说明电子和正电荷怎么能保持分离。我们对原子的性质和结构仍然一无所知。尽管如此，汤姆孙仍然是一位受人尊敬的科学家，主要是因为他发现了β射线是一种极轻的粒子，而且这种粒子都带有相同的负电荷。这是一个关乎根本的关键发现。

在接下来的十几年里，对于揭开原子结构之谜，人们没有取得任何重要进展。后来，1909年的一种新实验产生了惊人的结果。实验的主导者是物理学家欧内斯特·卢瑟福，他从新西兰来到英国剑桥从事自己的专业研究，因为剑桥是原子领域新发现的中心。这种新实验被称为散射实验。之所以叫这个名字，是因为会有一束粒子被射向一个目标，粒子束和目标相互作用，离开作用区域时，其中单个粒子的方向和开始时不再相同，也就是说，它们散射了。通过分析这些粒子的散射方向，人们可以推断出目标的基本特性。随着时间的推移，散射实验使用的粒子束速度越来越高。碰撞的能量（随粒子的相对速度而增加）越高，就越能深入探测目标。举例来说，如果有一束移动速度很慢的粒子击中你，粒子可能会被你的皮肤挡住，探测不到你的内部。相反，如果粒子束的速度足够快，能量足够大，能够穿透你的皮肤，那么粒子就可以从你的体内散射出来，以这种方式探究你的内部情况。同理，在散射实验中，物理学家会借助越来越高的碰撞能量探究物质的基本特性。这种玩法取得的最新重大成果就是前言中提到的希格斯玻色子的发现。

　　说回卢瑟福，这种经历了漫长发展、洞察力越来越强的散射实验，可以说是从他开始的。他的开创性实验是将一束快速移动的所谓 α 粒子直直地射入薄薄的金箔中（图 11-1）。这种带正电的粒子每一个所带电荷是电子的两倍，但符号相反，和氦原子的主要部分相同。这里用到的粒子是从镭元素（将在第 12 章讨论）的放射性衰变中获得的。这个实验由卢瑟福的团队完成，主力人员包括汉斯·盖格（Hans Geiger）和欧内斯特·马斯登（Ernest Marsden）。他们安排了合适的探测器，能够记录散射到源头和金箔周围空区域的 α 粒子。

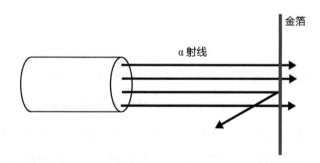

图 11-1　α 粒子垂直射入薄金箔的散射实验。图片来自戴维·夏皮罗

　　这次散射实验的结果完全出人意料。绝大部分 α 粒子在穿过目标时几乎没有发生偏转。很少一部分差不多是直接射回了源头。这个出人意料的结果意味着什么呢？卢瑟福经过一番思考，得出了答案：原子内的空间大部分是空的，但有一个非常坚硬、质量很大的小核，也就是我们现在所说的原子核。考虑到原子总体呈中性，而且有这么多的电子，我们可以合理地得出结论：原子核带有正电荷，正好抵消了原子中电子的负电荷。

在距今超过一个世纪的 1911 年，卢瑟福及其团队的这个成果在论文中发表，标志着人们对原子结构的认识取得了重大进展。就像卢瑟福本人说的：

这是我一生中遇到的最不可思议的事情，就好像把 15 英寸（1 英寸 = 2.54 厘米）的 [炮] 弹射向一张纸巾，它却反弹回来击中了你一样不可思议。经过思考，我意识到这种向后的散射一定是单次碰撞造成的。进行计算的时候，我发现除非原子的大部分质量都集中在一个微小的原子核中，否则不可能得到这种程度的结果。就在那时，我有了这样一个想法：原子有一个微小的质量中心，带着电荷。

显而易见，汤姆孙的"葡萄干布丁"原子模型要被换掉了。现在，我们有了这样一个原子模型，它有一个带正电、体积极小、质量很大的原子核，带负电的轻质电子构成了其他部分。它是怎样运转的呢？根据经典物理学，符号相反的电荷会相互吸引，在这样的原子内部，处于固定起始位置的电子会极为迅速地加速（下落）并同原子核相撞。然后，原子大概会"扑通"一声变成别的东西。因此，这样的原子结构是不稳定的，于是不可能存在——对于能够很好地解释宏观现象的物理学模型，我们的知识得出的就是这样的结论。汤姆孙的"葡萄干布丁"模型收到的主要批评意见也是相似的。啊，但是，可不可以假设原子就像一个微型太阳系，电子围绕着处在中心的核转动呢？这样

的模型也是不稳定的：如果它是正确的，而且那个时代的经典物理学也
是正确的，那么原子就会在极短的时间内崩溃。这和太阳系的情况很
不一样，在远长于人类历史的时间尺度上，太阳系都是稳定的。太阳
系能够维持格外长的时间，是因为行星的引力辐射和电子围绕中心核
做轨道运动所产生的光辐射相比，要弱得令人难以置信。（关于两者相
对强度的简单比较，请参阅第 7 章末尾的相关讨论。）为什么这样的原
子崩溃得这么快呢？因为像电子这样的带电粒子在轨道上运动——意
味着拥有（不断改变运动方向的）加速度——就会辐射出光。因此，电
子会很快通过辐射失去能让它留在轨道上的能量，并且撞向原子核。
原子还是会"扑通"一声不复存在。肯定有奇怪的事情正在发生。在
原子层面上，自然的行为一定产生了巨大的变化，宏观层面的观察和
思考不能在这里作为依据了。我们需要的是一个新想法。

原子的现代模型

当年，尼尔斯·玻尔（Niels Bohr，1885—1962 年）刚在丹麦获得
博士学位，就被剑桥大学这个新物理学的中心吸引了。玻尔对原子的
微型太阳系模型提出了新的深刻见解。他参考当时流传的一些相关观
点，为这个系统提出了截然不同的特性。首先，电子只能在以原子核
为中心的特定轨道上运动，而且它们可以通过吸收或发射光子，（以某
种方式）从一条这样的轨道跃迁到相邻的轨道。光子是什么呢？就像前
面提到过的，针对光建立模型是非常复杂的；有时它表现得像是由波组
成，有时又像是由粒子组成。当它表现得像粒子时，我们就说光是由

光子组成的，每个光粒子对应一个特定的频率，具有特定的能量。对于那些习惯从宏观角度看待自然界的人来说，这个模型似乎很奇怪，但它能在真正的微观层面上代表自然的某些行为。第二点则是，跃迁到能量较低的轨道时，电子会发射一个光子以平衡能量；同理，吸收一个光子也能让电子跃迁到能量较高的轨道。两个过程都能从图中看到，可以容纳电子的轨道用数字标出，能量最低的轨道（$n=1$）离原子核最近（图 11-2）。为了满足某些条件，我们选择了特殊的轨道，细节就不赘述了。这里的一个目标是，图中的安排要能对应上我们观测到的原子发射 / 吸收光子时呈现的光谱情况。

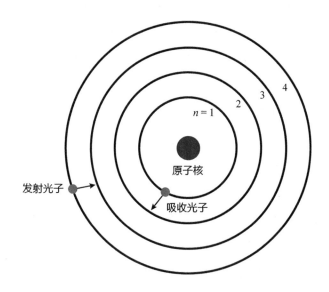

图 11-2　玻尔的原子模型草图（图中所示的四条轨道与原子核的相对距离并不符合真实情况）。灰色圆圈代表围绕原子核运行的电子，箭头指向电子发射或吸收光子后的新轨道。图片来自戴维·夏皮罗

　　玻尔的原子模型所设定的性质和人们以往的想法大相径庭。虽然看上去不错，但玻尔的模型能不能实现解释原子光谱的目标呢？回想一下，汤姆孙之前提出的模型完全没办法解释光谱。而玻尔的模型能够推出人们观测到的氢原子的发射（和吸收）光谱线，理论上再现了由上一代科学家约翰·巴尔默（Johann Balmer）提出，并在三年后由约翰内斯·里德伯（Johannes Rydberg）加以推广的光谱经验模型。但玻尔的模型没能准确预测比氢更重的元素的原子光谱。我们需要一个更好的模型。

　　十几年后，这个更好的模型出现了。1925 年，两位物理学家维尔纳·海森伯（Werner Heisenberg）和埃尔温·薛定谔（Erwin Schrödinger）分别以不同的数学形式提出了一个复杂得多的模型。后来，这两种提法被证明是等价的。这个模型被称为量子力学，它继承了玻尔模型的某些特征。事实证明，它对所有原子和分子现象的预测都惊人地准确，在万亿分之一的水平上也禁得住考验。我相信，从这个意义上说，它和广义相对论是人类迄今为止所建立的为数不多的最准确的自然模型之二。

　　那么，在发明或者说发现量子力学之后，我们了解原子的结构还有它随时间变化的行为了吗？是的，但困惑依然存在。虽然我们还没有提到，但对质量足够大的原子来说，假设带单个正电荷的部分都等同于氢原子核，那么原子的质量通常大于原子中正电荷数代表的质量的两倍。此外，一些化学性质看似相同的原子，质量却有所不同。这些较小的谜团是怎样解开的呢？

质子、同位素和中子的发现

质子的发现并不容易归功于某一个人。发现电子之后，科学家们意识到一定存在带正电荷的实体。为什么呢？很简单：宏观物质是电中性的（没有净电荷）。因此，必定存在某种东西，可以抵消电子的负电荷。大约 20 年后，这种实体才变得清晰起来。卢瑟福继续进行散射实验，将快速运动的高能 α 粒子射入氮气中，检测到了分离的氢核。这个结果引向了一个假设，后来也得到了实验支持——氢原子核是带正电荷的单一粒子，被命名为质子。而且，无论哪种元素，所有原子核中都有质子。每种元素都对应一个数字，也就是所谓的原子序数，它等于原子核中质子的数量。因此，氢的原子序数是 1，铀的原子序数是 92，后者是地球上天然存在的最重、质量最大的元素。人类在高能散射实验中创造了一些更重的元素，但它们都非常不稳定，寿命极短。

还有别的问题。例如，有多种元素的质量并不接近氢原子的整数倍。如果原子核是由质子组成的，而且就像汤姆孙首先证明的，电子的质量和氢原子的质量相比十分微小，这样的情况怎么可能出现呢？此外，就像上面提到过的，某些元素，尤其是原子序数超过 20 的元素，它们的质量超过了原子核中质子总质量的两倍，也就是说，原子核的质量是原子核中质子质量的两倍多。这是怎么回事呢？

弗雷德里克·索迪（Frederick Soddy）发现，同一元素的某些原子和大多数同类质量不同，但化学性质看不出差异。所有这些原子在化学反应中的表现看起来完全相同，它们被称为彼此的"同位素"。索迪指出："通俗地说，它们（同位素）的原子外表相同，但内部不同。"其实他的意思是,原子内还有某种电中性的成分,不会明显影响化学性质,因为原子的化学性质显然只受带电粒子的影响。这种中性物质是什么呢?多种论点很快排除了数量相等的额外电子和质子。这些论点对这本书来说太深奥,这里就不细讲了。

直到 1932 年,依然是通过散射实验,詹姆斯·查德威克(James Chadwick)证明了一种不带电荷的中性粒子可以从原子核中被击出。他能够估算出这种粒子的质量,得到的结果和现代结论大致来说相差不到两千分之一。他得到的质量比质子重大约 0.1%。因为呈电中性,这种粒子被命名为中子。就这样,原子核的质量差异和电性问题就解决了。但是,无论是当时还是现在,人们并不知道为什么某些原子的原子核中会有特定数量的中子,这方面还没有一个很好的通用模型。

有趣的是,中子在原子核内(大部分情况下)是稳定的,但一旦脱离原子核,它就会变得非常不稳定,大约 10 分钟就会衰变成质子、电子和反电子中微子。相比之下,质子似乎不会衰变,而且人们已经确定它至少可以稳定存在 10^{34} 年。宇宙本身的年龄似乎远小于 10^{11} 年,我们怎么可能知道质子的寿命至少是 10^{34} 年呢?为了了解它们的寿命,我们在实验中处理了大量质子,过程中没有一个质子衰变,由此可以推断出,质子的平均寿命至少和前面提到的限度一样长。

我们终于得到了和观测结果相吻合的原子结构模型!在这个模型中,原子拥有一个紧凑且带正电的大质量原子核,由质子和中子组成,前者和原子的化学性质有关,电子和质子数量相等,环绕在原子核周围,控制原子的化学性质,并使原子总体呈电中性。不同元素的化学性质不同,因为它们的电子数(当然还有质子数)不同。

放射现象的发现

现在，我们要从卢瑟福确定原子结构的时期再回溯一代，那时，当然也还没有玻尔的原子模型。1896 年，X 射线刚被发现没多久，亨利·贝克勒耳（Henri Becquerel）正在研究材料被太阳光之类的能量源照射之后发出辐射的现象。而他的长期研究对象是一种铀盐。在一个阴天，他把铀盐放在了一个装有未曝光照相版的抽屉里。出于某种原因，他后来查看了这块照相版，发现它变黑了。这是为什么呢？他研究了铀盐的放射物，发现即使没有暴露在阳光下，它们也会使照相版变黑。他还观察了放射出来的物质怎样在磁体的作用下发生偏转，从而确定它们是带电粒子。根据偏转的方向，他可以判断出电荷的正负符号。

贝克勒耳的学生玛丽·居里（Marie Curie）和她的丈夫皮埃尔·居里（Pierre Curie）也加入了这项研究。玛丽在研究中发现了镭元素，并为其命名。它具有和铀盐相似的性质。她根据这种现象提出了所谓的"放射性"。这个词就这样沿用了下来。

现在让我们退后一步，从现代视角看一看发生了什么：元素曾经被认为是永恒不变的，现在人们却发现，元素通过发射粒子改变了自身的种类，而发射粒子的部位应该就是原子核（放射现象被发现之后大约 13 年，人们才确认了原子核的存在）。从那个时候看，似乎只有像镭和铀这类非常重的元素才具有这种特性。但我们现在知道，轻元素的同位素也可能具有放射性。当时的原子模型能够解释这些元素的放射性吗？并不能。在一无所知的情况下，科学家们开始研究放射现象的特点，并发现了一些奇怪的行为。针对特定的放射性元素，他们收集了

大量的原子 [不收集这么多也难：以当时的水平来看，原子就算和可分离的最小（微观）量相比也极其微小]，发现其中有一部分在一定时间间隔后衰变成另一种元素。例如，他们发现每种放射性元素都有一个半衰期。也就是说，每种元素都对应一个特有的时间段，经过这段时间，一堆原子中只有一半保持原来的状态。我们称这段时间为元素的半衰期。给定一个时间点，衰变的会是哪个原子呢？不知道。我们只知道从统计上讲，在特定时间内，某种放射性元素的一堆原子之中，总共有那么多原子会衰变。尽管非常奇怪，但这就是自然的行为。元素衰变成了什么？每种放射性元素都会衰变成另一种元素，衰变后的元素本身可能具有放射性，也可能不具有放射性。如果它也具有放射性，就会以自己的半衰期衰变成第三种元素。事实上，放射性衰变不断产生新物质的链条可以很长，只有当衰变产物是一种稳定元素时才会结束。

现实情况甚至更加复杂。某些元素的衰变可以产生两种不同的新元素，哪一种会被"选择"也是从统计角度看待的。例如，一种放射性元素衰变成 A 元素的可能性是 B 元素的两倍。在这种情况下，2/3 的衰变产物会是 A 元素，剩下 1/3 则是 B 元素。

衰变的时候，放射性元素会释放什么？这是个好问题。下面的回答可能略显含糊：不同放射性元素的衰变会产生不同的东西。说得再明白一点，有些衰变会释放 α 粒子，有些则释放 β 粒子。我们从汤姆孙的研究中已经知道，β 粒子就是现在所说的电子。至于 α 粒子，人们发现它重得多（大约是电子的 8000 倍！），而且和氦原子核基本相同，我们在前面提到过。

在炼金术士看来，放射现象是个美梦，因为它可以把一种元素

（特定类型的原子）转化成另一种元素。也许炼金术士梦想着让铁乖乖变成金，但在放射现象上，自然并没有那种行为，尽管它确实把一些元素变成了另一些元素。这种自然发生的一种元素向另一种元素的转换或变换，并不是所有原子的特性，而只是某些原子，主要是质量较大的原子的特性。实际的转换是在特定类型的原子中随机发生的，但总体的时间表是可以得到可靠预测的，因为任何宏观量都涉及大量原子。1克铀所包含的原子就超过了 10^{20} 个，这比 1 万亿亿个原子还多！

任何特定放射性元素的"普通"样品都包含非常多的单个原子数量，所以我们可以在实验室中用相对较短的时间准确了解半衰期的长度，无论它是不是极为漫长，比如有些元素的半衰期可以达到百亿年。为了说明这一点，我们来看四对元素（表 11-1）。每对元素中的第一种元素是放射性元素，第二种元素是最终的稳定产物。每对元素后面给出的时间长度代表前一种元素衰变成后一种元素（稳定的最终产物）的半衰期。

表 11-1　四对放射性母元素和稳定子元素　　　　　单位：千兆年（10 亿年）

钾 40 (19)—氩 40 (18)	1.25
铷 87 (37)—锶 87 (38)	48.8
钍 232 (90)—铅 208 (82)	14.0
铀 238 (92)—铅 206 (82)	4.5

注：元素名称后面的数等于原子核中的中子数加质子数；第二个数（括号内的）是原子序数，也就是原子核中的质子数。衰变链的长度和复杂程度各不相同。

在放射性衰变的过程中，原子核在每一步释放出的粒子都因运动而具有能量，因而会向周围传热。这是一种从前不为人所知的热源，在根据冷却情况估算地球年龄的时候，它起到了极为重要的作用。一般来说，不同的放射性元素在衰变过程中释放出的热量／能量大不相同。顺便说一下，"热"是能量的一种形式，它是物质成分的运动所产生的，而我们所说的"热量"是指物质成分含有多少热。

现在，我们已经有了足够的背景知识，可以开始讨论第 12 章的问题了：地球多少岁了？

第 12 章
地球的年龄

"地球多少岁了？这是一个大胆的问题，在相关的范畴之外，我们很难找到更加令人着迷的讨论。几千年来，人们怀着永不满足的好奇心，一直试图揭开这个被严防死守的秘密。"这句话是阿瑟·福尔摩斯在 1927 年说的，当时人们已经找到了答案。

20 世纪前，人们毫无头绪。地球的年龄确实是一个令人头疼的问题，因为找不到明显的依据。古希腊人有什么看法呢？据我所知，没有任何相关的证据留存下来，我们只知道他们坚信地球一直存在，这应该是亚里士多德的观点。《圣经》故事《创世纪》为地球的诞生提供了一个古老的说法。然而，以《圣经》故事为依据，能不能算出地球具体的年龄呢？在众多的尝试中有一个最为著名，显然，有个答案被写在一本詹姆斯国王版《圣经》的空白处，而且不知道为什么，这个答案后来又被写进后续带注释的版本，很可能就此在所有注释版中得到保存，或者至少出现在了相当多的版本中。因此，它被传播开来。这就是詹姆斯·厄谢尔主教（Bishop James Ussher）在 1650 年尝试的推算，他分析了《圣经》的"系谱"和大量其他数据，得出了这样的结论：地球是在（儒略历）公元前 4004 年 10 月 23 日傍晚被创造的。

确定地球年龄的第一种科学方法通常归功于伯努瓦·德·马耶（Benoît de Maillet，1656—1738 年）。他认为，可以利用自家祖父测量的 75 年间海平面的变化，加上他自己在四处旅行时对地球的观察，来估算地球的年龄。结果，不同的依据给出了不同的估算结果，其中最古老的年龄约为 20 亿年。神职人员不认为地球有这么古老，德·马耶并不同意。但他和许多同辈及前辈一样，非常害怕自己的估算会刺激到教会。因此，他将自己的研究成果以对话形式呈现，借助一位法国传教士和印度哲学家泰利阿梅德（Telliamed，就是他自己的名字倒着拼写）的辩论。直到德·马耶去世 10 年后，他关于地球年龄的结论才正式发表。

科学领域紧随其后的是哈雷，他还是 18 世纪初的"彗星名人"。他提出了这样一个问题：如果一开始是淡水，海洋需要多长时间才能达到现在的盐度水平？并且由此冒出一个聪明的想法。为了获得答案，哈雷提议考虑所有流入海洋的河流，测量它们将盐分带入海洋的速度。这个想法的聪明之处是明摆着的，但它的缺陷也是明摆着的。主要的一点就是：我们凭什么断言，甚至可以说凭什么认为，在地球的各个年龄阶段，盐流入海洋的速度都和今天一样，一直保持不变？

我们现在来看看牛顿和他同时代的数学对手戈特弗里德·莱布尼茨（Gottfried Leibniz）的想法。他们显然各自想到了，计算地球从最初的高温冷却到现在的地表温度值所需的时间，就能估算出地球的年龄。牛顿和莱布尼茨似乎都意识到，对于一个半径为 R 的物体来说，冷却时间 $t_{冷却}$ 符合以下条件：

$$t_{冷却} \propto 体积 / 表面积 \propto R^3/R^2 \propto R \qquad (12\text{-}1)$$

因为地球所含的热能应该和它的体积成正比（$\propto$），而体积是随半径 R 的立方而变化的，它所能损失或排出的热量又必然通过表面离开，而表面积是随半径的平方而变化的，所以前者除以后者得到的结果，和物体冷却的时间成正比。换句话说，物体所含的热量除以热量散失的速度，就能得出物体冷却所需的时间。式 12-1 得出了一个和物体冷却所需的时间成正比的量。实际冷却时间还取决于其他量是多少，要看热量流失的真实速率。不过，根据这个结果，在所有其他特性相同的情况下，物体越大，从给定温度冷却下来所需的时间就越长。据我所知，牛顿和莱布尼茨都没有顺着这个思路深究下去。事实上，当时可能还不存在进行相关计算所需的热传导模型。

下一步是实验。布丰（Comte de Buffon，1707—1788 年）决定测量多种球体的冷却时间，包括 10 个白热铁球，以及多种可能与地球材质相似的其他球体，所有球体的半径从大约 1 厘米到 15 厘米不等。布丰打算从结果进行推断，看看地球那么大的球体需要多长的冷却时间。他把球体放在地下室冷却。结果表明，冷却时间和球体半径之间呈线性关系，这一点可以从式 12-1 推断出来。然后，他将结果按比例放大，模拟地球从设想中的初始温度，也就是铁的熔化温度开始冷却的过程。布丰得出的地球年龄约为 7.5 万年，比厄谢尔主教的数值高出10 多倍。尽管有实验结果，布丰还是怀疑这个结论过低，因为这里的假设很可能过度简化了。后来，他修订了这项关于地球年龄的研究，做了一些改动，得到了一系列新结果，最高的数约为 30 亿年。然而，这一最高修订估值直到 19 世纪初，也就是他去世 10 多年后才为外界所知。

到了 19 世纪中叶，确定地球的年龄已经成为一个更为紧迫的科学问题。原因之一在于，人们急需为下面的疑问寻找答案：生物的演化历程是不是足够漫长，足以解释我们人类的出现？地质学家详细研究了全球各地的地表特征。在调查中，他们发现了许多复杂（在某些情况下相当复杂）的分层结构（图 12-1）。地质学家设想，这些地层是按年代排列的，最上面的年代最近。他们为什么会这样假设呢？构成后面地层的新物质又是从哪里来的呢？

图 12-1　犹他州的分层结构，紧邻雪松山组毒带段。图片来自犹他州地质调查局的詹姆斯·I. 柯克兰（James I. Kirkland）

此外，地质学家还将不同地理区域的地层类型和厚度联系起来，从不同的地理区域合理地推断出通用的年代特点。因此，在全世界范围内，针对不同地理区域的地层年代，地质学家对多种层状结构的相对年代和关系有了相当的了解。那他们为什么还要关心绝对年代呢？相对年代除了满足他们的好奇心，为什么不能满足其他目的呢？一个明显的非地质学的例子来自本书的第三部分，就像上面提到过的：虽然不是地质学家的直接兴趣所在，但生物学家想知道地球是不是足够古老，以至于有足够的时间让自然选择发挥作用，产生现在丰富的生物复杂性和多样性。这也是科学统一的另一个例子。

显然，达尔文就很在意这个问题。因此，他对英格兰东南部白垩崖侵蚀时间进行了计算，估计出了他认为的地球年龄下限。当然，要进行这样的计算，达尔文需要知道侵蚀的速度。这么慢的速度明显不好测量，所以他只能猜测。达尔文假定这个速度是每世纪 1 厘米，进而计算出地球至少有 306 662 400 年的历史，并将这个数写进了举世闻名的《物种起源》(On the Origin of Species) 第一版。毫无疑问，他也知道这个侵蚀率只是一个大概的值，那么他为什么要公布如此有零有整的地球年龄呢？我没有听说达尔文对此给出解释。我自己的推断(确切地说是单纯的猜测)是，给出这样一个数以后，任何想检验达尔文计算结果的人，都会有一个确切的值可以进行对比。书中涉及地球年龄的部分让达尔文遭受了非常严厉的批评，主要是因为他使用的侵蚀率缺乏支持。这下好了，《物种起源》之后出版的多个版本都不再提及这个计算结果，它似乎凭空消失了。

现代物理的应用尝试

19 世纪中叶，关乎地球年龄的主要论战是地质学家和物理学家之间的较量。物理学家威廉·汤姆森 (William Thomson)，也就是现在大家口中的开尔文勋爵，是一位享誉世界的优秀的数学物理学家。开尔文勋爵决定研究地球的年龄，可能是因为他的其他物理学研究表明，世界上所有热的东西最终都要冷却下来。因此，开尔文从这个角度出发，利用定量的物理方法来解决这个问题，这和地质学家当时使用的定性方法完全不同。那个时代的地质学家只会像达尔文那样，先进行一些表面的观察，做出并不合理也没法验证的假设，由此估算地球的年龄。开尔文则采取了两种不同的基本方法，一种以地球为依据，另一种以太阳为依据。

开尔文假定地球最初是熔化状态的，因为在它形成之初，引力势能转化为了热能。粗略地说，这种热量释放就像有质量的物体坠落到地面时的情况一样：东西变热了。因此，他将地球内部的起始温度设为铁的熔化温度，用现代术语来说，他设定的温度约为 5000 开尔文。（当开尔文开始研究地球的年龄时，这个温度单位还没有被创造出来，当然也谈不上以他为名。）开尔文知道铁或其他材料的熔化温度取决于所处环境的压强，他也知道，由于地球重量巨大，地心的压强极其高，但他不清楚压强对熔化温度的定量影响，因此，他依照在地球表面的实验室里观察到的情况来设定温度。然后，开尔文利用了对岩石导热性能的估计，尽管他甚至不知道地球深处有哪些物质。在计算过程中，他使用了描述热流的公式，以确定地球从熔化状态达到目前地表附近温度所需的时间。考虑到地表有大量的热量来自日晒，开尔文使用了矿井内部的温度测量值，他假定矿井内部几乎不受太阳照射的影响，温度随深度的增加而升高尤其能证明这一点。有了这些计算，再考虑一下假设的不确定性，开尔文在 19 世纪 60 年代初得出结论，地球的年龄大约在 4000 万年到 1 亿年之间。相比之下，许多地质学家认为地球的年龄肯定要大得多，但开尔文的定量方法把他们吓得不轻，因为他们不知道怎样检验这样的结果。不过，当时也有一些雄辩的怀疑论者（当然，我们要记住，科学争议应该通过证据而不是抬杠来解决）。

不过我们先来说说太阳。开尔文还问了一个问题：如果太阳一直在以现在的速率向地球提供能量，那么它的年龄有多大？为了回答这个问题，他需要了解太阳的能量输出和能量来源，以便估算它可以运转多长时间。怎样确定太阳目前的光度（能量输出率）呢？他可以测量有多少光到达地球，并假设太阳向各个方向发出的光量相同。因此，知道了地球和太阳的大致距离，他就可以轻松计算出太阳总的能量输出率。开尔文由此得出结论，太阳的能量输出约为 4×10^{33} 尔格 / 秒，其中尔格是厘米 – 克 – 秒单位制中的能量单位。你很难完全理解这到底是多少能量，别人也一样似懂非懂。我向你保证，这个数代表了巨大到难以置信的能量，远远大于你在地球上日常生活中所熟悉的任何能量。

现在来看看问题的另一面：是什么为太阳光提供了能量？开尔文勋爵想到了三个可能的来源：（1）行星际空间的天体对太阳的撞击；（2）太阳中的放热化学反应（也就是释放热能的反应）；（3）太阳的收缩，类似于物体从高处坠落到地球或太阳表面时释放能量的情况。

当时的人们并不知道这几种能量来源在规模和时间上会怎样变化。尽管如此，开尔文并不气馁。他对定量假设中的不确定性做出了他认为合理的估计，并总结出了太阳年龄，还预估了太阳在未来多长时间内依然能以现在的亮度发光。对于前者，开尔文估计的年龄在 1 亿年以下，和他对地球年龄同样模糊的估计相一致。至于太阳的未来，他预计大致不超过 2000 万年，太阳就会明显变冷，从而对地球上的生命造成严重威胁。

地质学家们对这些结果有什么反应呢？就像前面提到过的，大多数地质学家不知道如何处理从方程中得出的结果。即便这样，许多同时代的地质学家还是对开尔文的结论深表怀疑：这些数似乎都太小了，尽管地质学家实在无力在定量领域进行反驳。此外，许多地质学家和其他人还对开尔文的假设提出了尖锐的批评。

关于地球年龄的争论可以用一句老话来概括：针尖对麦芒。这场争论在 19 世纪后 1/3 的时间里持续发酵。双方都没有让步。开尔文仍然是（主要的）针尖，而地质学家仍然是麦芒，双方对峙的场面可以从下面几段当年的话中看出迹象。

开尔文这样解释自己的观点（1862 年）："因此，总体看来最大的可能是，太阳照耀地球的时间不满 1 亿年，而几乎可以肯定的是，其（原文如此！）照耀地球的时间不满 5 亿年。至于未来，我们可以同样肯定地说，地球上的居民无法在数百万年间继续享受他们生活所必需的光和热，除非有什么我们现在还不知晓的能量之源已经在造物的仓房中做好了准备。"

开尔文勋爵的最后一句话太有先见之明了，连他自己都未必意识到了其中的微妙之处。

托马斯·赫胥黎（Thomas Huxley，能言善辩的多面手，达尔文理论的主要捍卫者）评论开尔文的观点（1869 年）："数学就好比一个工艺精湛的磨坊，它能磨出任何细度的东西；尽管如此，你能得到什么取决于你交给它什么；正如全世界最棒的磨坊也无法把豌豆磨成小麦面粉，几页公式也无法从不严谨的数据中得到明确无误的结果。"

罗林·托马斯·钱伯林（美国地质学家）评论开尔文的观点（1899 年）："严谨的数学分析带有精密优雅的气质，令人着迷且印象深刻，但我们不能因此忽视整个过程在前提上的缺陷。前提并不牢靠，却由此展开了复杂优雅的数学过程，大概没有比这更狡诈、更危险的骗局了。"

赫胥黎和钱伯林的评论，优雅地对应了计算机时代早期（20 世纪中后期）一个更简洁、更常见的说法：垃圾输入，垃圾输出（garbage in, garbage out）。不过依然要注意，这些引文完全没有分析具体内容，种种说法纯粹是在攻击对手。

1899 年，钱伯林又评论了开尔文的观点，但这次他的关注点集中在太阳上："关于物质在太阳内部这种特殊条件下的行为，目前的知识是否足够详尽，足以保证那里没有未被发现的热源？附带物质的内部成分也许还是个悬而未决的问题，其中不见得没有蕴含巨大能量的复杂组织。"

这段话表明，钱伯林也是一个心思敏锐、颇有远见的人。

放射性年代测定

问题一直悬而未决，直到进入 20 世纪，第 11 章提到的科学发展带来了新的知识，人们才终于有了确定地球年龄的办法。这里的主人公正是卢瑟福。1904 年，在贝克勒耳发现放射性八年之后，卢瑟福提出放射性可以用作时钟。这是怎么做到的呢？原理很简单：在某一时刻隔离出一定量的放射性元素，然后测量接下来任一时刻的剩余量，只要知道这种放射性元素的半衰期，我们就可以算出两个时刻之间的时长。我们将在下文中看到，利用放射性测定地球年龄的实践要比原理复杂得多。但在 1904 年，卢瑟福利用放射性元素镭首次完成了相关测定。他测出的是一块岩石的年龄，而不是地球的年龄，后者应该要大得多。那么卢瑟福（和后继者）是怎样利用放射性来估算岩石年龄的呢？基本思路是取一份岩石，观测里面的放射性母元素和子元素。前者的半衰期数据也是需要的。这里的关键假设是，岩石从熔融状态凝固成形的时候，内部只含有放射性母元素。另一个假设则是，岩石一旦形成，母元素和子元素就都不再有原子离开或进入，从这个意义上说，岩石和周围环境是完全隔离的。如果假设成立，年龄测定就会变得简单明了。

卢瑟福就他的想法和初步成果发表了公开演讲。用他自己的话说：

走进屋里，光线挺暗，我一眼就看到了听众席上的开尔文勋爵，并意识到演讲最后部分关于地球年龄的内容要惹麻烦了，因为我的观点跟他有冲突。还好开尔文很快就睡着了，但讲到重要的地方时，我看到这"老鸟"坐起身，睁开一只眼睛，狠狠地瞪了我一下！然后我就有了突如其来的灵感，我说，在没有发现新热源的前提下，开尔文勋爵指出了地球年龄的上限。这是一句引子，引出了我们今晚要讨论的镭。再一看，这位老兄冲我乐了。

要注意的是，只有岩石的年龄可以这样确定，因为它早先应该是由液态前身形成的。但是，我们怎么知道正在估算年龄的岩石和地球一样古老呢？我们不知道。那么，我们有什么办法呢？难道要确定每块岩石的年龄，看看哪块最古老？这种方法显然不太现实。而且，我们怎么知道现在最古老的岩石在地球诞生时就已经存在了呢？我们不知道。因此，通过对岩石进行放射性测年，我们最多只能获得地球年龄的可靠下限。

说到底，这种方法在确定岩石年龄（更不用说地球年龄）时有哪些潜在问题呢？首先，并非所有岩石都是从液态凝固而成的。其次，无论出于什么原因，岩石在最初形成时，除了放射性母元素以外，可能已经含有一定未知量的子元素。最后，岩石在最初形成之后可能已经经历了一次或多次部分熔化的过程，部分母元素和／或子元素已经流失，另有不同量的母元素和／或子元素进入。有了这些潜在的问题，我们还能相信上面那种直截了当的分析得出的任何结果吗？多做一些工作可以（在一定程度上）救场。我们可以使用两个（或更多）独立的母子元素对，面对多种可能存在的系统误差，每一对元素受影响的程度不同。这样一来，如果得到的结果一致，我们就可以对测年的可靠性更有信心。注意，必须使用半衰期适合当前问题的元素对。举个极端的例子，如果使用半衰期为 10 年左右的放射性元素来测定一块 10 亿年左右的岩石，母元素的残余量可能会小到无法辨别，你也就无法得出可靠的测年结果了。

卢瑟福将放射性用于测量时间的最初想法（颇有伽利略巧用木卫一的风采！）广为人知后，放射性年代测定的领域大大扩展。到了 20 世纪 20 年代初，人们已经获得了相当可靠的结果。不同的工作人员估计地球的年龄在 10 亿年到 80 亿年之间，即使是这个范围内的最低值，也远远大于以前几乎所有其他方法的估计值。不过，在备受尊敬的地质学家中，也有许多持怀疑态度的人。在颇受尊崇的美国地质调查局（U.S. Geological Survey），F. W. 克拉克（F. W. Clarke）就是一个典型。他曾在 1924 年宣称："从化学剥蚀、古生物学证据和天文学数据来看，地球的年龄有显著的一致结论，一定在 5000 万年到 1.5 亿年之间。因此，在差异得到解释之前，放射性测年所得出的高数值很值得怀疑。"具有讽刺意味的是，克拉克在这里认可的年龄范围包含了开尔文在半个多世纪前提出的、遭到那个年代地质学家嘲笑的大部分数值。

不过，为什么使用放射性测年估算的地球年龄范围这么大，有些数值几乎相差 10 倍？准确地使用这种测量方法并不是一件容易的事，经过很多年的精进，我们才掌握了利用放射性来准确估算岩石年龄的技术。此外，不同的岩石可能而且通常确实具有不同的年龄，这是本质决定的。

我们现在可以利用放射性来准确测量岩石的年龄了，那么我们要怎样估算地球的实际年龄呢？我们要寻找原始状态的物体，也就是我们认为在行星系统形成时就存在的物体。陨石就是很好的选择。它们曾是绕太阳运行的天体，后来撞上了地球，至少有一部分在穿过大气层之后落在地面上留存下来，等待被发现和利用。南极洲是寻找陨石的好地方。由于那里是白茫茫的旷野，陨石十分显眼，很容易被发现，再过很长时间才会埋入地下，不再容易被看到。

最现代的放射性测年结果来自一系列不同的陨石，结论非常一致，数值约为 45.67 亿年，不确定度在 100 万年左右。这个数很容易记住，而且作为地球年龄的估计值也相当可靠。它的依据是行星形成的模型，这个模型表明行星和这些陨石基本上是同时代的产物（同时诞生）。

这显然是科学的胜利。来自放射性年代测定和衰变链产物的证据是压倒性的，几乎令所有科学家彻底信服。地质学家对地球年龄的估计完全失色。科学经受住了巨大非议，以清白之身出现在世人面前，这是理性的胜利。

开尔文勋爵究竟错在了哪里呢？他对地球年龄和太阳发光的估计相互吻合，其中的错误在很大程度上要归咎于开尔文不了解放射性和核聚变。而在 19 世纪中叶，这两者都不为人所知，甚至不会出现在任何人的梦里。在地球上，放射现象提供了持续不断的大量热量，因此地球并不像开尔文假设的那样，单纯是从最初的高温冷却下来的。至于太阳，我们没有讨论过的是，在开尔文的时代，有一种极为充足的能量来源——人们毫无背景知识，连做梦都无法想到——在太阳中心附近惊人的高温高压下，氢会聚变成氦。这样的过程提供了巨大的、几乎取之不尽用之不竭的能量。（别忘了 $E=mc^2$；想想看，1 个氦核的质量比 4 个氢核的质量少约 0.7%；质量的差异在聚变过程中转化成了能量。）这些能量主要以光的形式离开太阳，我们估计，地球能因此再被温暖 50 多亿年。所以，我们并不需要担心，我们的孙子辈也不用担心，至少不用担心太阳熄灭。

值得一提的最后一点是，卢瑟福在这个问题上几乎已经看出了实情。他曾在 1904 年指出："放射性元素在衰变过程中释放巨大（能量），所以相关的发现增加了生命可能在这颗星球上（因受益于太阳照射而）持续存在的时间上限，为地质学家和生物学家所说的演化过程提供了时间。"当然，他并没有想到核聚变，这个概念在当时过于超前，他当然也不知道核聚变产生的能量有那么多。卢瑟福当时并不清楚太阳主要是由氢构成的，但他明显在以一种重要的方式思考这个大问题。

接下来，我们要换一个大不相同的话题，开始探索地球上的化石。

第 13 章
化石

化石是什么？这个词的英文"fossil"最早指的是"挖出来"的物品。在古代用法中，任何有趣的东西都有资格被称为"fossil"。在现代用法中，化石一词的使用范围局限在曾经或仍然和有机物有关的东西，尽管这些东西当下肯定没有生命了。脚印之类的遗迹就属于遗迹化石。在任何时代，有多大比例的生物会变成真正的化石？没有人知道。不过明显的是，和有过生命的有机体的真实数量相比，化石是非常非常罕见的，尽管它们往往只能保存生物的一些部位。化石形成的条件必须恰到好处。死去的生物多数会立刻被食腐动物吃掉，也常常在细菌的作用下腐烂。要形成化石，刚死的生物可能必须身在水下，立即被沉积物掩埋，和／或待在非常干燥或寒冷的地区。化石记录对"生物材料"也存在一定的偏好，例如，硬壳或骨骼更容易形成化石，而柔软的有机体更容易腐烂。不过，这里至少有一个例外：保存在琥珀中的生物不分软硬（见下文）。

化石是怎样形成的？数数看，有很多方式，而每种方式又有很多不同情况。埋藏学（taphonomy，哎呀，又是个术语！）这个词指的是关于化石形成过程的研究或科学。让我们来讨论几种常见的化石形成方式，借此介绍一下这门学科。

一种是完全矿化。死亡生物附近的矿物质，比如硅酸盐、碳酸镁、碳酸钙，以及硫化铁，可以渗入死亡组织的细胞，同时不破坏结构。这样往往能够保留令人惊叹的细节。这些矿物质取代了细胞边界，当上方不断堆积的沉积物越来越重的时候，这些物质可以防止生物结构受到过度挤压。这里展示了一只完全矿化的三叶虫（图13-1）。这种有三段甲壳的古生物在大约5亿年前被先祖带到世上，有着令人惊叹的生存能力，它们的化石可追溯到大约5.2亿年前到2.5亿年前。三叶虫在一次大灭绝事件中消失了。在过去大约5亿年的地球历史中，科学家已经找出了几次大灭绝事件。约2.5亿年前发生的那次显然规模最大，据（粗略）估计，有超过70%的不同种类的生物走向末路，再无踪迹。灭绝事件当然不是瞬间发生的，但和它们之间的时间间隔相比，事件本身无疑是极其短暂的。

图13-1　一只完全矿化的三叶虫（见正文）。维基共享资源，来自用户 DanielCD

三叶虫得名于它们身上纵向的三段甲壳。三叶虫的大小从大约1毫米到70厘米不等，一大一小两个极端的比值达到了惊人的700∶1。

我们通常认为，狗的体型大小范围很大，但和三叶虫相比也不值一提——最小的狗比北京犬更小，最大的狗比大丹犬更大，但它们之间也不过是 10 倍左右的长度差距。三叶虫在生长过程中会蜕壳，这个事实使人们想到，一只三叶虫可能会留下不止一块化石。三叶虫也是最早被猜测具有 360 度全角度视觉的生物（见图 13-1 中的两个突出部位）。

化石形成的另一种方式是模铸。在这类过程中，带有坚硬部分的生物体被埋在沉积物中，然后被溶解或以其他方式遭到破坏，留下的空当（或者说模型）被其他矿物质填充之后，模铸化石就出现了。一块距今约 1.12 亿年的菊石（图 13-2）就是这种化石的美丽例证。这种生

图 13-2　模铸而成的距今约 1.12 亿年的菊石化石。图片来自虚拟化石博物馆，**CC BY-NC 4.0**

物有着典型的带棱纹的螺壳，早在 4.1 亿年前就已经存在，在大约 2.5 亿年到 6600 万年前的海洋中繁衍兴旺，在恐龙灭绝的时期消亡。当然，通过模铸产生化石还有很多可讲的东西，但我们还是照旧从简，到此为止吧。

　　某些（古老的）树木会因为复杂的化学反应而产生树脂，由此出现了第三种独特的保存方式（图 13-3）。这种被称为琥珀的硬化树脂能保存细菌、昆虫、蜘蛛和蜘蛛网、花朵、水果，甚至恐龙的羽毛。不过，目前还没有琥珀保存脱氧核糖核酸（DNA）的记录，尽管电影《侏罗纪公园》（*Jurassic Park*）中出现了这类情节。如果真有这样的事，那是

图 13-3　保存在琥珀中的古代蚂蚁。图片来自 Anders Leth Damgaard

相当了不起的，因为已知最古老的琥珀化石形成于大约 2.3 亿年前。不过，受到其他环境因素的影响，DNA 在琥珀中的保存时间被认为是较为短暂的，可能只有 10 000 年左右。

做完这些简要的介绍，接下来让我们了解一下人类认识化石的历史。

化石的早期发现和科学处理

古希腊人显然知晓化石的存在，他们将其中一些描述为巨大动物的残骸，但第一项有直接证据的严肃科学研究是由莱奥纳尔多·达·芬奇（Leonardo da Vinci，1452—1519 年）发起的。这位了不起的天才总是走在时代的前面，这次也一样。达·芬奇是怎么开始探索化石的呢？与他同时代的人已经在意大利当地的山顶上发现了海洋动物的残骸（化石）。它们是怎样到达山顶的呢？那个年代的人得出的答案很简单:《圣经》中的洪水是罪魁祸首。然而，达·芬奇详细地探讨了这种可能性，表明真正的解释还有待寻找。特别是，他对各种可能性做出了逻辑分析，表明这些海洋生物不可能被洪水托上山顶，也不可能自己从水下游上山顶。他做出了不同的推测，这些生物是在山顶低于海平面时留在那里的。也就是说，与其说是海洋生物到了山顶，不如说是山顶带着海洋生物从底部升了起来。当然，同时代的人并不接受这个超前的结论。也不知道那时的科学家对他的分析和结论有几分了解。达·芬奇没有发表他的研究结果。事实上，当时印刷术在西方刚刚发明不久。另外，在记录自己的科学思想和其他想法时，达·芬奇采用了一种很不寻常的书写方式，只有把笔记本拿起来对着镜子，你才能正常阅读这些记录。他干吗要这样做呢？我们只能猜测。我的想法是，达·芬奇是左撇子，用笔反向书写，可以避免蹭花已经写好的内容。

最后，我必须补充一点，达·芬奇针对海洋生物出现在山顶的分析在我看来写得不是特别清晰，至少我读到的英文译本是这样的。但我觉得，这对人类认识化石的过程做出了早期的重要贡献，尽管它很可能很晚才引起科学家们的普遍关注。

在接下来的几个世纪中，人们对化石越发感兴趣，越发将它看作值得研究的科学课题。关注化石的瑞士科学家康拉德·格斯纳（Conrad Gesner，1516—1565 年）显然做出了三项重大贡献。第一，他组织了科学家之间的直接交流，当然他们还得通过慢如蜗牛的邮件讨论相关问题。第二，他提出了在描述研究对象时，用图画来补充文字的想法。第三，他发明了一种带抽屉的柜子，可以系统地存放化石。到现在 500 多年过去了，他设计的柜子仍在使用，几乎没有变动。

我还得补充一点，我所读到的其他资料并没有提到上述第一和第三项贡献。由于没有看到关于这三项贡献中任何一项的主要证据，因此我不能确定其中一项（甚至全部）的描述不存在什么严重的误导，或者说，我不能确定它们都是百分之百真实的——尽管所有说法似乎都同意一点：格斯纳确实是一个非常聪明的人。

据我所知，在格斯纳去世后，化石领域经历了长达两个多世纪的沉寂期。我要提到的下一位重要人物是乔治·居维叶（Georges Cuvier，1769—1832 年），他是一个睿智且很有远见的法国人。他在比较解剖学方面做出了重大贡献，包括从仅有的少数骨骼还原整个生物的情况。

有些科学家在探索怎样通过极为有限的化石线索了解生物，这个领域对他们来说非常重要。因此，1798 年，29 岁的居维叶总结道："今天，比较解剖学已经达到了如此完善的地步，人们常常能够通过检查一根骨头确定它属于哪一纲的动物，有时甚至能确定它属于哪一属的动物，最重要的是，我们还能确定这根骨头属于头部还是四肢……这是因为，组成动物身体各部分的骨骼的数量、方向和形状总是与所有其他部分有着必然的联系，所以在一定程度上，人们可以从其中任何一部分推断出整体，反之亦然。"（原话应该是法语。）

居维叶显然是第一个坚称物种灭绝现象真实存在，并有证据支持的人。特别是，在发现了无法对应现存物种的猛犸象化石之后，他得出了正确的结论：猛犸象已经灭绝，因此地球环境可以而且确实发生过巨大的变化。他是地球史灾变论的支持者，相比之下，查尔斯·莱尔所代表的英国学派认为地球会经历周期，但基本保持不变。居维叶还参与建立了地层学，让人们通过地层了解过去。此外，他显然还创造了"palaeontology"（古生物学）一词，也就是研究化石的学科（见上文）。他还识别并命名了翼手龙，公布了相关成果。这是已知的第一种会飞的爬行动物，是那个时代恐龙的表亲。不过，像大多数凡人一样，居维叶并不总是先知先觉，甚至也不总是正确的。最后，我要讲一个他犯过的错误。1821 年，居维叶说："已经没有更大的动物等待我们去发现了。"

现在，我们把场景切换到英国，在那里，居维叶的预言很快就被证明是错误的。一位名叫玛丽·安宁（Mary Anning）的年轻女子住在英格兰西南角，附近有历史长达两亿年左右的裸露地层，其中有不少种类繁多的化石（图 13-4）。安宁出身贫寒，却拥有敏锐的创业嗅觉，

图 13-4　蛇颈龙是安宁在 19 世纪 20 年代早期发现的一种生物，长约 3.5 米。图片来自基姆·阿拉尼茨（Kim Alaniz），CC BY 2.0

对化石也非常了解，她张罗起了一门不错的生意，出售她自己找到的好东西。不出意外，在这个过程中，她让人们看到了许多已灭绝的生物留下的化石，当然也让人们看到了她的聪明才智。她的化石发现非同寻常，她的宣传头脑和商业智慧则使她摆脱了贫困，但她显然从未变得富有。关于她的名气，我想到了两个例子。第一个是哈丽雅特·西尔维斯特女士（Harriet Sylvester，伦敦司法官，也就是当地首席法官的遗孀）在 1824 年的公开言论，当时安宁最多只有 25 岁：

　　这位年轻女士的非凡之处在于，她对这门科学的钻研之透彻，无论发现什么样的骨头，她都能立刻知道它们来自哪里。她用接合剂把骨头固定在架子上，然后绘制图片，让它们永远保留下来……她无疑是天降的奇才——这个贫穷而缺乏教育的女孩如此幸运，通过阅读和实践，已经达到了很高的知识水平。她经常就化石问题与一群教授和其他智者通信和交谈，他们都承认，她比这个国家里的任何人都更了解这门科学。

第二个例子是一则著名的绕口令，你或许也听说过，尽管我强烈怀疑你并不知道绕口令里的主人公就是安宁。这则绕口令是在安宁去世约60年后的1908年，由音乐人特里·沙利文（Terry Sullivan）创作的：

She sells sea shells on the seashore（妹在海边卖海贝）

The shells she sells are seashells, I'm sure（那贝准是海中贝）

So if she sells seashells on the seashore（海边妹卖海中贝）

Then I'm sure she sells seashore shells.（卖的也是海边贝）

发现恐龙

接着回来说更大（个头更大，意义也更大！）的发现，依然是在英国：19世纪20年代初，一位对科学感兴趣的英国医生吉迪恩·曼特尔（Gideon Mantell），也许是他的妻子玛丽·曼特尔（Mary Mantell，她显然是陪同丈夫上门看病的），发现了一颗巨大的牙齿化石，和鬣蜥的牙齿相似，但长度大约是鬣蜥牙齿的20倍。曼特尔很快又发现了更多的大骨头。到了19世纪40年代，一位争强好胜不择手段的科学家理查德·欧文（Richard Owen）试图抢夺发现这些大型骨骼化石的功劳，他在 1842 年将化石的原主人命名为"恐龙"（dinosaur），意为"可怕的蜥蜴"。曼特尔曾经公开为自己争取过应得的地位，但他在一次马车事故中受了重伤，行动严重受限，后来过早离世。欧文就这样得到了这片可以尽情开发的广阔领域，他也的确这么做了，他无视曼特尔的贡献，到处宣传自己。从公众形象推断，大家总以为灵魂不洁的科学家十分罕见，事实并非如此，这种情况现在也是存在的。

　　下一个重大事件发生在新泽西州，威廉·福克（William Foulke）听说附近的一个农场发现了巨大的骨骼化石。他前去查看，在约瑟夫·莱迪（Joseph Leidy）和一些当地人的专业帮助下，在发现化石的地点附近进行了系统的挖掘。他们由此找到了第一具（几乎）完整的恐龙骨架。这个发现于 1858 年被提交给费城科学院，费城是距离他们最近的大城市，也是拥有科学院的城市之一。1858 年的会议记录详尽无遗地记载了这项发现和恐龙的故事，充分展现了当时同类出版物的风格。目前为止，这种恐龙还没有发现其他骨骼化石，这个现象也不难理解，在恐龙所有已知的属中，有将近一半显然只有一个标本。

　　从 19 世纪到现在，关于恐龙的发现，无论是搜寻、探索还是宣传报道，都让大众越发着迷。大多数孩子，包括小时候的我，在得知恐龙的存在时，被深深地吸引了。现在，七大洲都找到了恐龙的化石，当然也包括南极洲。为什么南极洲也有呢？这块大陆的气候显然不利于恐龙的繁衍。确实如此。但是从化石记录来看，恐龙占据统治地位的年代在距今大约 2.3 亿年到 6600 万年。在此期间，陆地有过翻天覆地的变化。极地显然也有过温暖的时期。因此，南极这个几乎成为寒冷同义词的地方，曾在恐龙繁衍生息的相当一部分时间里并不荒凉，但如今发掘出恐龙化石的南极洲，就完全不同了。

第14章
蜥脚类恐龙：全面但不深入的介绍

　　我们继续讨论恐龙。这次，我们集中探究它们中的一个群体——蜥脚类恐龙，这是古往今来在陆地上行走过的最大的动物。即使按照恐龙的标准去看，它们也是庞然大物（图14-1）。现在，我们要聊聊人们对蜥脚类恐龙的了解、认识过程（有哪些证据支持），以及人们仍在寻找、解答的严肃问题。

　　不过首先，我们要用几段文字来介绍"分类"，这是生物学基础的一部分。虽然在我口中是"基础"，但我们的祖先无法提前知道这些知识，在面对多得令人眼花缭乱的生物时，他们要先摸索合理的分类方法。这个过程在上个世纪重新展开，所以现在有两种分类系统同时被使用。大多数人熟悉的旧系统（域、界、门、纲、目、科、属、种）真是拗口，其中最先提到的"域"范围最大，最后提到的"种"范围最小，因此包含的生物数量最少。较新的系统是由威利·亨尼格（Willi Hennig，1913—1976年）首先提出的支序分类。演化支是主要单位，每个演化支包含具有共同祖先的所有生物，也包括它们的共同祖先。在这个系统中，演化支也可以有演化支。从现有的数据来看，这两种系统方案在应用上都不够直接明确，而且不同观点的支持者往往会对其中的细节产生争议。

　　恐龙的分类和其他生物的分类一样，可以用两种系统来表示。在分类的同时，人们还在发现新的物种或演化支。有时会发生相反的情况，一个物种不再被称为物种，比如，雷龙被归入迷惑龙，因为研究表明它们属于同一物种，于是雷龙就被国际动物命名法委员会抛弃了。不过，近期有一篇长论文（约 300 页）提出，雷龙确实值得被称为一个单独的物种，结果雷龙在恐龙分类中又恢复了原来的地位。随着更多化石的发现和 / 或与分类问题相关的其他见解出现，也许还会有别的变化发生。

从"雷龙归来"的故事可以看出，给不同的生物（当然也包括恐龙）命名是一种复杂的游戏，人们需要记住许多名称，其中往往包含不寻常的音节。而最终赋予什么名字，可能源自发现者的慎重决定，也可能只是他们的突发奇想（看他们自己怎么选）。我们在很大程度上回避了这种数字 / 名称游戏，因为这些内容聊起来又长又费力，而且对理解科学或社会没有太大的帮助。

蜥脚类恐龙的发现

在经古生物学家认定的明显属于蜥脚类恐龙的化石中，最早（最古老）的骨骼化石从周围地层判断大约来自 2.1 亿年至 2.2 亿年前，大体来看几乎和最古老的恐龙化石一样古老（相对来说）。这些化石是 19 世纪末在德国发现的。在北美地区发现的最古老的蜥脚类恐龙化石包括一根肱骨、一根尺骨、一根桡骨和一些椎骨。它们的年代直到 2014 年 9 月才确定，测年结果在 1.55 亿年到 1.6 亿年之间。这些骨骼的发现始于临近 19 世纪末的美国西部。此后，世界各地不断发现更多同类化石，测年工作也不断进行。人们通常会在岩石的包裹中发现这些骨头，然后仔细记下岩石所在的地点和空间方位，小心翼翼地在包含这些骨骼的范围中切下感兴趣的部分，送往实验室进行最后的清理。后面的工作就是对岩石进行放射性测年，最重要的是对骨骼本身进行研究。

我们还不了解地球上不同地区的蜥脚类恐龙种群及其随时间演化的情况。据我所知，当大陆之间不再有连接，不同大陆上的种群相互隔离之后，它们各自经历了怎样的生物演化也几乎是一个谜。不过，人们正在积极研究这些问题。

巨型生物的演化

蜥脚类恐龙的体型演化是一个很难探究的问题。化石的数量相对较少，我们怎样才能可靠地区分在死亡时已经完全长成的个体和处于各个阶段、还未成熟的同类个体？而且，我们怎么知道研究对象的个头在当年的种群中是不是具有代表性呢？也就是说，我们怎么判断某个年代蜥脚类恐龙的平均体型有多大，个体体型差异，比如性别造成的体型差异有多大？要知道这类差异未必很小。在给出答案之前，我们先来了解一下这项研究的辉煌历史，科普法则就是由此而来的。科普法则的大意是，随着时间的推移，某物种完全成熟的个体倾向于演化出更大的体型。有趣的是，虽然拥有这样一个名字，但这条法则并不是由费城人爱德华·德林克·科普（Edward Drinker Cope, 1840—1897 年）提出的。这条法则不是什么铁律，它也没有谈及"生长极限"，而生长极限是存在的，只是在不同的情况下有所不同。

在大约 2 亿年前到 1 亿年前的这段时间里，蜥脚类恐龙的体型可能增加了两倍，但这只是一个暂定的结论，很可能并不可靠。事实上，科普在 19 世纪 80 年代末写下的发现呈现了这种动物目前为止被报告出来的最大体型。这要归功于他的测量工作，测量对象显然是大到惊人的化石发现，但它在约一个世纪前离奇失踪了。然而，最近有学者对情况进行了分析，得出了一个（可能的）结论：科普的文章中出现了一个关键性的文字错误，那并不是独一无二的巨型化石发现。这个分析是不是站得住脚，或者说是不是坐得实，还要走着瞧。

没有人能确定是什么促使或者说推动蜥脚类恐龙成了庞然大物。截至 2014 年秋季，人们发现的最大的蜥脚类恐龙是在阿根廷找到的，从头到尾约有 30 米（图 14-1）。2017 年 8 月，人们又在阿根廷发现了一只大得多的蜥脚类恐龙，估计总长度约为 40 米。关于演化出大体型可能带来的益处，下面有几条推测：能够涉足更广的区域以寻找食物（有些蜥脚类恐龙很可能会迁徙）、对捕食者的防御能力有所提高、能够更成功地进行掠夺（尽管蜥脚类恐龙是植食动物）、能够更成功地交配、智力提升（大脑更大）、寿命延长（除了提高抵御捕食者的能力，大体型为什么有这种优势，还不清楚）、热惯性提高（能更好地抵御环境温度的骤变）、在艰难时期的存活率提高（这一点还不明确，情形也可能相反：在获取更多、更稀缺的资源时，大体型有主导优势，但灵活性更差）。

再说说事情的另一面：什么决定了蜥脚类恐龙的体型上限？这个问题也没有找到可靠的知识依据来解答。不过，以下是一些可能的影响因素：对水和食物（其中一种或两种都不容易获得）的需求量，骨骼、心脏和循环系统的生理情况，灭绝的风险（个体生长发育的时间增加，

图 14-1 在阿根廷发现的已知的第二大蜥脚类恐龙。摘自 W. I. Sellers, L. Margetts, R. A. Coria, and P. L. Manning, "March of the Titans: The Locomotor Capabilities of Sauropod Dinosaurs," PLoS ONE 8, no. 10 (2013): e78733. Image copyright Phillip L. Manning

意味着两代之间的间隔时间更长，因此对环境变化的适应更慢），繁殖能力，以及有限的栖息地（例如岛屿）面积。这里还有散热问题，散热所需的时间长度和生物的体型成正比。此外，还要考虑动物向全身供血和供氧的能力，尤其是向大脑供血和供氧的能力。另一个问题是：树木的高度是有限的，蜥脚类恐龙如果高得过了头，优势会变成劣势。当然，我们必须了解树木高度的上限。这里也会涉及科学统一，例如，从物理学角度可以论证支撑动物重量所需的骨骼直径。

最近，为了解释蜥脚类恐龙的巨大体型，人们对所谓的演化级联模型进行了详细研究。这些模型分析了蜥脚类恐龙的多种特征、它们所处环境的各个方面，等等，展示了每一种情况怎样通过特定的方式让蜥脚类恐龙拥有了超大体重。我们省略其中的细节，只粗略地介绍模型的整体情况。

细分问题包括：蜥脚类恐龙的移动速度有多快（或者也可以问有多慢），可以持续多长时间（耐力怎么样）？个体的大小对答案有什么影响？基本证据包括一些蜥脚类恐龙个体留在岩石上的浴缸大小的足迹。我们有时可以将少年个体的足迹和成年个体的足迹区分开来（有趣的是，小蜥脚类恐龙似乎更倾向于生活在水岸附近，参见后面关于出生地的讨论）。从前肢和后肢留下的足迹可以看出：（1）蜥脚类恐龙是四条腿行走的，从脚印的相对深度能看出它们步态竖直，但四脚着地；（2）步伐的长度。有一篇关于蜥脚类恐龙运动速度的文章得出结论，它们的运动速度和人类行走的速度相当。这类研究还很"年轻"，借助计算机建模的物理学研究（又出现了科学统一！）在这方面还没有得出在我看来非常可靠的定量结果。请关注下一代的探索情况——说不定也不用真等那么久。

蜥脚类恐龙吃什么？怎么吃？

有充足的证据表明，蜥脚类恐龙是植食动物。这个结论背后有好几条依据，其中最可靠的是牙齿化石。蜥脚类恐龙的牙齿又粗又平，应该是演化成了方便切割厚枝叶的样子。它们也有其他形状的牙齿，但似乎都是为植食而生的，适合吃不同种类的植物。它们也依赖砂囊粉碎食物，也许会为了磨碎食物而吞下一些石头。相比之下，食肉动物会有长而尖的牙齿，可以帮助撕开猎物的肉（抱歉把血腥场景说得这样生动，但这完全是事实）。

如果适当解读化石记录，我们还会发现，蜥脚类恐龙的牙齿大约每隔 35 天或 60 天就会换新，具体取决于它们主要食用树冠较低至中等的植物，还是树冠中等至较高的植物。这是为什么呢？一个合理的猜测是，相对于树冠更高的植物，树冠较低的植物更粗糙，因此，食用它们的蜥脚类恐龙的牙齿磨损更快。但为什么牙齿的替换频率会出现这么明显的差异呢？为什么没有出现更小的差异呢？

人们是怎样推出牙齿替换频率的呢？这个问题要分成两部分来解答。第一部分关乎一种在牙齿上发现的纹路——冯·埃布纳线，得名于一个多世纪前的发现者维克托·冯·埃布纳（Victor von Ebner）。这种纹路每天会增加一条。人们是怎么知道的呢？人们坚信现存的一些生物（比如鳄鱼）和恐龙在基因上关系密切，这些当代生物的牙齿上就有冯·埃布纳线，而且每天增加一条。第二部分，或者说第二个证据涉及牙齿的使用时间。20 世纪 90 年代中期，格雷戈里·埃里克森（Gregory Erickson）注意到，恐龙在使用中的牙齿后面，有新牙等待替换。数一数同在一排的每颗牙齿的冯·埃布纳线的数量，就能确认一个推论能不能说得通：使用中的牙齿的冯·埃布纳线数量减去下一颗牙齿中同时存在的冯·埃布纳线数量，得到的就是前者的使用天数。如果每颗牙齿的使用天数相同，那么在前一波牙齿和后一波替换牙齿之间，冯·埃布纳线的数量差就会相同。因此，可以通过比较大量有替换关系的牙齿来检查这种解释的一致性。人们还会研究和恐龙相关的现存生物，检查这种关于牙齿替换时长的解释，这时，需要处理的不仅仅是一块化石，而是一代又一代的相关生物。检查结果还不错。

　　总而言之，虽然不见得滴水不漏，但这个解释看起来非常可靠：蜥脚类恐龙确实会频繁换牙。不过这也带来了一个问题：假设蜥脚类恐龙的寿命大约是 60 年（详见下文），我们为什么没有发现更多蜥脚类恐龙的牙齿化石呢？也许，蜥脚类恐龙的牙齿在被丢弃时几乎已经完全损坏，很快就化为乌有了。我问过这件事，相关领域重要的研究人员迈克尔·德米克（Michael D'Emic）告诉我说，蜥脚类恐龙死亡的地方可能并不是它们一生中大部分时间生活的地方。因此，蜥脚类恐龙的大部分牙齿应该不会出现在本体的化石被发现的地方。当然，这些牙齿也确实相当小，因此更容易被遗漏掉。

　　根据诸多蜥脚类恐龙的骨骼化石，尤其是那些近乎完整的个体骨架，科学家们复原了蜥脚类恐龙的形象，它们的头部小而轻，颈部相当长且相对轻。但很明显，目前发现的蜥脚类恐龙的头部化石很少，这可能是因为这些化石的重量太小，太容易被破坏，尤其容易被食肉动物和食腐动物破坏。这样的头颈结构可以让蜥脚类恐龙更容易吃到树顶上的食物。显然，如果头颈非常沉重，它们可能连抬头仰脖子都做不到。对为数不多的头颈部化石进行研究之后，人们发现蜥脚类恐龙的颈部骨骼有不少中空的部分，这应该是为了尽量减重。它们不怎么在口腔中咀嚼食物，所以头部可以保持小而轻。颈部连接的身体相当大，这对进行食物摄入的主要过程来说是必要的。人们推测，由于蜥脚类恐龙整体体积庞大，但嘴巴很小，它们可能把醒着的大部分时间都花在了进食上，尤其是在非常年轻、体重增加非常快的时候。蜥脚类恐龙还有一条相当长的尾巴，一些人——只是一些人！——推断它们从树顶获取食物的时候会靠这样的尾巴保持平衡。

　　像蜥脚类恐龙这样的植食动物当然是只吃植物的。从它们巨大的体型和长长的脖子推断，我们认为它们主要吃同时代树木顶端的叶子。吃树叶的时候，它们的脑袋是以横向移动为主呢，还是说，也有纵向移动？不清楚。但人们怀疑它们会尽量减少头部的纵向移动，因为这种动作会消耗更多的能量，考虑到蜥脚类恐龙可能要花大量时间进食，这是一个特别重要的考虑因素。是演化过程使得蜥脚类恐龙颈部变长并吃到了植物顶端的叶子吗？是同时代树木的高度先增加了吗？这两个问题的答案分别是：不确定，但好像是，以及有点不确定，但好像是。有人提出了另一个想法：至少有一些蜥脚类恐龙可能像现在的驼鹿一样喜欢水生植物，它们会在岸边利用长颈寻找湖底的食物。还有很多问题没有得到答案，还有很多真相有待发现，这个领域的研究非常活跃。

呼吸、血液和体温

蜥脚类恐龙的脖子很长，要像我们这样借助膈膜呼吸，对它们来说可能相当困难。因此，蜥脚类恐龙采用的可能是身为恐龙后代的鸟类的呼吸方式，许多相关研究者也是这样认为的。鸟类体内有多个气囊。当时，大气中的氧气比例明显偏低，这意味着恐龙会比哺乳动物发展得更好，因为后者就是依靠隔膜呼吸——也可能，当时的氧气含量其实挺高的。这些只是推测，据我所知没有可靠的证据。

在了解蜥脚类恐龙的循环系统时，我们可能会遇到更大的难题：考虑到很多蜥脚类恐龙都是庞然大物，如果以哺乳类动物的方式将血液泵送至全身，那么它们的血压应该很高，大约是我们的 6 倍。人们提出了许多可能的解决方案，其中一种是，随着蜥脚类恐龙的成长，它们的新陈代谢率会降低，这样一来，一个质量比较小的心脏就够用了。根据人类的情况直接推断，蜥脚类恐龙的心脏应该有 7 吨左右重！自然大概有另一种合理的方案，但现在还不为人所知，我们只是有所猜测而已。

蜥脚类恐龙的体温是多少？它们是怎样保持体温的，范围是多少？答案可能并不简单：有些生物可能会混合使用多种方法来保持体温。具体情况也许和年龄有关。对于蜥脚类恐龙的体温问题，现阶段我们基本只有猜测。不过，有一个巧妙的想法：可以试着通过同位素测量来确定它们的温度——又是科学统一的例子。这是怎么做到的呢？骨骼中有一种叫作生物磷灰石的化学物质，看起来很适合参与间接测量，帮助我们确定生物的体温。生物磷灰石中的两种元素碳和氧的某些同位素倾向于在这种化学物质的晶体结构中聚集。关键在于，这种聚集的程度和温度有关，于是提供了间接测量的可能。这种关系能不能得到可靠的测量和校准呢？可以，而且有先例，比如，人们可以比较当代生物和 1200 万年前的化石的情况，尽管这并不容易。有了这些结果之后，我们用这种方法测量蜥脚类恐龙的骨骼化石，得出的温度为 36 摄氏度至 38 摄氏度，和大多数现代哺乳动物的情况相似，包括体温约为 37 摄氏度的我们。至于蜥脚类恐龙是怎样保持体温的，据我所知，目前只有猜测。在成长过程中，它们的体型会发生巨大变化，因此蜥脚类恐龙可能在生命的不同阶段使用了不同的方法来保持体温，或者，至少使用了不同的混合方法来保持——推测叠加了推测。那么，这个没有结论的故事有什么寓意呢？答案是：科学往往是一点一点进步的，前进的步伐中常常夹杂着后退。上面的这种别出心裁的方法就是一个亮眼的例子，长远来看，它可能是（也可能不是）科学向前迈进的重要一步。

我们对蜥脚类恐龙的易患疾病所知甚少，不过大部分（本就不多的）证据似乎都和癌症有关。2020 年 8 月发表的一篇论文提供了非常有力的证据，证明一只生活在 7500 万年前的有角植食恐龙患有晚期骨肉瘤。这种癌症也会折磨人类，通常是在十几、二十几岁的时候发病。最近还有一些研究声称，恐龙还会患上其他疾病。不过，我不认为这些结果已经得到了验证，所以在这里就不继续讨论了。

防范捕食者

蜥脚类恐龙是怎样保护自己不被猎杀的呢？它们可能采用双重主动防御：尾巴也许被直接用作武器，或者像鞭子一样抽打起来，发出非常可怕的声音。这两种行为，尤其是第二种行为，必定是作为不错的推测而被记录下来的。还有别的方法。坚硬的皮肤可能起到了一定的保护作用。虽然蜥脚类恐龙的小头和细脖子非常脆弱，容易受到攻击，但它们的头颈离地面很远，同时代的生物很难触及，除了恐龙中的大型食肉动物，这些肉食动物可能是自古以来最成功的捕食者。不过，我还没听说哪一块蜥脚类恐龙的骨骼化石上有它们生前被食肉恐龙咬过的牙印。

蜥脚类恐龙的繁衍

蜥脚类恐龙的生命周期，是目前被重点研究的课题，并且人们已经找到了一些证据。就在最近，有人想到利用蜥脚类恐龙胚胎的冯·埃布纳线来估计孵化时间。当然，这里的估计结果只能是下限，原因之一是，我们不知道第一条冯·埃布纳线成形时，胎儿有多大。但通过合理的估算，我们可以得出结论：蛋的孵化时间很可能是 6 个月左右。不过也有人认为，这对于孵化来说时间太长了。因此，这个问题目前还没有定论。

　　几年前，人们在阿根廷发现了一大窝蜥脚类恐龙蛋化石（图 14-2）。单独来看，它们并不接近球形，而是扁扁的，最大直径约为 10 厘米。有趣的是，每枚蛋的形状都和我们现在经常看到的蛋不同。在我们这个时代，动物的蛋大多是扁圆的，在一个方向上有所拉长，而且拉得不均衡（两端大小不一）。被产下之后，被发现之前，这些蜥脚类恐龙蛋有没有可能是在外界的作用下才变成了扁的？我不知道，但如果真

图 14-2　在阿根廷发现的一窝蜥脚类恐龙蛋化石。图片来自辛克莱·斯坦默斯（Sinclair Stammers）/ 科学图片库

是这样，我怀疑，至少其中一些蛋当场就会碎裂，除非它们被压扁的过程非常缓慢，或者有别的原因。这个问题还能再复杂一点，有证据表明，有些恐龙蛋的蛋壳不是又硬又脆的，而是有着皮革般的质感。因此，它们很像现在某种龟产的蛋。20 世纪，人们还在中国发现了和现代鸟蛋非常相似的恐龙蛋。这类问题更加迷雾重重了。

　　了不起的是，人们还发现了一枚即将孵化的蛋。在这枚蛋的 X 光片中，我们可以清楚地看到正在孵化成形的小恐龙的骨骼——它们在蛋里等待出生，尽管从骨头的状况来看，它们是散开的，无法再构成一个生命体（图 14-3）。尽管如此，这仍然是一个了不起的发现。这枚蛋的形状是对称扁平的（像是从上往下压扁了一样）。

图 14-3　恐龙蛋的内部。成年蜥脚类恐龙的身长和出生时的身长之比通常约为人类同一比值（约 3.5）的 10 倍。图片来自黛安娜·斯科特（Diane Scott）

　　那么，在蜥脚类恐龙的幼年时期，母亲会给予它们怎样的照料呢？考虑到单只蜥脚类恐龙的产卵数量明显较多，而且，成年蜥脚类恐龙在照顾小恐龙的时候明显会很笨拙，我想，它们对下一代的照料最多也就是站岗防御捕食者，外加提供食物了。以蛋的大小为主要依据，人们估计刚出生的小恐龙体重远低于 10 千克，再加上潜藏着捕食者的环境，而且母亲提供常年守护的可能性很低，可以推断，恐龙小朋友们需要迅速长大，才能活到成年。请注意，和出生时相比，成年蜥脚类恐龙的体重增加了约 10 000 倍！形成鲜明对比的是，人类从出生到成年体重只增加到 20 倍左右，最多能增加到约 30 倍。从出生到完全成年，蜥脚类恐龙的身长可以增加约 35 倍，最大的可以增加几百倍（比如从 15 厘米到 40 米）。相比之下，我们从出生到完全成年身高仅增长到约 3.5 倍。不过，假如这些关于体型的知识在今天的幼儿园小朋友学习恐龙时发生了重大变化，你也不要感到惊讶，因为新的信息不断被发现，可能会改变统计数据。

　　蜥脚类恐龙在多少岁性成熟，在多少岁完全成年，在多少岁进入典型的老年时期，是一系列争议很大的数。骨骼化石保留了生物生前的一些具体特点，这些年龄就是通过对骨骼化石进行复杂的组织学（组织相关）分析得出的。这些骨骼并不像树木能长出清晰的年轮，但最近的研究已经能够辨别骨骼生长的各个阶段，并估算出相应的年龄。虽然这些数还不十分确定，但目前的看法是，蜥脚类恐龙性成熟的年龄为 10 至 20 岁，体型完全长成的年龄是 30 至 40 岁，寿命也许可以长达 100 年，但平均来说更可能在 60 年左右。人们目前还没有发现非常年老的蜥脚类恐龙化石，因此这个问题还没有确切的证据。从这些数你可以看出，这种古老的动物和许多现在的动物（包括我们）也有差距不大的地方。我没有听说过，这些年龄节点也会随着时间演变，比如在数百万年后有了巨大的变化。

　　已经有很多图书写到了蜥脚类恐龙，我们现在要放下这些迷人的生物了。你只要记住（再说一次！），它们依然是陆地上古往今来最大的动物，而且给我们留下了许多待解之谜。新的谜团还在不断出现。我所听说的另一则奇闻是，人们在罗马尼亚的一个古老岛屿上发现了一只"侏儒"蜥脚类恐龙的化石，只有奶牛大小。

　　接下来，我们将讨论所有恐龙以及许多其他生物的灭亡。

第 15 章
恐龙的灭绝

几乎所有人都知道，如今已经没有恐龙在地球上游荡了。事实上，通过观察世界各地的化石，科学家们得出结论，恐龙是在大约 6600 万年前消失的。在这之前大约 1.5 亿年的时间里，它们似乎一直是陆地上占据主导地位的动物。它们的集体消失显然格外突然，这是为什么呢？从第一块恐龙化石被发现开始，科学界和大众就一直在讨论和恐龙灭绝有关的问题。曾经有许多观点和假设出现，但没有令人信服的证据。这些假设包括但绝不限于，附近超新星的爆发、致命的疾病、环境的剧变灾难性地中断或改变了食物供应，以及以恐龙蛋为食的哺乳动物的兴起。为恐龙灭亡寻找答案是一个跨年代的调查故事，我们现在就来讲一讲这个故事。

恐龙灭绝的新模型

20 世纪 70 年代末，现在就职于加州大学伯克利分校的沃尔特·阿尔瓦雷斯（Walter Alvarez）还在哥伦比亚大学，正和同为地质学家的同事比尔·劳里（Bill Lowrie）一起尝试通过古地磁学推断意大利的构造运动。他们想要了解意大利所在的陆壳（微板块）在过去 1 亿年中的变化。他们提出的方法是，寻找不同年代的沉积岩样本，在实验室里通过岩石的碎屑剩磁（Detrital Remanent Magnetization，当磁性颗粒沉积形成沉积岩时，它们的排列情况会和地球磁场对应，第 10 章提到的热剩磁和碎屑剩磁有相似之处）来确定影响岩石的磁场方向，从而了解相应年代的情况。由此，他们可以回溯意大利相对地理极点的运动，因为人们认为，地球磁极的位置总是在地理极点附近，除非反转正在进行。于是，他们前往意大利采集必要的样本。

他们选择了古比奥（罗马以北约 200 千米，离佩鲁贾挺近），在那里发现的地层可以一路追溯到距今大约 1 亿年的时代。遗憾的是，阿尔瓦雷斯和劳里发现，受到地层变形影响，他们最初的目标无法实现了，当地条件不理想，不同的地层没能清晰明确地保留他们所需的信息。不过随后，两人又发觉有些样本的碎屑剩磁指向了和地理北极几乎完全相反的方向。他们重新发现了地球磁场的反转：N 极变成了 S 极，S 极变成了 N 极。带着新的思路，他们检查了过去 1 亿年的地层，以不错的精度确定了地球磁场反转的一段历史——就算他们实现了最初的目标，怕是也得不出比这更重要的结果了。在这里，对磁场反转的推断对应上了其他人的成果。不过几年后，放射性年代测定也显示，他们得出的磁场反转时间是对的。那么故事结束了吗？还早着呢！

采集岩石样本的时候，在一位意大利同行伊莎贝拉·普雷莫利·席尔瓦（Isabella Premoli Silva）的提醒下，阿尔瓦雷斯对一层很薄的黏土层（接下来被称为 KT 层）产生了极大的兴趣，因为它在两个年代——白垩纪（年代更远）和第三纪（年代更近）——之间画出了明显的分界线。这一层和上下近邻大不相同。下面一层中的微化石在 KT 层中并不存在。它的厚度也只有 1 厘米左右，比邻近地层薄得多。后来，阿尔瓦雷斯邀请他在普林斯顿大学的老师阿尔·菲舍尔（Al Fischer）到哥伦比亚大学做讲座，其间，老师强调这个没有微化石的奇怪 KT 层在年代上至少大约能对应恐龙灭绝的时期。之后不久，阿尔瓦雷斯想到通过研究 KT 层来解开恐龙灭绝之谜。阿尔瓦雷斯就是巴斯德口中那种"有准备的人"。他把 KT 层的样本带回了美国，一同带回的还有上下紧邻地层的样本和下方较远处的样本。虽然意大利的岩层随着时间的推移出现了变形，导致他们最初的研究目标无法实现，但是就像我提到过的，这个不寻常的 KT 层和邻近地层蕴藏着另一些信息。事情就是这么巧！

KT 层的年代距今大约有 6600 万年，以它为界线，年代比较近的那边在 2008 年被重新命名为古近纪，这要归功于国际地层委员会（International Commission on Stratigraphy），他们的工作为这次更名提供了支持。另外，就像前面提到过的，这条界线至少大致标明了恐龙和另一些生物一同从地球上消失的时间。薄薄的地层里藏着丰富的线索！和预期的一样，下方的石灰岩含有一些黏土，但主要是碳酸钙，大部分来自有孔虫目动物（简称有孔虫）的化石。这种通常被称为石灰岩的物质，主要来自原先活生生的动物的骨骼，有孔虫的壳也是来源之一。比如，埃及金字塔的建材主要就是石灰岩。根据化石记录，科学家们推断，从大约 5.4 亿年前到今天，有孔虫一直栖息在地球上有水的地方，尽管其中有一些种类已经销声匿迹。它们大小不一，小的不到 1 毫米，最大的大约 20 厘米，其中体型小的要多得多（图 15-1）。人们可以在海底发现它们。

图 15-1　多种多样的有孔虫。这幅图片的真实大小约为 5.5 毫米（单边长度）。图片来自阿兰·库埃特（Alain Couette），CC BY-SA 3.0

　　说回地层。相比之下，KT 层主要是由黏土构成的，几乎没有碳酸钙和有孔虫。紧邻的上方地层没有太多特别之处，主要成分是碳酸钙，依然含有有孔虫，只是种类不同，体型小得多。这薄薄的中间层形成时发生了什么，让它这么与众不同？这件事真是耐人寻味。就像前面提到过的，阿尔瓦雷斯之所以决定研究 KT 层，是因为它可能和恐龙的消失有关，这个重大问题正等待人们找到足够可信的答案。怎么做才能破解谜题呢？阿尔瓦雷斯和他的父亲——著名物理学家路易斯·阿尔瓦雷斯（Luis Alvarez）——讨论了一番。他们认为主要有两种可能：第一种可能是，薄层是以正常速率沉积的，但由于某种原因，碳酸钙和有孔虫都缺席了，这可能是因为原先的有孔虫灭绝了，而这些有孔虫含有矿物质的残骸就是碳酸钙的主要来源；第二种可能是，由于某种未知原因，薄层沉积得非常快，没有时间把碳酸钙成分包括进来。

沉积速率是正常，还是过快——怎么判断呢？我们需要一个"裁判"，一种同样会沉积，但已知有某种恒定沉积速率的物质。也许地层中还有另一些成分，从其他证据可以得知它们以恒定的速率沉积。确定这些成分在地层中的浓度，就可以区分两种可能：这种物质含量正常（可以计算出来）表明这一层沉积速率正常，这种物质含量少则表明这个约 1 厘米厚的地层沉积速率很快。

路易斯·阿尔瓦雷斯提了个建议：为什么不用铍元素的放射性同位素 ^{10}Be 作间接测量呢？（科学再次统一！）已知这种同位素是由高能（高速）宇宙射线撞击地球大气中的氧原子、氮原子产生的。（宇宙射线是在 1912 年前后被发现时命名的，当时人们还没有意识到，它们其实是来自宇宙某处的粒子，主要是质子——这依然是一个有些争议的研究课题。）曾有一本教科书指出，这种放射性同位素的半衰期为 250 万年。当时已经有非常灵敏的质谱仪可用，这个半衰期足以让他们在大约 6600 万年后测定 ^{10}Be 的浓度，得出有用的结论。（质谱仪是按照质量差异来分离粒子的仪器，可以用来分离同位素。）已知 ^{10}Be 的半衰期，倒推黏土层形成时 ^{10}Be 的浓度，就可以判断沉积速率是快是慢了。然而，结果令人沮丧：他们检测不到任何 ^{10}Be！这是为什么呢？原来，那本教科书中给出的 ^{10}Be 的半衰期是错误的，正确的数值只有 150 万年。于是，这番间接测量的尝试毫无希望了，因为半衰期太短，6600万年后剩下的 ^{10}Be 已经少到测不到了。

路易斯·阿尔瓦雷斯没有失去勇气，他很快就想到，自然情况下铱元素在地球表面是非常稀缺的。铱的密度很高，更重要的是它会溶于铁水，所以当地球刚开始处于熔化状态时，显然大部分铱和铁一起沉到了地核中。但是，如果铱在过去大约 6600 万年中以稳定的速率从行星际空间的尘埃落到地球上，那么他计算出，以正常速率沉积的 KT 层中，铱的浓度值大约为 10 亿分之 0.1。也就是说，平均每 100 亿个粒子中有 1 个是铱。但是，假如这一层沉积得很快，铱的浓度就会远远低于可探测的水平。在 10 亿分之 0.1 的水平上检测铱，如果用上当时最先进的技术，应该还是有希望的。于是，阿尔瓦雷斯父子找到了弗兰克·阿萨罗（Frank Asaro），他在伯克利负责的设备可以通过中子活化分析技术测量极小浓度的元素。中子活化分析技术会用核反应堆等设施产生的高能中子去轰击样本，使其具有放射性。在这种安排下，放射性会使得样本中的粒子射出高能射线，每条射线都带有发射元素的独特特征。

交给阿萨罗的任务极其艰巨，需要付出艰苦的努力。因为还要忙着做其他的有偿工作，9 个月后，阿萨罗才获得了他认为拿得出手的结果。这个结果让阿尔瓦雷斯父子大吃一惊：铱的浓度达到了 10 亿分之 9 的水平，比正常沉积速率的预期值高出大约 90 倍！这可能是什么原因造成的呢？

路易斯·阿尔瓦雷斯想到了一个当时提出不到 10 年的恐龙灭绝理论：有两位天文学家认为，是星系中不远处一颗超新星的爆发导致了恐龙的灭绝。路易斯·阿尔瓦雷斯推断，如果这是真的，那就会有其他迹象，比如钚（^{244}Pu）的浓度会增加，这是在超新星爆发中产生的元素，会和铱一起落到地球上。钚的半衰期约为 8300 万年，如果相关的理论还算可靠，确实有（附近的）超新星产生钚，那么它应该很容易被探测到。因此，在加州大学伯克利分校研究钚的化学家海伦·迈克尔（Helen Michael）被叫来跟阿萨罗合作，在薄黏土层样本中寻找这种钚同位素证据。这项检测也是十分精细的任务。在完成紧张的工作之后——他们几乎要 24 小时不间断地关注测量——两人向阿尔瓦雷斯父子报告，发现了 ^{244}Pu！太棒了，他们（几乎）已经证明了恐龙是因附近的超新星爆发而毁灭的！头条新闻近在眼前了。

　　阿萨罗和沃尔特·阿尔瓦雷斯把这个好消息告诉了实验室副主任，并讨论了在公布之前应该做些什么。后者建议谨慎行事：直接从样本开始，把整个分析重做一次，看看能不能得到同样的结果。阿尔瓦雷斯父子听从了这个建议，并且非常庆幸这样做了：迈克尔和阿萨罗在第二次分析中没有发现 ^{244}Pu 存在的痕迹。一种物质，检测到了可能是因为样本有污染，没检测到那就是没检测到。这个理论就这样夭折了。恐龙是在附近超新星爆发后消失的观点也就此终结。那么，如果和超新星无关，铱浓度增加的原因又是什么呢？我们需要一个新的想法。

　　20 世纪 70 年代，各行各业的人都对天体撞击地球的事件很感兴趣。沃尔特·阿尔瓦雷斯一开始也想到了这个，但他认为，这种撞击只会产生局部影响，所以他更倾向于支持超新星爆发的解释，因为后者必然会产生全球性影响。但现在，铱的检测有了新结果，小行星或彗星撞击地球的观点就更有吸引力了。路易斯·阿尔瓦雷斯认为，这种撞击产生的碎片会在全球范围内扩散，使许多物种灭绝。他计算了一下，如果撞击地球的是小行星，那么它的直径必然在 10 千米左右，这样后续的全球扩散才会造成测量到的铱浓度。通过对陨石的研究，科学家们已经知道，铱在陨石中的浓度远远高于在地壳中的浓度。那么，这种撞击释放的能量有多大呢？相当惊人！比如一颗直径 10 千米、密度约为 3 克每立方厘米（作为对比，水的密度为 1 克每立方厘米）、撞击速度为 20 千米 / 秒（对于这种撞击来说不算很快）的小行星，它所释放的动能（运动的能量）堪比 10^{14} 吨左右的 TNT 炸药爆炸，威

力差不多比地球上最大的炸弹的爆炸强 200 万倍，约为已知最大火山
爆发所释放能量的 400 倍。我们还算幸运，因为这种撞击不会时常发
生，它们的频率很难估计，但每 1 亿年发生一次并不是一个不靠谱的
猜测（注意这个双重否定），尽管大多数科学家不认为这种事件是周期
性的，甚至不认为它和周期沾边。

　　回到铱的问题。如果地球受到撞击的模型是正确的，那么就像前
面的计算所假设的，小行星（或彗星）中的铱应该会在全世界所有地方
沉积。当时的碰撞极为剧烈，所产生的碎片会散布到地球各处。人们
在一些地方找到了距今约 6600 万年的合适地层，并采集了样本，以寻
找铱浓度增加的证据。与钚搜寻得到的结果相反，丹麦、西班牙、科
罗拉多和新西兰等多地的同年代地层中确实发现了过量的铱，所以猜
想中小行星或彗星撞击产生的全球性影响是成立的，十分合理、完全
可信。另外，人们还发现了那个时代的微玻璃陨石，大多为毫米尺寸
的浅色玻璃质小东西，它们正是在极端高温的条件下产生的，猜想中
的撞击正好会产生高温。证据收集完毕！

　　从理论研究（以及规模小得多的各种实验）来看，这次撞击形成的
陨石坑直径应该在 200 千米左右，距今约 6600 万年。它在哪里？如果
能找到这样的陨石坑，那就是如山铁证——或者至少够“硬”。当然，
如果受到撞击的部分在过去的 6600 万年中俯冲回地幔，那就不会有陨
石坑来提供证据。但是，考虑到在过去的 6600 万年中回到地幔的地球
表面只占很小一部分，这种可能性并不大。

　　人们在许多地方展开了寻找陨石坑的工作，其中一处是墨西哥湾
附近的得克萨斯州，这里找到了当年发生过海啸的证据，也就是说，
曾经有某种大规模灾乱造成了巨浪。这是 20 世纪 80 年代末的发现，

意味着人们寻找的陨石坑可能就在尤卡坦半岛。1991 年，人们在尤卡坦半岛发现了一处圆形的重力异常区（在地球重力场中令人意外或者说和别处不同的区域），直径约为 200 千米，正好合适。也就是说，重力异常现象是由那里（地下）的一个陨石坑造成的。

　　事实上，为墨西哥国家石油公司（Pemex）工作的两位地质学家在 10 多年前就发现了这个陨石坑。根据所在位置，这里被命名为希克苏鲁伯（Chicxulub）。他们把发现世界上最大陨石坑的消息告诉了在石油公司的上司，但这位上司认为那只是火山形成的东西，因此并不特别"感冒"。尽管如此，两位地质学家还是在 1981 年的一次石油地质学家会议上讨论了这个发现，重力测量显示圆环直径约 200 千米，有的与会者还讨论了和恐龙灭绝有关的小行星（或彗星）撞击问题（图 15-2）。但是，这次会议和许多同类会议一样，是同时安排了许多下设会议的大型会议，两组与会者并不知道对方的存在，就这样，这个陨石坑及其位置的确认推迟了 10 年（图 15-3）。

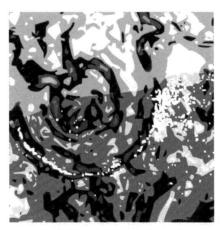

图 15-2　尤卡坦半岛重力场异常现象勾勒出的圆形图案。图片来自米兰工作室

　　这个陨石坑不仅大小符合预期，年代也符合预期。例如，对附近可能由撞击形成的玻璃陨石进行放射性测年，确定的时间正好就是 6600 万年前。真相大白了吗？很难说。有一颗小行星或彗星在大约 6600 万年前撞击了地球，这是一个相当可靠的结论，其他的放射性测年证据也印证了这一点。但这件事和恐龙以及其他许多物种的灭绝之间的联系并不那么明确。时间刚好对应，并不一定意味着两者有因果关系。

灭绝模型

　　科学家们很快把早先关于原子弹战争后果的想法应用到了恐龙灭绝的问题上：也许是核冬天消灭了恐龙。简而言之，这种观点认为，撞击释放了巨大的能量，各种残骸碎片满世界乱飞，从大气层回落时温度飙升，在各大洲点燃了可怕的大火。这样的大火会烧毁植物，还会让大气层中充满灰尘，即便大火平息，灰尘依然在很长的一段时间里让地面无法获取阳光的温暖——阳光被灰尘反射回了太空。地球上的生命要面临怎样的后果呢？物种大规模灭绝。这个模型在很大程度上是基于数值模拟的，当时几乎没有其他证据支持。

　　一些科学家，尤其是许多常年致力于研究物种灭绝的科学家，并没有简单地接受阿尔瓦雷斯的灭绝理论。在至少 10 年的时间里，有大量文章发表，作者纷纷提出自己的观点，说明为什么这种撞击不可能导致物种灭绝。例如，有人声称，在撞击发生之后的 100 万年间仍然有恐龙化石形成。阿尔瓦雷斯父子和他们的支持者用论文反驳了所有这些批评。不过，还有一个令人好奇的问题很难忽略：依然有这么多物种，尤其是鸟类，在这场灾难中幸存下来，它们是怎么做到的？它们怎样在核冬天藏身，又怎样获得食物？据我所知，这个问题目前还没有一个非常令人满意的答案，尽管我们能够理解为什么体型庞大的恐龙很可能最难熬过灾难——俗话说得好，个头越大，摔得越重。

有一点是很清楚的，那就是我们不太清楚其他生物是怎么幸存下来的。这并不是说我们缺少幸存模型，这种模型多得很。我们只是不知道其中有没有正确的模型，具体是哪些。在这里我只介绍其中一个，当然是简略介绍。这个模型似乎是合理的，提出者是我前面提到过的前学生道格拉斯·罗伯逊和他的同事。据他们推测，灭绝实际上分为两个阶段。第一个阶段几乎是瞬间爆发的，在全球范围内，撞击中抛射喷发的物质冲入大气层，伴随有强烈的热浪（主要是红外辐射）冲击。根据估计，这样的高热会持续数小时，给暴露在地球表面的生物敲响丧钟。幸存者可能是那些避开了冲击的生物，比如包括鸟类在内的小动物，它们藏在地洞和山洞中，也许还有一些长期生活在水下（注意，这只是一种定性的说法）。从更广的角度，我们可以想到地球受到的影响是不均匀的，某些地区的情况没有糟糕到极点。当然，几乎所有这些论点都存在不同程度的争议。

假设第二阶段的灭绝针对的是海洋动物。高热的致命影响不会马上横扫深海，但撞击产生的烟尘会摧毁海面附近的浮游植物，大大减少海洋动物的食物供应和氧气供应。淡水居民受到的影响可能较小，原因之一是，地下水的流动会从底部让可食用的物质也流动起来。这里的描述很简单，但具体细节可能非常复杂，还可能引向多种不同的最终结果。总之，如果有人针对复杂情况提出听起来很简单的论点作为可信的解释，我们就要提高警惕了。也许有一天……

还有一点，据古生物学家所知，在过去 5 亿年左右的时间里，还发生了 5 次（更早的）物种大灭绝，但那些都不是小行星或彗星撞击造成的。也许之前那些大灭绝的原因之一就能解释，或者说部分解释约 6600 万年前的同类事件。

抛开幸存者的情况和其他大灭绝的原因不谈，恐龙灭绝还有没有其他模型可以和撞击理论相抗衡呢？有的。在大约 6600 万年前，印度所在地区发生了大规模火山爆发，凝固的岩浆至今仍覆盖着面积约 50 万平方千米的地区（图 15-3）。据一些科学家估计，约 6600 万年前最初喷发的岩浆可能覆盖了大约 3 倍于这一面积的区域，其中 2/3 的面积后来被侵蚀掉了。该怎么看待这么巨大的（侵蚀前的）面积呢？这样想想吧，它只占地球陆地总面积的一小部分，大约 1%。

图 15-3　印度德干地盾的一部分，由多次火山爆发形成，经过严重侵蚀，目前仍覆盖着约 50 万平方千米的面积。图片来自马克·理查兹（**Mark Richards**）

被这些喷发物覆盖的地区就是所谓的德干地盾（Deccan Traps）。跟那些热衷词源的人说一声，"Deccan"源于梵文，是南方的意思，这里指印度南部；"Traps"是"阶梯"的意思，源于瑞典语。从插图中可以看出，地盾很像阶梯，尽管有些模糊不清。（我真搞不懂为什么会有这样的词语组合。）

这样的爆发过程会向大气中喷出大量的含硫分子，主要是二氧化硫，会危害健康。另外，还可能有大量二氧化碳排出，引发全球变暖，也许会导致大规模物种灭绝……一个关键问题是爆发事件发生的时间范围。短时间内接连发生的火山爆发可能会引发大规模物种灭绝。相反，如果火山爆发平均分布在几万年的时间里，那么间隔的时间就能让物种存活下来，种群数量也可以借机有所恢复。于是，这个关键问题转换成了一个年代测定问题，针对形成德干地盾的一系列火山爆发做出准确的相对年代测定尤为重要。遗憾的是，在稍远一些的年代，技术的局限性使得针对这些岩层进行的可靠测年突破不了 2%，因为精度太差，人们无法对形成德干地盾的火山喷发的时间间隔进行必要的评估。相关精度最近提高了大约 10 倍，但仍然不够好，我们下面就会谈到。

在过去 5 年左右的时间里，人们对德干地盾可能关乎恐龙灭绝的问题再次产生了兴趣。在加州大学伯克利分校，显然由马克·理查兹领导的一个团队——成员包括保罗·雷恩（Paul Renne）和沃尔特·阿尔瓦雷斯——一直在研究德干地盾在恐龙灭绝中可能起到的作用。他们所延续的正是先前文森特·库尔蒂约（Vincent Courtillot）等欧洲学者的调查。当然，恐龙灭绝也可能是小行星 / 彗星撞击和德干地盾背后的灾难共同造成的。

　　关于这个话题，我有一个推测，可以回答以下问题：尤卡坦半岛的陨石坑和德干地盾之间是存在因果关系，还是说两者（近乎）同时出现仅仅是一个巧合？改进的放射性年代测定显示，德干地盾在希克苏鲁伯陨石坑之前就已经开始形成了，在后者出现之后，这个过程还持续了很长时间。然而，根据更准确的年代测定新方法，以及对各组火山爆发规模的更深入了解，我们现在大致判断，迄今为止最大的一次火山爆发发生在希克苏鲁伯陨石坑被撞出来的时候。通过氩－氩法（我们在此不做细节探讨）进行的放射性测年已经有所进步，并得出了距今约6600万年的结果，不确定度在10万年，也就是0.2%的水平。能达到这样的水平是很不错的，但在我看来，它还远不能可靠地证明人们所假设的联系。

　　如果两者同时出现不是巧合，那么其中的机制是什么呢？那次撞击给地球带来的地震能量很可能足以造成印度次大陆的明显位移，也许足以触发已经处在临界状态的火山。事实上，如果仔细计算一番，我们会发现这种情况是解释得通的。地震有可能造成足够大的位移，大约能达到几米。也有可能，另一种相互作用才是真正的原因，也许是地震能量的释放使温度升高，引发了火山活动。毫无疑问，这个问题还没有最后结论，但我们至少可以想到，小行星／彗星撞击可能在形成德干地盾的一组大型火山爆发中发挥了作用。因此，可能是撞击导致了更激烈的火山爆发，使得毒气和二氧化碳等物质更大量、更迅速地释放，造成了比其他情况下更严重的物种灭绝。保罗·雷恩、马克·理查兹和他们的同事正在积极研究这种可能。

　　至于那个"大问题"，也就是两个事件分别直接造成了多大规模的物种灭绝，在近期基本不可能找到让（几乎）所有人都满意的答案。不

过，耶鲁大学的平切利·赫尔（Pincelli Hull）领导的一项研究提供了
新的信息，这项研究详细考察了这个时期大西洋海底的沉积物。赫尔
和她的研究团队通过分析得出结论，认为是小行星 / 彗星撞击导致了
大灭绝。

有一项大约 10 年前的发现至少还会被研究 10 年，发现者是古
生物学家罗伯特·德帕尔马（Robert DePalma），位置在美国北达科
他州的地狱溪组。希克苏鲁伯遭受撞击大约 10 分钟后在这里留下了
证据，而地震波从陨石坑传播过来的时间差不多就是 10 分钟。许多
令人难以置信的物质保存了下来，包括一些恐龙的残骸，部分封在
琥珀中；许多鱼类，其中一些吞下了大量微玻璃陨石；带有胚胎化石
的蛋；淹毁的蚂蚁窝，里面还有蚂蚁。篇幅有限，我们就不详细讨
论这些了。另外，相关的发现和分析都在快速出现，时刻跟上前沿
不是一件容易的事。不过，未来在这个领域仍有可能获得重大发现，
真令人兴奋。

另一项近期研究来自哈佛大学的阿米尔·西拉杰（Amir Siraj）和阿
维·勒布（Avi Loeb），他们提出了一个有趣的观点：当年撞击地球的不
是小行星，而是长周期彗星。

现在，我们的调查故事取得了很大的进展，但还没有彻底解开恐
龙灭绝之谜。不过，下面这种说法应该是没问题的：目前，大多数科学
家认为希克苏鲁伯的撞击是造成大约 6600 万年前那场大灭绝的主要原
因，如果不是唯一原因。

除此之外，还有另一些观点从社会热点新话题的角度看待恐龙灭
绝，图 15-4 表现的就是其中一种。

图 15-4　恐龙灭绝前的状况，恐龙的台词是后加上去的。图片来自 © 2009 Ted Rall，版权所有

生命的故事

第16章
生命的故事：达尔文、华莱士与孟德尔的贡献

　　现在我们进入本书的第三部分，也是最后一部分——生命的故事。我们已经聊了失去生命的生物，尤其是去世很久的生物。在这里，我们将从新的角度继续讲述它们的故事，探讨怎样理解生命。理解生命是一个极难达到的目标，我们差得还很远。但在过去的150年里，人类已经取得了巨大的进步，我们将讨论其中的一些重点。你可能已经在中学生物课上听到过一些内容。不过，考虑到并不是每个人都学会了，我在这里不会省略太多。总之，就像我的一位睿智的教授常说的："永远不要低估听众在听到已知之事时体验到的快乐。"

　　另外，就像我们在本书第二部分中所强调的，生命极大地改变了这颗星球，当然地球也极大地影响了生命。地球大气层因生命而发生巨变就是一个很好的例子——我们无法孤立地理解生命的变化和大气的变化，它们之间相互交织的关系在某种意义上体现了科学统一，这里的紧密联系是各个科学领域作为整体不可分割的一个例子，这种内在联系在很大程度上决定了本书的书名。

　　我们将在这部分讲解什么，又从哪里开始呢？地球上的生物种类之繁多，令人眼花缭乱。不同生物间的体型差异大约能达到10^8倍，病

毒的大小只有 0.1 微米，而大型鲸体长可达 30 多米。几百年前，人们既没有好用的工具，也没有相关的知识，无法有效地寻求许多基本问题的答案，包括生命究竟是什么，是什么时候、怎样出现的，以及生命在未来会有什么样的发展。由于生命的多样性和复杂性令人惊叹，以前的科学家先设立了一个相对容易实现的目标：建立一个生命的分类系统，尝试整理地球上令人眼花缭乱的生物种类。直到 19 世纪中叶，生物学家才开始解决真正的基本问题。尽管许多谜题依然没有答案，但人类已经有了了不起的进步。

举个例子，和板块构造范式的建立形成鲜明对比的是，得出当今模型的生物学研究大多是由单个或少数几个人完成的，在某些情况下是由团队完成的。然而，目前许多生物学研究团队的规模虽然已经不小了，但还是比不上实验粒子物理学等领域的同类研究团队。

在生物世界搜寻本质的故事可以有很多条叙述线，我们有必要进行一些（主观的）选择。我选择从遗传和演化出发，希望这条线足够清晰。不过，我最初提出的理念在这里出现了问题。我本想避免使用专业术语，却发现做到这一点在第三部分最难。不过，我会在第一次使用每个生僻说法或专业术语时，都进行明确的定义。读者可以做出评判，看看我在多大程度上把事情讲清楚了，或者，很遗憾，还不够深入浅出。

关于演化，我们似乎已经找到了压倒性的证据。化石发现表明，在过去的 5 亿多年中，一直有物种走向灭绝。而且，现存的物种显然并不都是自古就有的，有些物种从未找到过远古化石。当然，那句老生常谈也可以用在这里——没找到不等于不存在。但面对这样的证据或者说缺乏证据的情况，怎么会有人对地球历史上有过生物演化心生怀疑呢？（下一个有趣的问题）同魏格纳首次严肃提出大陆漂移时的情形一样，"发动机"是缺位的：是什么引发了生物的演化？在我们的故事中，会有很大的篇幅用于探索生物学背景下的这一动力。

我们先谈谈生物学是怎么从一门主要基于分类的科学转变成一门基于观察、计划、实验、理解的科学的，这是一个令人惊叹的故事。19 世纪下半叶初的十几年间，四位科学家分别为这场变革做出了三项重大贡献。人们就这样开始了解遗传：为什么大象只生大象，小鼠只生小鼠，从来没有乱套过。

达尔文与华莱士

查尔斯·达尔文出身富裕。他的父亲经济条件不错，希望儿子成为一名医生。达尔文学过医，但没什么兴趣，他更希望在植物学和地质学方面接受教育和训练。1831 年，22 岁的达尔文主动加入"小猎犬号"，成为环球旅行的随行博物学家。这趟旅程预计要花两年左右的时间，但最终消耗了五年，其中有不少时日是在南美洲附近度过的。达尔文是一个敏锐的观察者，他对遇到的各种生命形式以及地质构造都进行了细致的观察，还做了非常详细的记录，进行了深入的思考。当时，这个领域的工作者要么是观察者，要么是思考者。达尔文与众不同，他两者都是。

在观察中，达尔文开始形成自己的演化观。他收集到的事实和上帝造万物一说并不一致，但完全可以用物种演化去解释。于是，他提出了演化论的主要观点，并因此成名——推动演化的（宏观）动力是自然选择。这个几乎人人挂在嘴边却绝非人人都理解的原理是什么呢？简单来说，如果自身特征有利于生存和繁衍，那么生物个体就会将这些特征遗传给后代，从而使优势特征在后世种群中传播开来。通过这种方式，物种会慢慢演化，变得更容易存活。这个原理常常被简略地说成"适者生存"，听上去好像是在啰唆：这样的定义基本上是在说，除非运气起了决定性的作用，甚至改变了统计概率，否则存活下来的个体就是最能适应的个体。不过，这其实并不是啰唆。自然选择的关键在于，后代并不是祖先的完美复制品，在繁殖能力方面尤其存在差异。

　　从这些情况和收集到的其他事实出发，达尔文强烈质疑了骤然演化（也就是骤变说，指物种从一代到下一代发生了突然且巨大的变化）的设想，指出物种从一代到下一代之间发生的变化十分微小，几乎无法察觉。例如，他以动物驯养繁殖为基础组织论点，在这个例子中，物种的变化是逐渐发生的。生物学中的骤变观点仍然有一些支持者，而且在某些情况下可能是正确的，但现在再怎么说也是有争议的观点。

　　1837 年，达尔文从"小猎犬号"的航行中归来，在接下来的 20 年里，他一直在巩固和完善自己的观点，试图预见所有可能的反对意见，并拿出令人信服的回复。另外，他还不得不处理一些生活中的大难题——他本人和孩子的健康情况都很糟，家中有两个孩子早夭。就在达尔文忙得不可开交的时候，阿尔弗雷德·拉塞尔·华莱士（Alfred Russel Wallace）于 1858 年初从现在的印度尼西亚寄出一封信，这封信于 6 月到达达尔文家中。信中提出了自然选择的理论，华莱士表示如果达尔文认为有价值，就请将这个理论发表出来。达尔文显然把这封信展示给了三个人——查尔斯·莱尔、约瑟夫·道尔顿·胡克（Joseph Dalton Hooker）和约翰·约瑟夫·本内特（John Joseph Bennett）——他知道这三位在林奈学会担任要职。林奈学会得名于 18 世纪瑞典著名的博物学家卡尔·林奈（Carl Linnaeus），于 1788 年在伦敦成立，为的是探讨生命科学领域的进展。林奈的动植物收藏于 1784 年被林奈学会创始人——英国人詹姆斯·爱德华·史密斯（James Edward Smith）——买下。林奈最著名的贡献是他所开发的生物分类系统。

　　这三位中至少有一个人知道，达尔文在大约 20 年的时间里一直在研究一个基本相同的理论。林奈学会的这些人认为，发表华莱士的信而不给达尔文同等的机会是不公正的。莱尔、胡克和本内特做出了一个所罗门式的英明决定，他们写道："我们认为值得……基于对事实的广泛推断而得出的观点……应该一同向公众公布。"于是，在林奈学会的下一次会议上，华莱士的信和达尔文关于自然选择的说明都被宣读了。这并没有引起多大的公众轰动。两人的表述都发表在那年夏天的学会会刊上，也没有引起公众太大的兴趣。但达尔文明显确定了一件事：他最好尽快把自己的理论详细发表出来。在接下来的一年左右，他热火朝天地撰写了《物种起源》，全书约 500 页，但在达尔文看来这只是简略版，他还计划撰写更加完整的版本。不过，出版方没有让书顶着简略版的标签问世。这本书基本上没怎么提及参考资料和领域里的前辈。原因很简单：没时间。就像前面提到过的，达尔文匆忙付梓是为了保住优先权，他也想用更长的篇幅撰写内容，但两个愿望是有冲突的，前者显然战胜了后者。尽管写得很匆忙，但《物种起源》的最后一句话还是很有诗意的："生命多种多样的力量在一开始是由少数几种甚至一种形式承载的，如此看来生命何其伟大，当这个星球按照不变的万有引力定律不断旋转时，从最简单的起点启程，无比美妙、堪称奇迹的生命经历了无休止的演化，直到今天依然如此。"

　　在讨论达尔文著作背后的科学知识和人们对这本书的反应之前，

我们先简单谈谈达尔文和华莱士的交情。既然两人的关系有相当尴尬的一面，那么他们是怎样相处的呢？他们显然非常尊重对方，出于某种原因——我也不太清楚内情——华莱士自愿退出了竞争。这可能是因为：华莱士对达尔文更广博的研究极为敬重；达尔文比他年长 14 岁；生活中达尔文地位更高（达尔文很富有，华莱士则十分贫穷，当然是相比之下）；华莱士性格比较害羞。

不管怎么说，在晚年，达尔文确实利用他（相当大的）政治影响力为华莱士说过情，帮助他从政府那里获得了一笔养老金。再后来，华莱士在演化和人类心智的问题上出现了倒退的情况，导致两人关系破裂。不知怎么回事，华莱士开始坚信人类智慧有超自然的起源，而达尔文对这种信念深恶痛绝。华莱士对生命和意识的起源也失去了原先的判断，开始认为两者和人类心智一样，都是上帝的旨意。

说回科学。多数人听说过托马斯·马尔萨斯（Thomas Malthus）和他在 19 世纪初的预言：如果人口可怕的指数增长无法得到遏制，那么人类将迎来灾难。事实上，我们很容易推断，某个物种的无限制繁殖将会导致生态系统崩溃。例如，如果每一代大致多一倍，那么种群中的个体很快就会泛滥成灾。自然界有许多方法会限制个体数量，例如瘟疫，还有伴随平均资源减少而出现的繁殖力下降。达尔文和华莱士都熟悉马尔萨斯的著作，也都详细讨论过一些有代表性的制约方式，例如资源过度消耗时出现的饥荒。据说马尔萨斯的看法为自然选择提供了基础，是后者受到影响最深的单一观点。为什么马尔萨斯的看法会对达尔文和华莱士的自然选择理论产生这么深远的影响？就拿达尔文来说，在思考过马尔萨斯的观点后，他认为，这使得同一物种的个体需要彼此竞争，在这样的竞争中，生存和繁衍能力更强的个体会把竞争优势传给后代,自然选择就这样成了演化的(宏观)动力。

在达尔文的著作《物种起源》中,第3章有一段文字简洁地体现了他的自然选择思想:"同一物种个体之间的斗争几乎总是最激烈的,因为它们经常出现在相同的地区,需要相同的食物,面临相同的危险。"

达尔文注意到,任何一个物种的个体都有多种多样的差异。他想知道自然是怎样处理这一点的。也许正是因为有差异,在环境发生巨大变化或是存在其他特殊情况的时候,物种依然能够一代代生存下去。每一代传给下一代的遗传信息并不是随机的,无论遗传物质到底是什么,它都有可预测的特性。自然选择(适者生存)会推动演化朝某个方向进行。宏观而简略地说,这就是人们之前没有发现的动力。达尔文针对许多不同物种和环境条件详细探讨过自然选择的思想,华莱士也曾独立做过相同的工作。他们清楚地认识到,每个物种能够生存下来都不是偶然的,它们依靠的是种群遗传的天赋。(某个区域内,某个物种在特定时期存活的所有生物个体构成了这个物种当时当地的种群。)

每个种群只有部分个体会繁殖,数量因物种和环境而异。这里的重点在于成功繁衍后代,个体仅仅是生存下来并不能帮助物种繁衍,除非它们能以某种方式帮助其他同类繁殖。尽管当时人们还不了解自然选择影响遗传的细节,但有了这个动力我们就不必再考虑古老的目的论问题,后面这种思路显然至少可以追溯到亚里士多德。简单地说,目的论会用目的来解释自然现象。例如,我们长脚是为了行走。换一种说法,目的论的概念相信,一种特征(比如我有脚)之所以存在,是因为它具有某种功能。在现代,这种解释通常被认为是没有用处或者说意义不大的。

当然,谈到遗传变异的起源以及遗传的详细过程,达尔文的想法并不清晰，他多少有些迷惑。不过，至少从 19 世纪 40 年代初开始，他清楚地意识到，遗传需要某种特定的机制。最终，达尔文在 19 世纪 60 年代中期提出了一个明显相关的理论，并将它命名为泛生论（pangenesis，其中 pan 的意思是"整体"）。这个理论非常烦琐，且缺乏详细的机制。它假定生物体内的每个细胞实际上都会排出微小的遗传颗粒，达尔文称其为微芽，它们会（以某种方式）整合进入生殖器官。全身细胞需要向生殖器官传递信息的观点很可能源于法国博物学家让·巴蒂斯特·拉马克（Jean-Baptiste Lamarck），他在 19 世纪初提出，个体在一生中获得的特征都可以遗传，也就是一代代传下去。事实证明这是错误的。但我们并不是要批评达尔文（或拉马克），而是要说明在 19 世纪中叶了解遗传是一件多么困难的事。当然，现在每个上过学、学过生物的孩子都知道遗传的机制，也就是它的微观动力 DNA。然而，达尔文和华莱士提出自然选择理论一个世纪之后，人们才获得这些见解，而且它们来之不易，就像我们即将看到的那样。

　　说回 1859 年，我们要问：总的来看，科学家和大众对《物种起源》有什么反应？用现代人的话来讲，这本书带来了堪比氢弹爆炸的轰动。显然，大多数精英大声提出了反对意见，至于普通人，大家起初显然没怎么注意这本书。"杰出的"博物学家在（至少）之前 30 年里一直都在反对演化论，但反对的声音并不大。为什么他们现在要这样大惊小怪呢？我的猜测是，一直支持和推广演化论的前辈们之所以没有遭遇太大的反对声浪，是因为：

1. 他们的言辞 / 想法明显只是模糊的猜测；

2. 他们普遍对其中的复杂情形不清楚，不知道，也没有批判力度；

3. 他们将自己的观点插入了主要论述其他主题的论文中。

相比之下，《物种起源》是一部条理清晰、论证充分的著作，在世界上相当多地区收集到的数据构成了它的基础，整本书的篇幅堪比《圣经》，尽管在内容上有很多不同。就像前面提到过的，达尔文煞费苦心地为自己的观点考虑了所有可能出现的反对意见，并尽力提供了有说服力的答复。所有这些原因让达尔文得到了严肃对待。有趣的是，达尔文并不打算在《物种起源》中挑战宗教。事实上，他在措辞上显然是非常谨慎的，不想冒犯那些有宗教信仰的人。我想补充的是，抛开华莱士后来在人类心智起源等问题上的倒退不谈，我认为，达尔文和华莱士是第一批不在观察研究之外寻找答案（比如"上帝的旨意"）的演化论者。自然选择本身就很简洁。

那么演化论的反对者呢？他们的论点是什么？他们经常指出，例如，狗总会生出狗，而绝不会生出不同物种的生物。这些人不能也没有否认繁殖会产生变化，但他们认为物种的改变是有本质不同的。

首先，怎么定义一个物种？答案常常没有那么显而易见，而且总会引起争议。在这里，我只想说：一般的定义是，两个异性生物如果能成功交配并生出健康齐全的后代，那么它们就属于同一个物种。但这种定义对无性繁殖没什么意义，也很难用来考察已经灭绝的物种。就生命的形式来说，自然复杂得令人难以置信。因此，找到一个对所有生物都可用的定义很可能是一种不切实际的追求。

不管怎么样，弗莱明·詹金（Fleeming Jenkin）曾在 1867 年针对演化论发表过重要且思虑周全的批评意见，他在撰文中指出，没有证据表明物种可以改变，而且繁殖所能带来的变化程度是有限的，例如，特意繁育出来的马匹奔跑速度也是有范围的。他还提到，就算能繁育出特殊的个体（具有非凡的特征），它们的后代也常常会恢复普通特征，这种现象有时被称为"回归（先前）平均"。詹金用大量篇幅阐述了他的论点，最后得出结论："如果本文的论点被接受，那就说明达尔文的物种起源理论不仅没有足够的证据支持，还有大量的反证。"

达尔文和他坚定的支持者——第 12 章首次提到的广受尊敬的同时代知识分子赫胥黎——是怎样回应这些批评的呢？基本问题在于，达尔文没有掌握正确的遗传模型。事实上，就像前面提到过的，他只有一个模糊的模型。面对詹金的批评，就连赫胥黎也没有给出令人满意的答复。一个关键是，这些反对意见有一个默认的观念做基础——遗传是连续的过程，就像某种逐渐完成的混合。但事实上这个过程是离散的，是数字的而不是模拟的，涉及分子水平上的突变，这些是那个年代的人不知道也无处猜测的。这个（新奇的）事实避免了"回归平均"。

其他批评者提出的论据还有："达尔文提出了一个机械的、没有灵魂的宇宙。"一定要小心这种虚无缥缈的批评，它们通常暴露了提出者的底气——他们拿不出有效的论据。

孟德尔

现在，我们要告别观察力敏锐、擅长思考的达尔文，告别华莱士，来聊一聊和他们同时代的格雷戈尔·孟德尔（Gregor Mendel），一位了不起的实验生物学家。孟德尔将受控实验引入了生物学，这是一项重大进步。他用这种方法寻找植物繁殖的规律。许多历史学家认为，孟德尔靠运气发现了遗传规律。我认为，这种评价对孟德尔是不公正的。他之所以能够组织实验并清晰地陈述结果，靠的也许不仅仅是逻辑思维能力，还有在物理和教育领域的专业训练。他的实验所揭示的规律并不复杂，这可以说是一种幸运，但在我看来，借着这个结果用撞大运来贬损孟德尔是不应该的。

几乎每个受过教育的人都听说过孟德尔的豌豆实验。但并没有那么多人熟悉其中的细节，这些内容包含在了他 1866 年发表的重要著作中。他的实验总共涉及约 10 000 株植物。在孟德尔的论文中，大约有15 页的篇幅在详细描述培植过程，但有一些可能很重要的问题没有处理或者没有完全处理。他的基本假设是，母本和父本对下一代植株的遗传性状有同等重要的影响。文中有许多内容在说明豌豆的某些性状符合假设，并遵循简单的遗传规律。临近结尾，孟德尔又提到，豌豆还有一些性状和前面探讨过的不一样，它们的情况更复杂。事实上，他不知道该拿这些性状怎么办，也就是说，他不知道怎么将这些性状的遗传纳入他已经发现的简单规律中。

孟德尔的植物繁育实验从 1857 年做到了 1865 年，历时约八年。他是怎么为实验选择植物种类的呢？孟德尔提出了三个标准：实验用的植物必须具有清晰的、易于区分的性状；植株在繁殖过程中要能够受到良好的保护，不受外来影响；繁育出来的植株连续几代都不能在繁殖能力上出现明显变化。

他找到了符合这些标准的豌豆，并选择了七种性状进行研究：成熟种子形状、子叶颜色、种皮颜色、成熟豆荚的形状、未成熟豆荚的颜色、花的位置和茎的高度。

进行繁育的时候，孟德尔按组划分豌豆，每组植株必须携带两种互不相同的性状之一——比如种子光滑或有褶皱，高茎（1.8～2.1 米）或矮茎（0.3～0.5 米）——要确凿无误、容易区分。对于两种形成对比的性状，为了确保这些植株只携带其中一种的遗传物质，他曾经连续培育表现出单一性状的植株，在一代又一代的筛选中找出符合要求的个体参与接下来的实验。确定针对每一种性状都掌握了大量"纯净"的植株之后，孟德尔让性状形成对比的植株进行繁育，在两组植株中分别选择父本和母本，就这样产生了许多后代。

　　孟德尔的研究结果令人震惊。父本和母本各有一对对比性状中的一种性状，不掺杂另一种性状的遗传物质，而它们第一批后代身上只出现了两种性状中的一种。七对性状中的每一对都是这样，比如高茎和矮茎植株杂交，第一批后代都是高茎植株，种子光滑和种子有褶皱的植株杂交，第一批后代种子都是光滑的。也就是说，在每一对对比性状中，有一种性状被证明是显性的，而另一种性状根据定义是隐性的，或者说在第一批后代中没有出现。

　　如果第一批后代内部配对繁殖，下一代会出现外观不同、性状各异的植株：大约 3/4 的植株表现出显性性状，大约 1/4 的植株表现出对应的隐性性状。

　　这样的成果让孟德尔大大超越了前人。我这么说吧，在八年的时间里，他并没有杂乱无章地研究许多代不同的植株，而是做了一系列计划周密、操作仔细、联系明确的实验。就这样，孟德尔发现了被所有前人遗漏的简单遗传规律。（在他的论文中，孟德尔对前人给予了适当的肯定，却省略了批评，而我认为在实验步骤上，他对前人很有可能是有意见的。）

　　孟德尔的成果对科学界产生了什么影响？他在一次科学会议上介绍了他的发现，随后公开发表了他的成果。然后这些成果就石沉大海，从人们的视线中消失了。究竟发生了什么？许多历史学家把责任归咎于同时代的卡尔·威廉·冯·内格里（Carl Wilhelm von Nägeli），他写了一本关于演化的著作①，但这本在当时颇为重要的大作甚至没有提到孟德尔的成果。

　　英国小说家西蒙·马沃（Simon Mawer）生于 1948 年，一生中的大部分时间都在担任生物教师，他的评论也许最为中肯："我们可以原谅冯·内格里的迟钝和傲慢，也可以原谅他的无知。身为那个时代的科学家，尽管他的确围绕遗传进行了大量的推测工作，但他实际上不具备相应的综合能力，因而难以理解孟德尔所做工作的意义。但是遗漏了孟德尔的成果，没有在书中进行介绍（甚至提及），这恐怕是不可原谅的。"不过，公平起见，我必须补充一点，冯·内格里不欣赏孟德尔的工作，原因也许在于孟德尔本人显然将自己的成果视为单纯的"杂交"（具有不同性状的生物交配繁殖）尝试，而不是真正的遗传学研究。

孟德尔的成果复现

　　30 多年后，大约在 20 世纪初，显然有三位来自不同国家的植物学家在几乎相同的时日各自复现了孟德尔的研究，包括荷兰的雨果·马里·德·弗里斯（Hugo Marie de Vries，1848—1935 年）、德国的卡尔·埃里克·科伦斯（Carl Erich Correns，1864—1933 年，他还是冯·内格里的学生）和奥地利的埃里克·切尔马克·冯·齐泽奈克

---

① 应指内格里在 1884 年的著作《生命进化的机械生理学理论》（*Mechanisch-physiologische Theorie der Abstammungslehre*），参见 [知识分子] 2021 年 12 月 29 日推文《孟德尔：被忽视的巨人 | 商周专栏》。——译者注

（Erich Tschermak von Seysenegg，1871—1962 年）。在这三位当中，显然只有科伦斯了解孟德尔的成果有多重要。还有一个人做了同样的事，我想他只比前面三位稍晚了一点，他是个美国人，名叫威廉·贾斯珀·斯皮尔曼（William Jasper Spillman）。

威廉·贝特森（William Bateson）是将研究遗传的领域命名为"遗传学"（genetics）的科学家。当得知人们在重新发现孟德尔已经做出的成果时，他对孟德尔受到的不公正待遇感到愤怒。贝特森认为，孟德尔的发现本应为他获得极大的荣誉。根据孟德尔的研究成果，他调整了自己在遗传方面的研究重点，贝特森完全领悟了这项研究在揭示遗传规律上的影响。几年后的 1909 年，贝特森写了一本介绍孟德尔成果的书，发行相当广泛。[①] 这本书给科学家和所有学习遗传学的学生（包括高中生）留下了深刻的印象，他们就这样记住了孟德尔的研究。即使是在当时，这种宣传工作也能达到惊人的效果。

贝特森的同事雷金纳德·旁尼特（Reginald Punnett）发明了旁氏表，它简明扼要地总结了孟德尔的主要成果（图 16-1）。在这个例子里，最上面一行（2×2 矩阵的上方）表示，对于性状 A，参与繁殖（杂交）的一对父母之中，用现代术语来说，有一位携带了显性基因 A 和隐性基因 a。第一列（2×2 矩阵的左侧）表示参与繁殖的另一位双亲的基因也是 Aa。2×2 矩阵中的元素可以表示携带每种基因组合的后代比例。从图中可以看出，1/4 的后代具有 AA 基因，1/4 的后代具有 aa 基因，1/2 的后代具有 Aa（等同于 aA）基因。图解的遗传规律现在被称为孟德尔定律，一个多世纪后依然在广泛使用。

----

① 应指《孟德尔遗传学原理》（*Mendel's principles of heredity*），首次出版为 1902 年，第二版 1909 年出版。——译者注

旁氏表

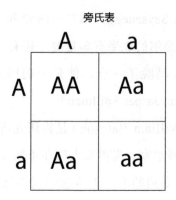

图 16-1　一张简单的旁氏表。图片来自戴维·夏皮罗

　　20 世纪前 30 年，水平更高的统计学家开始研究孟德尔的成果，又有批评的声音随之而来。有人说，孟德尔的结果基本上是不可能出现的，事实上简直匪夷所思。R. A. 费希尔（R. A. Fisher）就表达过这样的观点，他在当时以及后世都是统计学领域的领军人物。孟德尔的数据过分契合他的定律，这在概率论中无法获得合理的解释。针对孟德尔的结果，统计学家有来有往地争论了将近一个世纪，不过这种争论最近似乎平息了，至少我在过去几年里没有看到关于这个主题的文章（不过我也没有仔细搜一搜……）。在这种问题上，批评者的假设和依据往往是关键，其中的细节很复杂。但有一点是明确的：没有人指责孟德尔造假，情况恰恰相反。可能的解释包括：孟德尔产生了不自觉的偏好（把有疑问的植株筛掉，让结果有利于他的假设）；孟德尔认为一些数据受到了污染所以忽略了它们，但那仅仅是正常的波动；问题出在孟德尔的助手身上，不过并没有证据证明这一点。

　　在第 17 章中，我们将探索遗传的分子基础。遗传话题中最精彩的故事即将展开。

遗传的分子基础

本章的主题是寻找遗传的分子基础。虽然存在例外，但书中讲到的许多调查故事现在有了众所周知的定论（或者至少有了大概的结论），这个故事也一样。不过，如果一条小路能通往彩虹尽头的宝藏，那么就算只是去走一走，你也能够开拓视野、增加见识。这是我的合理解释。

为了讲清楚这个故事，我们从两个（综合）问题入手：（1）决定遗传的关键分子是什么，我们是怎么认出它（们）的？（2）它（们）是怎样起作用的，我们又是怎么知晓这类过程的？和前面一样，我们将按照历史顺序介绍主要贡献者，以这种方式探究具体细节。在本章中，针对这个主题，我们会介绍 19 世纪 60 年代到 20 世纪 40 年代最重要的五位人物。在我心目中，这五位是：

化学家弗里德里希·米舍尔（Friedrich Miescher）

化学家菲比斯·列文（Phoebus Levene）

细菌学家弗雷德里克·格里菲斯（Frederick Griffith）

生物化学家奥斯瓦尔德·埃弗里（Oswald Avery）

化学家埃尔温·查加夫（Erwin Chargaff）

为了大致说明这五位所处的时代，我在这里提一下，第一位生于 1844 年，最后一位死于 2002 年。

DNA的发现

　　现在，几乎每个小学生都知道，决定遗传的关键分子的首字母缩写是 "DNA"。但知道 DNA 在化学里的全名是脱氧核糖核酸的小孩恐怕并不多，大人恐怕也不多。在分子结构方面了解它的人更是寥寥无几。我敢打赌，知道 DNA 发现者是谁的人更少。倒不是要先知道这位科学家的大名，才能了解 DNA 的作用，但这是最著名的分子，它的发现者竟然没有什么知名度。我们现在就要打破这样的局面，这位发现者叫弗里德里希·米舍尔，生于 1844 年，是一位"独行侠"，来自瑞士。他的家族中有几位杰出的科学家。事实上，米舍尔之所以从事化学研究，是因为他的叔叔坚信，化学可以解决人体组织发育方面最后一些悬而未决的问题。

　　1867 年，米舍尔在德国开始研究工作，他加入了恩斯特·费利克斯·霍佩·塞勒（Ernst Felix Hoppe-Seyler）的实验室，后者已经完成了和血红蛋白相关的重要研究。米舍尔选择探索细胞的化学成分，同样是因为接受了叔叔的建议。霍佩·塞勒则建议他研究淋巴细胞（白细胞），于是米舍尔开始研究这种细胞的细胞核。

　　为了推进研究，米舍尔设计了许多自己的方案，他的主要技巧被亲切地称为"试错"。他每天从附近的一家诊所拿走用过的绷带，用这种方式收集大量的白细胞。他把绷带浸泡在专门的溶液（水和硫酸钠水合物的比例为 9∶1）中，让这些细胞分离。几天后，所需的细胞就沉淀到了容器底部。通过溶解方面的特性（物质在多种溶液中的溶解度），米舍尔在这些细胞中发现了五种类似蛋白质的物质。他还发现了一种不同于任何已知蛋白质的物质。这又是一次意外发现。这种新物质来自细胞核（详见下文），具有意想不到的特性，米舍尔利用同时代化学家的"黑魔法"进行了展示，他发现，当他把这种物质浸入酸性溶液中时，它会沉淀并落到容器底部；当他加强溶液的碱性（和酸性相反）时，它又会重新溶解。最后，他发现，让细胞长时间接触稀盐酸（大约一天），试管中会残留构成细胞核的物质。尽管实用显微镜的发明者安东尼·范·列文虎克（Antonie van Leeuwenhoek）早在 1719 年就发现了细胞核，布朗运动的发现者罗伯特·布朗（Robert Brown）也在 1831 年观察兰花细胞的时候描述了这个部分，但刨除外观，当时的人们并不怎么了解它。

米舍尔尝试用碘对这种新的细胞核物质进行染色。当时人们认为碘会使蛋白质变黄，结果这种物质并没有变黄。他得出结论，新物质不是蛋白质。为了进行下一步研究，米舍尔需要更多纯化的神秘物质，为了做到这一点，他制订了复杂的方案，例如，他需要温酒精、乙醚，还要获得包含胃蛋白酶的猪的胃酸。（顺便说一下，酶是一种催化——加快——特定化学反应的分子，这种化学反应通常会分解其他分子，酶本身不受反应影响。）

米舍尔令人钦佩的坚持得到了回报：他发现，提取出来的细胞核物质以细小的白色颗粒状沉入试管底部。这种新沉淀的元素组成是什么样的呢？米舍尔最后求助于化学，用当时的化学方法确定了沉淀中每种元素的百分比。为了确保流程没有问题，他的操作非常谨慎，会称量反应产物（成功分离出的元素）的重量，将它们的总重量和实验开始时原料的总重量进行对比，检查自己有没有遗漏，或是引入（不可忽视的）污染物。他对结果的可靠性非常满意，但还是被自己的发现吓了一跳。除了碳、氧、氢和氮（所有意料之中的元素），其中还有一种令人意外的元素占了不小的比例，就是在当时已知的有机物中几乎不存在的磷。而且，这种沉淀是由一种很大的新分子构成的，它无法渗透羊

皮纸,所以米舍尔认为它的分子量很大,至少有 500。(分子量衡量的
是分子的质量,通常用整数表示,代表构成分子的所有原子内部中子
和质子的总数。这里我们忽略了质子和中子质量的微小差异。)作为参
照,一个普通水分子(H_2O)的分子量是 18。

米舍尔意识到自己发现了一种全新的分子。他把这种分子称为核
素,因为它来自细胞核。就这样,人们偶然发现了现在被称为 DNA 的
物质。了解意外在科学进步中起到的重大作用,对我来说是一件有趣
的事。就连我自己也在工作中碰到过这类情况,当时我跟学生和同事
一同发现,宇宙中的射电源运动速度似乎超过了光速。不过,那是另
一个故事了,顺便说一句,这件事并没有打破爱因斯坦狭义相对论的
有效性,反倒给出了一次相当精彩的证明支持。

同时代的人对细胞核有什么想法吗? 1866 年,德国著名生物学家
恩斯特·黑克尔(Ernst Haeckel)提出过一个超前的观点,生物可能是
靠细胞核传递遗传性状的。米舍尔坚信,他发现的新分子,也就是核
素,在细胞中的重要性和蛋白质不相上下。可惜的是,他放弃了最初
的想法,没有坚称就是核素本身决定了物种的多样性。尽管他确实想
到,也许核素有足够大的变化空间,因而可以解释这种多样性,就像
我们后面用词汇和字母做的类比。

这个惊人的新发现有没有顺利发表呢? 米舍尔发现了一种分子,
和当时生物学界已知的任何分子或分子类型都完全不同。这个成果应
该很容易发表出来,对吗? 不对(否则我就不会提出这个问题了!)。在
完成以下两个任务之前,霍佩·塞勒不允许米舍尔投稿:第一,米舍尔
必须证明核素存在于另一种生物的细胞中,从而扩大这个发现的适用
范围;第二,霍佩·塞勒本人必须能够复现米舍尔的结果。经过艰苦的

研究，米舍尔最终证明了鲑鱼细胞中也存在核素，霍佩·塞勒的复现也获得了成功。总之，米舍尔花了两年时间才获准发表论文。然而，这个惊人的发现在那个时代显然没有被其他人继续探讨，不过和孟德尔的情况不同，这里没有可以明确指责的恶人。

虽然身体不太结实，但米舍尔依然逼着自己努力做研究。1895 年去世的时候，他只有 51 岁，死因显然是结核病。米舍尔不善于自我宣传。他做出的巨大贡献被淡忘了，尽管他的叔叔出版了他的成果集，还在前言中这样写道："对米舍尔及其成果的赞赏不会随着时间的推移而减少，反而会越来越多，他发现的事实和提出的观点是种子，会在未来结出果实。"而这个未来还要 80 多年才能到来。

米舍尔发现的正是现在被称为 DNA 的物质，但他为什么没有像达尔文、孟德尔、詹姆斯·沃森（James Watson）和弗朗西斯·克里克（Francis Crick）那样家喻户晓呢？我不知道有什么好的答案。也许是因为过了 80 多年，人们才意识到他的发现有多重要，时间实在是过去太久了。也或者只是因为没有人宣传他的贡献，作为对比，贝特森就花了很多时间来宣传孟德尔。我真的不知道。有些人认为，原因在于他没有确定核素在遗传中的作用。我认为，这有些强人所难了，这种说法不应该用来贬低如此重要的发现。

进展与弯路

接下来，让我们把时间再往前推进几十年，来到 20 世纪初，看看我们的下一位重要人物菲比斯·列文。他是一位杰出的有机化学家，出生于立陶宛，在圣彼得堡长大。1893年，为了躲避反犹浪潮，他和家人一起移民纽约。在纽约，他受雇于洛克菲勒医学研究所。列文极大地影响了我们对米舍尔所发现的核素的理解，其中有正面影响，也有负面影响。（从下文开始我将用现代的说法称呼这种物质：DNA。）

米舍尔确定了DNA分子中五种元素的相对量，但没有确定它的化学结构。列文和其他人则掌握了更先进的化学技术。列文找出了为DNA搭建结构的化学积木，也就是被称为碱基的四种物质：腺嘌呤、鸟嘌呤、胞嘧啶和胸腺嘧啶。从这四种碱基的平面图上，我们可以看出它们有哪些元素，是怎么排列的，以及嘌呤和嘧啶两种分子的区别（图17-1）。粗略地说，嘌呤的特点是五边形（五条边的图形）和六边形（六条边的图形）相连，嘧啶则只有以六边形为主的部分。请注意，还有第五种碱基，尿嘧啶。这种碱基DNA中没有，但核糖核酸（RNA）中有。我们稍后会谈到尿嘧啶在生物学中的作用。

仔细看图，我们会发现相似分子（比如三种嘧啶）在化学元素和结构上的差异。胸腺嘧啶和尿嘧啶只有一个不同点：胸腺嘧啶中连着CH_3的那个碳原子在尿嘧啶中连着氢原子。这类差异对碱基化学性质的影响是一个非常重要的问题（但超出了本书的探讨范围）。DNA还含有糖（脱氧核糖）和磷酸基团。（脱氧核糖与核糖的不同之处在于它少了一个连着氢原子的氧原子。这个缺失的原子会影响脱氧核糖的性质，在生物学上非常重要，但这个关键问题我们也不多谈了。）

列文不仅在确定DNA的基本组成上取得了重大进展，还宣布构成DNA的更小物质有特定的连接方式，它们会按磷酸—糖—碱基形成单元。他给这样的单元贴上了"核苷酸"的标签，并得出结论：磷酸基团构成了DNA分子的骨架，让核苷酸单元一个个连接起来。列文还更进

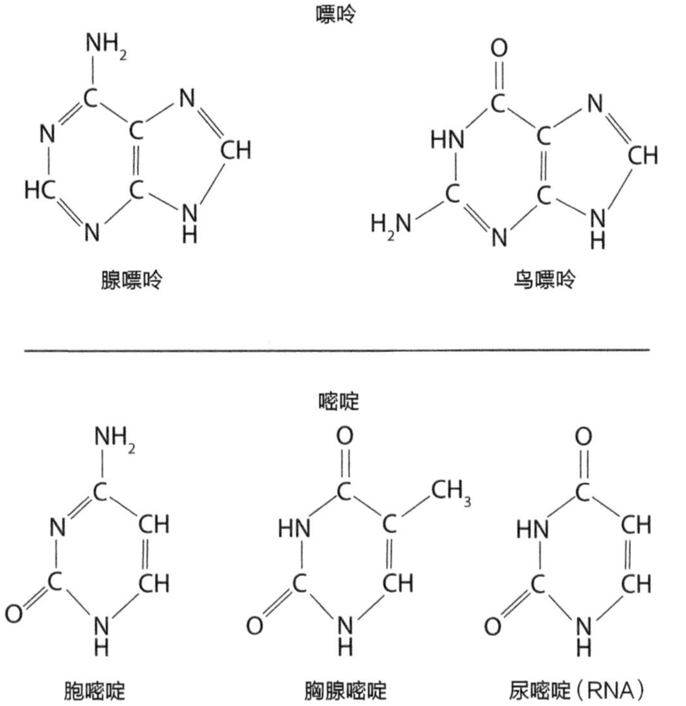

图 17-1　构成 DNA 的碱基（嘌呤和嘧啶）的化学元素和结构。图片来自戴维·夏皮罗

了一步，他显然在 1909 年前后提出了四核苷酸假说。这个假说认为，DNA 是由等量的腺嘌呤、鸟嘌呤、胞嘧啶和胸腺嘧啶组成的，四种碱基各取一个构成了四核苷酸的重要部分。显然，在 30 多年的时间里，这个假说都没有被认真质疑过。糟糕的是，它引向了这样一个结论：DNA 不可能是遗传信息的载体。为什么呢？如果假设的结构成立，那么 DNA 能够容纳的变化就太少太少了，没有办法为生物——尤其是像人这样复杂的生物——承载大量且必不可少的遗传信息。

刨除 DNA，还有什么分子足够多样，可以承载遗传的秘密呢？当时的生物学家认为，蛋白质一定是遗传的基础，因为蛋白质分子有相当多可能的变化。蛋白质分子由什么组成？氨基酸。氨基酸由什么组成？图 17-2 展示了氨基酸的化学结构。已知的氨基酸大约有 500 种。但由于某些未知的原因，生物体内常见的氨基酸只有特定的 20 种。在一些生物系统中，还能找到另外两种天然氨基酸。生物学是非常复杂的，有很多东西我们都不了解，我们自认为很清楚的事情里也保不齐有谜团。

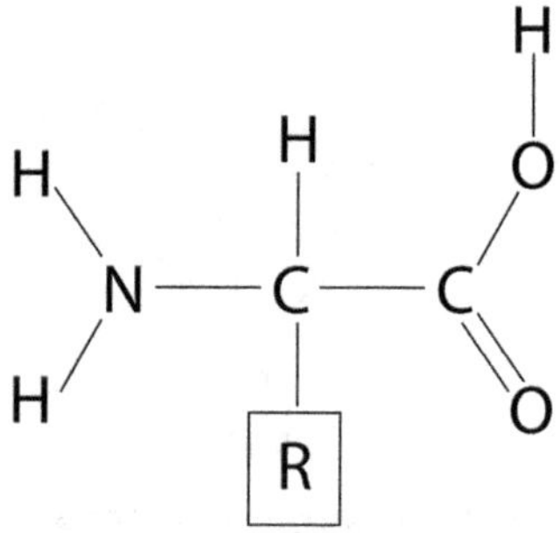

图 17-2　氨基酸的化学（元素）结构。不同种类的氨基酸在 R 的位置上有不同的元素（组合）。以最简单的氨基酸甘氨酸为例，R 的位置上只有一个氢原子。一项欧洲的太空任务最近就在一颗彗星上发现了甘氨酸。图片来自戴维·夏皮罗

蛋白质完全由氨基酸组成，环境等原因会让它形成相当奇特的三维形状。从某种意义上说，生物系统中的氨基酸就好比（20 个字母的）字母表中的字母，而蛋白质就是单词。不过，说到一种语言，单词中的字母只有前后顺序需要关注，而蛋白质分子的特定三维结构也很重要。就算只是让 20 种氨基酸串成一行（多数蛋白质要长得多），蛋白质在化学上也有 20^{20} 种不同的可能，数量多到令人吃惊。一个人体细胞

中可能含有多达 10 万种的蛋白质分子，相同的和不同的蛋白质分子的总数可能是这个数字的百倍。并不是有人真的去数过，这些只是粗略估计，但应该没有大问题。人体蛋白质分子所含的氨基酸数量少至 50 个左右，多至大约 34 000 个。

蛋白质具有极其丰富的可能性，这一点很有迷惑性，再加上四核苷酸假说，生物学家在几十年间都找错了研究方向，无法在分子水平上理解遗传。但即便是这样，列文也在揭示 DNA 化学结构和基本组成方面做出了重要贡献，应该得到大大的赞扬。

转化的原理

问题依然存在：基因或者说遗传物质到底是什么？如果是蛋白质，它们到底是怎样决定生物特征的，又是怎么将遗传信息代代相传的？20 世纪 20 年代末，让人们离答案更进一步的新进展出现了，进展的推动者是个令人意想不到的人物：英国卫生部的细菌学家弗雷德里克·格里菲斯。他是肺炎方面的专家。除非已经知道其中的关联，否则你可能会好奇——肺炎的专业知识和解开遗传之谜有什么关系呢？

格里菲斯主要关注不同类型的肺炎球菌造成疾病时的毒性差异。他的目标是更好地治疗肺炎，或许还有预防这种疾病的传播，甚至让它无法感染人类。格里菲斯研究了四种类型的大叶性肺炎，在 1928 年通过一份涉及 278 个肺炎病例的报告公布了他的成果。特别值得一提的是，他研究了痰液样本，其中包含符合条件的病人的唾液以及从肺部咳出的黏液。因为对一些观察结果感到困惑，所以格里菲斯又在多种条件下进行了大量实验，用不同的肺炎球菌菌株对小鼠进行预处理，以便寻找答案。他做起实验来严肃又认真。

格里菲斯注意到，有些肺炎球菌菌落表面粗糙（被称为 R 型），没有毒性：它们从不杀死宿主。另一些菌落表面光滑（被称为 S 型），通常具有毒性。也就是说，注射了 S 型肺炎球菌的小鼠一般都会死亡。令人惊讶的是，当将 R 型肺炎球菌和（通过加热）已经杀死的 S 型肺炎球菌混合后，注射到小鼠体内时，前者可以转化为后者。问题来了：这种转化的原理是什么？到底是什么让加热后被杀死的 S 型肺炎球菌在小鼠体内转化了 R 型肺炎球菌？格里菲斯采用了不同的方案，给小鼠的不同身体部位进行注射，都得到了这样的转化结果。肺炎球菌在小鼠体内的这种行为是医学上的"黑魔法"吗？还是说其中存在某种可以而且应该被确定下来的基本特性？

格里菲斯的研究成果很快变得广为人知，还引来了许多评论和推论，但几乎没有人去做新的实验，有所行动的可能大多是将信将疑的生物学家，他们几乎就是在重复格里菲斯当初的工作。不过，人们依然在 20 世纪 30 年代初证实了格里菲斯的结果，包括让这种奇特的转化在体外发生，也就是不借助活物，在试管之类的容器里进行。另外，到了 20 世纪 30 年代中期，肺炎球菌从无毒到有毒的转化已经在第二种生物兔子身上实现了。到这里事情再没有什么可怀疑的了，这种转化作用是真实存在的，需要得到解释。

早期人们有哪些观点呢？格里菲斯（1928 年）提出，某种特定的蛋白质可能是让 R 型肺炎球菌转化的营养（食物）。举个例子，因演化生物学和遗传学综合研究而世界闻名的遗传学家特奥多修斯·多布赞斯基（Theodosius Dobzhansky）说过（1941 年）："如果将这种转化描述为遗传上的突变——这是很难避免的——我们要面对的是以特定处理方式诱导特定突变的真实案例。"这并不是一个真正的理论，只是将目标模糊地瞄准了遗传的机制。除了以上解释，还有别的说法，但就像前面提到过的，它们都没有得到实验支持。

将故事推进下去的人是奥斯瓦尔德·埃弗里、科林·麦克劳德（Colin MacLeod）和麦克林·麦卡蒂（Maclyn McCarty）。三人组的领导者似乎是埃弗里，他们决定探索研究使肺炎球菌类型转换（转化）的物质有什么化学性质。他们的方法是分离、纯化和检测实现体外转化的化学物质，以便更好地控制实验及其变量。S 型肺炎球菌的蛋白质、碳水化合物和脂类都可以被去除或破坏，但剩下的成分仍然可以转化 R 型肺炎球菌。当埃弗里和同事获取 S 型肺炎球菌，并采用和米舍尔分离 DNA 基本一致的方法进行处理之后，他们用 S 型肺炎球菌的 DNA 实现了转化。就算 R 型肺炎球菌中的蛋白质或 RNA 被消除，而 S 型肺炎球菌也经过了加热杀菌，转化依然可以发生。但是，当他们从相同的实验材料中去除 DNA 之后，转化就不再发生了。就这样，埃弗里、麦克劳德和麦卡蒂通过排除其他物质得出了结论，实现转化的一定是DNA。这是一项重大进步，尽管在他们的研究中，DNA 在化学上的具体作用完全是未知的。

他们的实验非常难做，要竭尽全力避免污染。为了获得 25 毫克（就像前面提到过的，450 000 毫克约等于 1 磅）能够进行转化的纯化物质，他们使用了 75 升（1 升约等于 1 夸脱）培养物，后来得到的纯化物质占比非常少（约千万分之三）。他们的方案（规程）在细节上相当复杂，他们在 1944 年发表的论文也一样，这篇论文现在已经被奉为经典。

可能因为方案很新颖，实验细节又很复杂，科学界没有马上接受他们的成果。批评者认为，尽管研究者非常谨慎，但污染依然有可能存在，所以转化原理关乎 DNA 的结论未必站得住脚。埃弗里、麦克劳德和麦卡蒂确实非常谨慎。在论文中进行总结的时候，他们有这样一番评论："也许生物活性并不是核酸的固有特性，它之所以有这样的表现，（可能）是因为有微量的其他物质吸收其中，或者跟核酸关系过于密切因而不易被发现。"科学家很容易产生这种怀疑，适度的自我怀疑是很有用处的，但是人们并不容易预先知道适度和过度的分界线在哪里。

让我们来总结一下。在这项研究中，DNA 具体的化学作用完全是未知的。唯一清楚的是，DNA 是 R 型肺炎球菌转化为 S 型肺炎球菌的关键。埃弗里、麦克劳德和麦卡蒂的论文现在被认为是生物学领域的里程碑，他们精心设计了实验，而且操作非常谨慎，为的是防止污染影响实验结果。几乎没有疑问，这篇论文看来是确定了遗传的秘密在 DNA 中，而不在蛋白质中。就像我们提到过的，这在当时并不是普遍的观点。因为研究者过于谨慎，其他人又有所怀疑，这样重要的成果没有获得诺贝尔奖。我的猜测是，他们的研究方案过于复杂，而且当时有太多人执迷于蛋白质控制遗传的可能性，所以这项成果没有被科学界广泛接受。不过，在遗传问题上，人们对 DNA 的怀疑态度正在削弱。

确定碱基比例，推翻四核苷酸假说

在埃弗里和同事发表文章的同一年，一本叫作《生命是什么？》的书诞生了。书的作者是薛定谔，20 世纪 20 年代中期两位独立发明 / 发现（怎么措辞就看你怎么看了）量子力学的科学家之一。他敏锐地注意到，遗传信息可以用基本元素很少的密码来表达，依然能够体现生命的多种多样，就好比数量有限的字母可以构成很多单词，还可以写书。毫无疑问，他并不知道米舍尔在大约 75 年前有过类似的想法。就像我们即将看到的，薛定谔和米舍尔被证明是正确的，这是一种很好的类比思路。不过，在破解遗传之谜上，他们都没有做出更直接的贡献，除了米舍尔发现了 DNA，并确定了组成 DNA 的元素。

不过，确实有一个受到薛定谔影响的人拿出了更直接的成果，他就是我们的第五位主要贡献者埃尔温·查加夫（1905—2002 年）。他阅读了薛定谔的著作，留下了深刻的印象，还了解了埃弗里和同事的研究。当时查加夫已经从奥地利移民到美国，在哥伦比亚大学工作，他立刻改变了自己的计划，转而研究 DNA 的化学性质。他认为，这方面的研究之所以难有进展，是因为缺乏确定 DNA 和相关分子特性的具体方法。所以他试图改变这种状况，与学生和同事一起利用新方法来实现目标。就像前言里提过的，新技术推动了新科学，新科学也常常反过来推动新技术，从这里能看出两者之间的紧密联系。

经过查加夫和合作者的整合，新方法在本质上融入了三个步骤。首先，他们使用纸色谱法这种新技术（具体描述我们就跳过了）将 DNA 分离成单个成分（主要是核苷酸碱基）。接着，他们通过紫外光谱（频率高于蓝光）中吸收线的特征频率来识别分离出的碱基。最后，他们通过具体的吸收情况来估算每种碱基的数量。简单来说，查加夫和同事对 DNA 的分析结果是：在 DNA 中，鸟嘌呤（G）的数量等于胞嘧啶（C）的数量（C:G＝1:1），腺嘌呤（A）和胸腺嘧啶（T）也有这样的关系（A:T＝1:1）。对于不同物种的 DNA，C&G 和 A&T 都是成对出现的，但两组碱基之间的比例是有差异的。因此，四核苷酸假说是不成立的：四种核苷酸在生物 DNA 中的比例并不像假说中那样均等。

现代人已经了解了 DNA 的结构（见第 18 章）以及碱基配对的重要作用，再回头看看以前，我们大概会产生一个疑问：为什么查加夫没有把他的研究结果和 DNA 结构中的碱基配对联系起来？我的回答是：当时的人们对 DNA 的结构缺乏了解，所以这里的关联其实并不明显。在第 18 章中，我们将看到，在沃森和克里克揭示 DNA 的结构时，碱基配对的观点起到了什么作用。事实上，他们知道查加夫的研究结果，但在查加夫向他们进行展示的时候，或者在之后的很长一段时间里（一年多），他们显然没有意识到这些结果对揭示 DNA 结构的重要性。

最后还有一点无谓的评论：我怀疑，查加夫后来在 DNA 的结构问题上冷嘲热讽，至少一部分原因是因为他没能从自己的成果中推断出碱基配对（我觉得可以理解）。也许在荣誉降临的时候，他依然责怪这个"显而易见"的失败把自己拦在了领奖台外。

第 18 章

DNA：遗传分子与结构

到了 20 世纪 50 年代中期，几乎每个人都确信我们已经知晓遗传的基础，尤其是关键分子 DNA 的构成。埃弗里、麦克劳德和麦卡蒂研究出了细菌转化的分子基础，查加夫证明了四核苷酸假说是错误的，但即便是在这些事发生之后，科学界仍然有不少疑虑，遗传的 DNA 和蛋白质之争还是存在的。为了确认控制遗传的分子，人们需要进行另一个关键实验，这回这个问题要有足够明确的答案。我们现在要介绍的赫尔希 – 蔡斯实验就能满足这个要求。

从组成蛋白质的化学元素（氢、碳、氮、氧和硫）和组成 DNA 的化学元素（氢、碳、氮、氧和磷）入手，阿尔弗雷德·赫尔希（Alfred Hershey）和玛莎·蔡斯（Martha Chase）想出了一个非常巧妙的办法，为前面的问题找到了明确的答案。他们意识到，DNA 含磷，而（至少部分）蛋白质含硫，但两种分子都不同时拥有这两种元素。因此，我们可以通过元素来研究遗传物质是什么，以这种方式区分 DNA 和蛋白质。

为了追踪元素，实验人员很好地利用了物理学中的发现（这是科学统一的又一个例子，尽管我怀疑赫尔希和蔡斯并不觉得自己的实验使用了这个概念）：磷的放射性同位素 ^{32}P 和硫的放射性同位素 ^{35}S（请注意，字母表示元素，而前面的上标表示这种元素原子核中质子和中子的总数）。

下一个关键点是怎样利用病毒，大多数病毒只有 DNA（或 RNA）和蛋白质，它们在繁殖上完全依赖其他生物，比如细菌。在那个时代，生物学界已经非常清楚，病毒会附在细菌上并注入某种物质，而细菌会（不知不觉地）用这些物质复制出病毒。赫尔希和蔡斯需要确定的是，他们选择的病毒在繁殖的时候是将自己的 DNA 还是蛋白质（或者两者皆有）注入了细菌。病毒的示意图（图 18-1）标明了 DNA 的位置，它的其余部分由蛋白质组成。人们通常会发现成群的病毒全面攻击单个细菌细胞，它们会通过尾丝附着在细菌上。

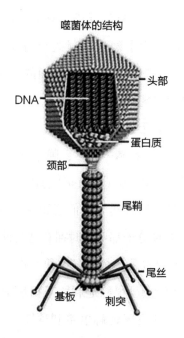

图 18-1　一种病毒（噬菌体，一种吞噬细菌的病毒），主要部分附标注。它的总高度约为百万分之 0.2 米。图片来自美国佛罗里达州立大学研究基金会 "Molecular Expressions"

赫尔希和蔡斯是怎么将放射性元素嵌入病毒（他们选择的病毒繁殖出的"副本"）的呢？他们要先用特定的细菌培养病毒。这些细菌已经有几代摄取了相关的放射性食物。经过足够长的时间，利用当时的标准技术，他们从细菌中提取出了已经携带放射性同位素的病毒，用于接下来的实验。

在这一步，这些病毒可以接触没有放射性物质的细菌。病毒通过尾丝附着在细菌上，并注入自身物质，在宿主细菌内部繁殖。那么，我们要怎样将附着的病毒和细菌分离，在不受病毒干扰的情况下确定细菌内部的情况呢？答案并不是明摆着的。赫尔希和蔡斯想了很多办法，试了很多办法，但效果都不好。同事玛格丽特·麦克唐纳（Margaret MacDonald）建议他们使用在当时和现在都很常见的厨房用具——韦林氏搅切机，我和母亲都爱用它来制作巧克力奶昔，然后喝掉。就是利用这种搅切机，赫尔希和蔡斯成功地分离了细菌和附着在外部的病毒。

简单来讲，1952 年这次实验的结果很明确：细菌内部出现了病毒 DNA 中的磷，而没有出现病毒蛋白质中的硫。事情有了定论：携带遗传信息的分子显然就是 DNA，除非这种病毒是个不符合一般规律的特例，这又不太可能。这个故事告诉我们一个道理：好的实验胜过千言万语。

揭示DNA的结构

现在，我们开始讲述另一个横跨多年的调查故事：揭示 DNA 的结构。我（多少有些主观地）简单选取了几个关键人物：弗朗西斯·克里克、詹姆斯·沃森、罗莎琳德·富兰克林（Rosalind Franklin）、莫里斯·威尔金斯（Maurice Wilkins）和杰里·多纳休（Jerry Donahue）。

在这个领域，科学家心目中的有力竞争者是莱纳斯·鲍林（Linus Pauling），至少名单上的前两位是这样认为的。在当时，就职于加州理工学院的鲍林是世界著名化学家，不久前因为推断出一些蛋白质的单螺旋结构而获得了更加响亮的名声。他有一个重要的方法，就是针对提出的结构制作类似装配积木的模型，看看哪些部分和指导研究的数据相吻合，哪些不吻合，后来沃森和克里克也采用了这个思路。

首先，我们来介绍一下针对 DNA 拍摄 X 射线影像[①]的背景情况，这些影像对于破解 DNA 结构至关重要。20 世纪 30 年代，英国利兹大学的威廉·阿斯特伯里（William Astbury）率先制作了生物分子的 X 射线影像。为这类研究准备特定类型的分子相当不容易。你需要获得许多一样的分子，才能拍出一张片子。通过 DNA 分子的 X 射线影像研究，阿斯特伯里推断出 DNA 的结构是有规律的，每 2.7 纳米重复一段（还记得吧，1 纳米的长度是 10^{-9} 米），而碱基（核苷酸）之间相隔 0.34 纳米，类似于蛋白质中氨基酸的间距。（注意，作为比较，原子的尺寸约为 0.1 纳米。）但他没能根据这些数据进一步推断 DNA 的结构。

下一位是挪威人斯文·富尔伯格（Sven Furberg），20 世纪 40 年代中期至后期他在伦敦伯克贝克学院工作。富尔伯格在博士论文中根据自己的 X 射线数据提出，DNA 具有螺旋结构，碱基位于磷酸骨架内部。他证实了阿斯特伯里的结论，也就是包含碱基的结构会不断重复，但在他的模型中，这种重复的周期对应一整圈螺旋：每圈螺旋包含 8 个

[①]　这里及下文提到的 X 射线影像多指 X 射线衍射图像，也就是 X 射线经过研究对象之后产生的衍射图案。这种图像并不能直接呈现分子的样貌，科学家需要根据衍射情况做出推断。——译者注

碱基（8 × 0.34 纳米，约等于 2.7 纳米）。[①] 他还指出了阿斯特伯里一个
重要却错误的推论：富尔伯格认为，DNA 中的糖环平面和碱基是垂直
的，而不是阿斯特伯里模型中的平行状态。1952 年底，富尔伯格终于
可以发表他的论文了。至于中间为什么花了这么长时间，那就是一个
故事了，我们略过不谈。

在一个独立的项目中，威廉·科克伦（William Cochran）、克里克
（就是那位克里克）和弗拉基米尔·万德（Vladimir Vand）研究出了螺旋
体 X 射线影像的数学理论，因为当时人们意识到螺旋结构在生物学中
可能非常重要，并重新产生了兴趣。他们的论文也发表于 1952 年。

我要强调的是，这项关于 X 射线影像和 DNA 结构的研究进行的时
候，人们还没有完全确定 DNA 是遗传信息的载体。当时距离赫尔希 –
蔡斯实验公开发表还有一段时间。

现在，我们的故事回到英国，来到 1952 年的剑桥。有两个人在这
所大学里相遇，认定彼此志趣相投。他们一个叫弗朗西斯·克里克，
虽然已经 36 岁，但还是一名研究生；另一个叫詹姆斯·沃森，刚满 24
岁，来自美国，正经历博士后生活的第二年。两人都对自己研究的（不
同）问题不大满意，相识后不久，作为知识互补的知音，他们决定组队
掘金——他们认为 DNA 就是控制遗传的分子，于是想要确定它的结
构。两人都不是很喜欢做实验，或者说根本就不喜欢做实验。他们是
思想家，决定思考出模型来。

在这之前的 1950 年，伦敦国王学院的莫里斯·威尔金斯（Maurice
Wilkins）拍摄了 DNA 的 X 射线影像，他和共事的理论家亚历克斯·斯

---

① 注意，这一结论与最终研究结果有一定区别：A 型 DNA 每圈有 11 对碱基，螺距约为 2.8
纳米；B 型 DNA 每圈有 10 对碱基，螺距约为 3.4 纳米。——编者注

托克斯（Alex Stokes）由此得出了 DNA 具有螺旋结构的结论。他们显然不知道，早些时候富尔伯格已经根据自己尚未发表的研究提出了类似的观点。1951 年春天，威尔金斯在意大利那不勒斯的一次会议上介绍了自己的研究结果，沃森也参加了这次会议。沃森显然认为，事到如今给 DNA 的完整结构建立模型应该不难了。但事实证明，这个想法并不是很靠谱。

说回国王学院。我们知道，罗莎琳德·富兰克林在 1951 年来到这里从事 DNA 纤维的 X 射线研究，身为领导者的约翰·兰德尔（John Randall）在 1950 年 12 月的信中向她介绍了大致情况，并指派研究生雷蒙德·戈斯林（Raymond Gosling）和她一起工作。但当时已经在国王学院工作了几年的威尔金斯被兰德尔误导，以为富兰克林是来给他当下属的，而他当时已经在研究 DNA 在 X 射线下的特性了。兰德尔并没有告诉威尔金斯他在 1950 年 12 月的信中给富兰克林写了什么。这种缺乏沟通的情况给两人的相处定下了不好的基调，自打威尔金斯从春季旅行回来，他和富兰克林之间的关系就一直很僵。就像我们将要看到的，这说明沟通不畅和（随之而来的）个性冲突会极大地改变一个研究项目的氛围甚至结果。

说回科学。富兰克林和戈斯林注意到，根据环境湿度的不同，DNA 有两种形态。环境干燥时，DNA 会呈现所谓的 A 形态；环境潮湿时，DNA 会呈现 B 形态，B 形态更长、更细，且充满水分。这两种形态的发现也可以解释为什么阿斯特伯里的 DNA X 射线影像如此模糊：他拍到的可能是两种形态的混合物。在研究了一段时间 A 形态 DNA 经 X 射线呈现的图案之后，富兰克林和戈斯林在 1952 年 5 月拍摄了一张非常清晰、非常有启发性的 B 形态 DNA X 射线影像，他们将它命名为 B51（大概是指他们拍摄的第 51 张 B 形态照片？见图 18-2）。
作为研究生任务的一部分，这张照片被戈斯林展示给了威尔金斯。

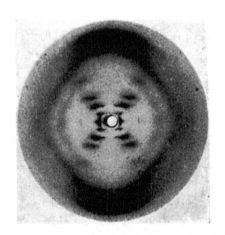

图 18-2　富兰克林和戈斯林在 1952 年获得的第一张真正能够揭示 DNA 结构的
X 射线影像，也就是照片 B51。图片来自伦敦国王学院档案，KCL 生物物理系
记录 KDBP/1/1

　　现在说回沃森和克里克。就像前面提到过的，他们相信自己正在
参与一场揭示 DNA 结构的重要竞赛。竞争对手是谁呢？他们觉得加州
理工学院的世界著名化学家鲍林就是，这一点前面也提到过。而他们
发现的另一组竞争对手则是富兰克林和威尔金斯组成的国王学院团队。

　　说到鲍林，他原本打算去伦敦参加一个会议，但他的（左派）政治
观点得罪了美国众议院非美活动委员会，因此没拿到护照。于是，他
写信给威尔金斯，想要一份他已经有所耳闻的那张 X 射线影像的复件，
结果遭到了拒绝。在没有看到这张照片的情况下，鲍林提出了这样一
个 DNA 模型：包含三个相互缠绕的螺旋，磷酸和糖构成的骨架在内
侧，碱基向外伸出去。鲍林知道自己在参与竞争：他在出版速度较快的

《自然》期刊上发表了一则公告，自称掌握了 DNA 的三螺旋新模型，具体细节很快就会发表在出版速度较慢的美国《国家科学院院刊》上。据我所知，这是唯一一个为即将发表的科学论文发表公告的实例。

1953 年 1 月初，沃森和克里克从鲍林的儿子彼得那里得知了鲍林新论文的消息，当时彼得正在剑桥访问，还随身带着一份论文复件。沃森和克里克不到一年前提出的三螺旋模型和鲍林的观点相似，却被富兰克林指出是错误的。随后，沃森和克里克被他们的实验室主任劳伦斯·布拉格（Lawrence Bragg）禁止继续研究 DNA 结构模型；布拉格让他们专注于其他工作。然而，得知鲍林也参加了这场竞赛之后，布拉格取消了对沃森和克里克的禁令。既然英国人——就算他有美国搭档——有望成功，那就不能冒险把明摆着很重要的桂冠留给美国人了。

不管怎么样，沃森和克里克没有失去对这个课题的兴趣。他们依然很想继续研究。临近 1953 年 1 月底，沃森前往伦敦，把鲍林的论文拿给富兰克林看。富兰克林立刻意识到这篇论文不可能是正确的，正如她在不到一年前否定沃森和克里克那个极为相似的模型。沃森和富兰克林发生了一些争论，显然威尔金斯听到了什么，随后他和沃森谈了谈。在这次谈话中，威尔金斯向沃森展示了富兰克林和戈斯林的照片 B51，但他没有征求富兰克林的同意，也没有事先通知她。根据沃森的叙述，他立刻惊掉了下巴，当时他的晶体学知识已经足够丰富，足以意识到这张照片表明 DNA 具有双螺旋结构。

水平线段组成的 X 图案说明被 X 射线照射的物体具有螺旋形状。X 两臂之间的夹角反映了螺旋的"螺距"角度，本质上和螺旋轴线方向上单位长度的"转数"有关。X 的臂垂直于（投影）螺旋相应的（主要）方向（图 18-3），比如右图中 X 的黑色臂垂直于左图中（投影）螺旋黑色线段的方向。因此，X 两臂之间（顶部）角度越大，螺旋就越平，也就是说，沿螺旋轴线方向单位长度的转数就越少。虽然完全谈不上显而易见，但是照片 B51（图 18-2）中的 X 两臂各缺一条水平线段，这表明它有两条螺旋，根据缺少的线段（这里是第四条）可以推断出 DNA 分子中两条螺旋沿轴线方向的间距。

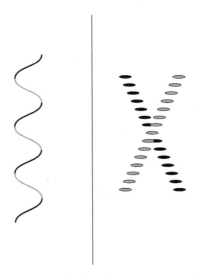

**图 18-3　左图为螺旋结构，右图为相应的 X 射线影像，两者之间的联系见正文。
图片来自戴维·夏皮罗**

为什么照片 B51 的中心有空白？大部分 X 射线会顺畅地穿过样品，在当时的照片中"扩散"，从而占据画面，掩盖样品结构的信息。为了防止这种情况出现，X 射线影像的中心要被遮挡住。[①] 这里的情形和卢瑟福的散射实验很像，后者揭示了微小的原子核——绝大多数射线穿

① 实为一种防止过度曝光的措施。关于照片 B51 的更多分析，感兴趣的读者可以参阅 [返朴] 2023 年 2 月 28 日推文《"照片 51"：DNA 双螺旋的阿凡达》。——译者注

过金箔时没有散射。

发现鲍林沿着错误的方向提出了三螺旋模型，还把骨架放在了内侧，沃森和克里克放松下来，但也只是稍稍松了口气。说点题外话，既然鲍林已经发现了一些蛋白质的 α（单）螺旋结构，他为什么会在 DNA 上明显地跳跃到三螺旋结构呢？他似乎忽略了双螺旋的可能性，这里的原因是什么？关于鲍林对 DNA 结构的想法，我阅读了所有能找到的资料，但我并不比大家明白他为什么这么明显地跳过了双螺旋模型。

沃森和克里克试图建立一个与 X 射线影像和化学证据相一致的模型。特别是沃森，他效仿鲍林，试图使用在剑桥金属车间定制的金属片来建立实体结构模型。起初，他把磷酸基团骨架放在内侧建立双螺旋，但这种结构失败了。克里克说服他按照早先的猜测，把骨架安排在外侧，碱基对放在内侧。一开始，沃森无视查加夫发现的规律，尝试让每种碱基和另一条螺旋上的相同碱基配对。这种结构也不符合已知的数据要求。后来，沃森尝试将一条螺旋上的嘌呤和另一条螺旋上的嘧啶相连（图 17-1）。这个计划又在匹配已知的化学情况时遇到了麻烦。

就在这时，杰里·多诺霍（Jerry Donohue）发挥了关键作用。他告诉沃森，化学书上讲的鸟嘌呤的结构形式很可能是错误的，另一种结构才是正确的。看过了另一种结构，沃森很快意识到，鸟嘌呤－胞嘧啶和腺嘌呤－胸腺嘧啶这两组碱基对具有相同的整体大小和形状。他还意识到，如果让 DNA 结构中的胞嘧啶和鸟嘌呤配对，腺嘌呤和胸腺嘧啶配对，这就和查加夫的结果一致了。这样一来，他就可以让自己的模型契合已知的核苷酸间距、螺旋螺距、结构元素连接情况……换句话说，他成功了！

当然，这个结果并不能证明他的模型代表了 DNA 的真实结构，它只是和当时已知的事实颇为一致而已。但这个模型很美，就算不是真的，自然也应该遵循它。根据查加夫发现的规律，碱基是成对排列的，一个嘌呤通过氢原子键（这里就不详细描述了）和一个嘧啶配对。在复制过程中，这些键可以相对容易地断开，让两个螺旋分离。在一分为二的时候，所有的细胞中都会出现这样的过程，这里应该也会涉及 DNA 的复制，我们在第 19 章讨论。

竞赛怎么样了呢？据我所知，鲍林再也没有发表过任何有关 DNA 结构的论文。威尔金斯和富兰克林只发表了支持沃森和克里克模型的论文。事实上，富兰克林差一点就成了首先提出 DNA 结构正确模型的人。从她自己的 X 射线研究出发，富兰克林认为 DNA 拥有螺旋结构，骨架在外侧，碱基在内侧。但后来，因为对 A 形态 DNA 的一项观察结果感到难以理解，她偏离了正确的思路。富兰克林反复纠结，克里克说这个 A 形态的结果肯定只是什么地方搞错了，她也没有听进去。不过，富兰克林是一个极为认真细致的研究者，不可能放过这种问题。就这样，她在非常接近真相的时候和谜底失之交臂。

我要再强调一遍，一旦知道了 DNA 结构的真相，你就很难想象不知道真相时的情景。相反，你很容易觉得："怎么了？本来就是这样的呀！"但事实上，没有这么理所当然的事。作为证明，我只想说，许多智者没能看穿这个结构，我们之所以能了解它，是因为曾经不断试错，不断坚持，而不是仅靠仔细看看就得出了结论，尽管在知道真相的前提下，后者看上去挺合逻辑。我还要补充一点，关于这个重大发现，无论是从历史角度还是从科学角度来看，具体过程都比这里所能描述的要错综复杂得多。

1953 年 3 月，沃森和克里克完成了模型，并在《自然》上发表了两篇文章，报告研究成果。第一篇很简短，发表在 4 月，另一篇长一些，发表在 6 月。第一篇文章在结尾处出现了有调侃意味的句子："从我们推测出的这种特定配对（双螺旋）立刻就能看出遗传物质可能的复制机制，这一点没有逃过我们的眼睛。"

　　第二篇文章的结尾写得很有预见性："我们模型中的磷酸 – 糖骨架有完备的规律可循，但碱基对的任何序列都可以进入（双螺旋）结构。由此可见，一个长分子也许能接纳许多不同的碱基排列方式，而确切的序列很可能就是携带遗传信息的密码。"

　　科学界对沃森和克里克的 DNA 结构模型有什么反应？大家意见不一。信不信由你，有些科学家仍然坚持认为蛋白质才是主角。其他人则指出：这只是一个模型，还需要证明。证明确实来了，是由更复杂的 X 射线晶体学研究提供的。模型需要一些修改，而且直到 1979 年，科学家花了超过 25 年的时间才取得成功。不过，这件事对晶体学的意义远大于对当代生物学的意义。到了 1979 年，沃森和克里克的模型已经在生物学上取得了另一些为数不少的胜利，而批评者们也像旅鸽一样销声匿迹了。

　　至于非专业人士，听儿子讲述了他的模型后，沃森的母亲向朋友们宣布，她的儿子刚刚发现了生命的秘密。克里克宣布的对象则是他的妻子奥迪尔，他说自己有了一个重要发现，奥迪尔后来说她一个字也没信，因为"这种话他没事儿就宣布"。

　　遗憾的是，富兰克林于 1958 年因卵巢癌去世，年仅 37 岁。而克里克、沃森和威尔金斯在 1962 年获得了诺贝尔生理学或医学奖。

　　在第 19 章，我们将讨论在 DNA 结构模型的启发下，分子生物学领域开展的一些伟大工作。

第 19 章
DNA 的特性与功能

　　米舍尔首先告诉我们，DNA 在细胞核里（当然，这只适用于有细胞核的细胞，有些细胞没有细胞核）。当这样的细胞分裂时，DNA 是怎样一变二，或者用更常见的词来讲，它是怎样复制的呢？加州大学伯克利分校的生物学家冈特·斯滕特（Gunter Stent）总结了一些有名望的生物学家关于 DNA 复制的设想，认为主要有三种可能：半保留复制、全保留复制和分散复制。虽然没有详细说明，但三者应该对应这样三种情形：半保留复制是指双螺旋分离，两条链上的碱基各自配对，从而产生原先那条双螺旋的两个复制品（在这种方案下，进一步的复制当然遵循相同的模式）；全保留复制是指新的复制品形成的同时，原先的双螺旋保持不变（在进一步复制中，作为依据的双螺旋依然不变，或者说保持原样）；在分散复制中，DNA 分裂成数目和长度不确定的片段，每个片段按照全保留复制的过程分别复制，然后重新组合成原先大小的 DNA 分子。怎么区分这三种情形呢？特别是，什么样的实验能让我们从中选出符合事实的那一种？

　　20 世纪 50 年代中后期，马修·梅塞尔森（Matthew Meselson）和富兰克林·斯塔尔（Franklin Stahl）都是加州理工学院的年轻研究人员，他们想到的方法应用了科学统一，当然两人并没有使用这个术语。

　　梅塞尔森和斯塔尔利用了氮的重同位素 ^{15}N，这种氮原子的原子核

比普通氮原子 ^{14}N 多一个中子。要回顾原子的特性，请看第 11 章，要回顾相关符号，请看第 18 章。让一种叫作大肠杆菌的生物在富含这种重同位素的培养基（提供食物）中生长几代，就可以确保它们 DNA 中的氮几乎全都是 ^{15}N。（大肠杆菌是一种所谓的模式生物，拥有实验生物学所需要的理想特性，比如不需要多长时间就能繁殖一代，所以常常被不同的生物学家用于不同的研究项目。这样做的一个好处是，所有的研究结果都可以汇集起来，这样整个学界就会不断加深对这种生物的了解，而且能发现一些可能很重要的联系。但如果不同的研究结果来自针对不同生物进行的实验，那么有些联系就不那么容易发现了。）

然后，梅塞尔森和斯塔尔把这些富含 ^{15}N 的大肠杆菌放在另一个环境中，在那里它们食物中的氮都是 ^{14}N。这些大肠杆菌会在新环境里连续培养几代，他们会根据重量了解每一代的 DNA 中只含 ^{15}N、只含 ^{14}N 和同时含有两种氮的分子的比例，之后将结果和前面提到的三种 DNA 复制方法的预测情况进行比较。比较结果表明，DNA 采用的是半保留复制。举例来说，富含 ^{15}N 的大肠杆菌在只能摄取 ^{14}N 而不能摄取 ^{15}N 的环境中繁殖时，不会保留只含有 ^{15}N 的 DNA，而这恰恰是全保留复制会出现的情况。所以，就像第 18 章提到过的，半保留复制不仅是预料之中的事，它实际上还解释了这种复制的过程。

用来合成蛋白质的密码

现在，我们确信 DNA 携带遗传信息，而且知道了它是怎样复制的，尽管还不清楚更多细节。但是 DNA 蕴含的主要信息是什么？又是怎样传达的呢？它传达的主要信息很可能就是怎样生成蛋白质，蛋白质会实现各种生物功能。那么，这里有一个关键问题：DNA 是怎样指导细胞生成蛋白质的？ DNA 很可能使用了和碱基对有关的某种密码。密码对应的"文字"是什么？很可能是氨基酸，因为蛋白质就是由氨基酸组成的。

1953 年初夏，在沃森和克里克的第二篇文章发表之后，靠宇宙大爆炸建立名声的伽莫夫提出了关于这类密码的第一种猜想。他的方案相当精巧，但很快就被证明在物理和化学上都行不通，所以我们就不追问其中的细节了。虽然伽莫夫的巧妙方案并不可行，但他很可能激发了人们对这个问题的思考。作为激发思考的方式之一，伽莫夫和沃森在 1954 年创建了 RNA 领带俱乐部，还为成员提供了特殊的领带。（之所以选择 RNA 而不是 DNA 为俱乐部命名，部分原因在于，人们认为，在根据 DNA 中的原指令生成蛋白质的过程中，RNA 发挥核心作用。）这个俱乐部有 20 名成员，都是当时分子生物学领域的精英——每名成员代表生物体内的一种常见氨基酸，另外还有 4 名荣誉成员对应 4 种碱基。我知道的情况是，这些成员大约每年聚会两次并讨论问题，目标就是互相启发、共同思考。就像我们现在所描述的，一旦密码得到破解，领带俱乐部（当然成员都是男性）就走向了凋零和终结。

我们也来思考一下，回归问题的根本：如果要区分 20 种氨基酸，那么每种氨基酸至少需要多少个碱基作为密码？ 1 个显然不行。为什么？因为只有 4 种碱基，每 1 种代表 1 种氨基酸，我们没法明确区分 20 种氨基酸。那么 2 个碱基呢？ 2 个碱基只有 16 种可能的排列方式，第一个碱基有 4 种可能，第二个碱基也有 4 种可能，所以一共有 $4 \times 4 = 16$ 种可能，还少了 4 种。所以，给 20 种氨基酸安排密码，每 1

种至少要用到 3 个碱基，每次从 4 种碱基里选一个，连选三次就是 $4 \times 4 \times 4 = 64$ 种可能。3 个碱基对应一种氨基酸明显绰绰有余。我们还有一个基本问题（基是碱基的基）：如果自然就是这样运转的，那么每一种氨基酸会对应哪些 3 个一组的碱基呢？这可不容易回答！我们花了大约 8 年的时间，做了一个排除万难的实验，才确定了 1 种氨基酸的密码。实际上，巧妙的办法是调转思路，先定下密码，再去找对应的氨基酸。

在介绍这个实验之前，有必要说几句题外话。RNA 分子是和 DNA 相关的单链分子，也是细胞的重要成分。许多科学家认为，在不同种类的 RNA 中，有一些也会负责制造蛋白质。RNA 也有 4 种碱基，而且只有 4 种。它没有胸腺嘧啶，取而代之的是尿嘧啶，缩写为 U。为什么尿嘧啶取代了胸腺嘧啶，这一点还不清楚，就像我们同样不清楚自然为什么为 DNA 和 RNA 选择了这些特定的碱基。

说说实验吧。主导者是美国国立卫生研究院的马歇尔·尼伦伯格（Marshall Nirenberg），主力显然是他的博士后学生海因里希·马特伊（Heinrich Matthaei），两人都不是领带俱乐部的成员。他们很聪明地将大量人工制造的 RNA 注入到了从大肠杆菌细胞中提取出的细胞质（细胞核外的部分）中。这种人工 RNA 只有一种不断重复的碱基：UUUU……（在当时的技术发展阶段，这种简单的 RNA 比较容易制造，但很难安排任意序列。）他们注入了大量这种 RNA，远多于细胞质中存在的任何其他 RNA，确保后续生成的蛋白质基本都是以人工 RNA 为依据的。然后，他们将 20 种氨基酸分别装入盛有细胞质的容器中，每个容器中都含有人工 RNA。他们发现，只有一种蛋白质被大量生成，而且这种蛋白质只由一种氨基酸组成，就是苯丙氨酸。结论是什么？苯丙氨酸的密码① 就是连续的 U，尽管这个实验并没有确定其中有多少个 U。这个数可能是 3 个、4 个或更多。

尼伦伯格抓住下一次机会，把这个巧妙取得的成功介绍了出去，那是 1961 年的夏天，在莫斯科举行的一次大型国际会议上。有他做介绍的那场会议大约只有六人出席。他们都大受震撼。消息很快在全体与会者中传开。克里克听说后，让尼伦伯格在本次国际会议结束时的全体会议上重复他的演讲。每个人都印象深刻。

就这样，第一个词汇被破解了，接下来一发不可收拾。作为主力的悉尼·布伦纳（Sydney Brenner）和克里克也开展了巧妙的实验并完成了理论总结。他们的一部分工作早于马特伊和尼伦伯格的实验，而且得出了其他结论。一组 3（或者 3 的倍数，但可能性较小）个碱基代表一种氨基酸。这种密码没有重叠部分（例如，在相关蛋白质链的一连串密码中，一组氨基酸密码的最后一个碱基并不是下一组氨基酸密码的第一个碱基）。不像单词之间有空格或者逗号，这里没有特殊的分隔符号规定哪 3 个碱基是一组。这样的安排是有冗余的：同一种氨基酸有可能对应多组 3 个一组的碱基。

为了破解所有氨基酸的密码，几组才华横溢的研究者完成了大量精妙的工作。他们破解了完整的（冗余）密码，包括在合成单个蛋白质时表示开始和停止的三碱基组合。激烈的竞争促使各个团队高效工作，整套研究于 1966 年完成，距离最初的突破只过去 5 年。1968 年，罗伯特·霍利（Robert Holley）、哈尔·戈宾德·霍拉纳（Har Gobind Khorana）和

---

① 此处指的是信使 RNA（下文有介绍）上的特定碱基组合，常被称作密码子（codon）。因为两者关系密切，所以原文有些地方并未特意区分 DNA 上的碱基组合和信使 RNA 上的碱基组合。——译者注

尼伦伯格因为相关成果获得了诺贝尔生理学或医学奖。

4个碱基做字母可以组成64个三字母单词，因此这套密码存在许多冗余，这也是意料之中的事。举几个典型的例子，有6组三碱基组合都可以代表亮氨酸，另有6组三碱基组合都可以代表丝氨酸。而且，有3组三碱基组合可以代表"停止"，也就是蛋白质合成结束。那么有多少三碱基组合表示"开始"呢？显然只有一组，在DNA中是ATG。这个组合还能表示甲硫氨酸。那么细胞遇到ATG的时候怎么分辨该做什么呢？我不知道答案，只能猜测，也许在生成蛋白质的时候，如果指令读取到了中间部分，那么在遇到代表"停止"的组合之前，细胞就会知道ATG表示甲硫氨酸而不是"开始"。如果ATG没有出现在指令的中间部分，那它就会被解读为"开始"。怎么才能知道一组碱基在不在蛋白质生成指令的中间部分呢？这又是一个很好的问题。正确答案可能是：所有蛋白质都会以甲硫氨酸为开端。不过我猜测，细胞在生成蛋白质的后续过程中经常会将甲硫氨酸从开端处切除。既然有这么多可用的三字母密码，为什么自然不用一组或几组专门的三碱基组合来表示"开始"呢？据我所知，这个问题还没找到答案。

中心法则

现在，我们知道，DNA用来指挥生成蛋白质的氨基酸系列密码。但细胞又是怎样听从指挥、完成任务的呢？克里克将这个问题的答案命名为"中心法则"。在这段传奇故事中，RNA起到了关键作用，它主要有三种角色。

第一种是信使 RNA（mRNA），它从 DNA 中复制生成蛋白质的指令，从代表"开始"的三碱基组合到后续代表"停止"的三碱基组合，一路通过碱基配对完成工作（例如，C 和 G 配对，A 和 T 配对，但这里 U 取代了 T）。举例来说，如果 DNA 片段中出现了 G 和 A，那么 mRNA 中相应的位置就会分别出现 C 和 U。整个过程被称为转录。第二种是转运 RNA（tRNA），20 种氨基酸中的每一种都有对应的 tRNA，可以接上匹配的氨基酸，运送到核糖体正在合成的蛋白质的延伸端。这个过程被称为翻译。第三种是核糖体 RNA（rRNA），这种 RNA 很不简单，它似乎可以像流水线一样组装出蛋白质。这样的核糖体拥有极其复杂的结构，要准确甚至大致了解它怎样制造蛋白质恐怕不是一件容易的事。

真的有人知道这个过程中的所有细节吗？大概没有，尽管整个科学界知道的比我能在这里介绍的要多得多。例如，在 DNA 分子上，制造蛋白质的指令由所谓的外显子和内含子组成。每种蛋白质的指令中都有许多外显子和内含子，但内含子多于外显子。在生成蛋白质的过程中，内含子不会被 mRNA 保留，外显子会，但要根据不同的蛋白质进行选择。所以，DNA 分子上一组特定的碱基对可能涉及不止一种蛋白质。在这个问题上，我们要怎么获得新发现呢？可能提供帮助的技术发展有许多，我要指出其中的一种：我们可以针对这些过程拍摄时间分辨率非常高的照片，达到最近相关技术发展出的阿秒级（10^{-18} 秒）水平。我们要怎样拍摄这些照片？怎样解读随之而来的一系列结果？这些都是很好的问题。答案之一当然是借助更先进、更快速的计算机和软件，用它们来处理大量的数据。同样的建议也适用于提高观察细胞工作过程的空间分辨率。但更大的可能是，未来的重大进展可能来自我现在连想都想不到的技术发展。

关于蛋白质的制造，许多谜题依然没有答案，除此之外，我们还有一些基本问题需要解答。下面是一个小例子：细胞中发生的复杂过程是怎样被协调管理的？谁来告诉细胞什么时候进行复制，这个信息又是怎样传达的？参与合成的原料怎么知道什么时候前往哪里可以满足需要？它们又是怎么移动过去的？细胞中各种物质的制造速度和顺序是怎么控制的？细胞的"供应端"具体是怎么工作的？这些现在可能还不是分子生物学家优先考虑的问题，但答案应该会随着时间的推移出现，而且很可能会带来无比珍贵的视角和启发……

关于DNA的谜题

关于人类的DNA，我们只了解大约5%的功能，而且很可能只是部分了解。这个百分比主要涉及在人体细胞中制造可能多达10万种不同蛋白质的指令。（具体数字因细胞而异，从一般细胞来看，这里的不确定性可能造成高至10倍左右的差异——据我所知，专家们还没有达成共识。）这些提供蛋白质制造指令的碱基序列被称为基因，通常被认为是DNA中的遗传物质。（我之所以说"通常"，是因为生物体非常复杂，似乎所有的规律都有例外。）DNA的某些部分还控制细胞功能（比如可以"开启"和"关闭"多种基因）。剩下的部分有什么用呢？有很多猜测，但我认为我们还不清楚。这种情况多少有些类似于我们对宇宙的了解，我们并不怎么清楚是什么构成了宇宙中95%的质量 – 能量。两者都是超级谜题，后者在体积上要宏伟得多，但前者对我们生活的直接影响可能要大得多。

还有一些小一点的 DNA 谜题。举个例子，想一想这个看似不大的问题：分开存储在不同染色体上的生物 DNA 分子的总长度。顺便说一下，组成染色体的物质包括生物的 DNA，还有蛋白质。全套 DNA 分子包含在生物的全部染色体中，没有重复。不同生物的染色体数目不同，人类从父亲和母亲那里各得到 23 条染色体。每一半都被称为承载 DNA 的单倍体，它们共同组成二倍体。有人可能会天真地认为，DNA 的长度和我们眼中生物的复杂程度正相关。但自然有不同的想法。下面是四种生物及其 DNA（单倍体）碱基对的大致数量：

洋葱，200 亿

肺鱼，1330 亿

蝾螈，1200 亿

人类，30 亿

如果这些数足够准确，那么我们可能会忍不住产生疑问。比如，为什么洋葱的 DNA 碱基对数量几乎是人类 DNA 碱基对数量的 7 倍？彻底了解答案之后，我们无疑会变得更加聪明，也许会有令人惊讶的收获。

在本章的最后，我们要计算自己体内 DNA 的总长度，这和我们在第 5 章中对太阳系进行的胡椒类比差不多，只是思路相反。如果你想跳过细节，请直接进入下面的第三步。接下来分三步进行计算：

1. 单个细胞中 DNA 的长度等于 DNA 碱基对的长度乘以它们在 DNA 中的对数，也就是单倍体中相应数量的 2 倍（来自母亲的 DNA 加上来自父亲的 DNA）。回忆一下针对 DNA X 射线影像的分析（见第 18 章），每个碱基对在 DNA 上向前延伸 0.34×10^{-9} 米；碱基对的数量约为 6×10^9，这两个数的乘积约为 2 米。

2. 人体内的细胞数量，大致等于人体的体积除以人体内细胞的平均体积。前一个数可以粗略地算作 $0.1 \times 0.2 \times 2$ 立方米。后一个数可以粗略地算作 $10^{-5} \times 10^{-5} \times 10^{-5}$ 立方米，商约为 4×10^{13}，也就是 40 万亿左右。

3. 所以，一个人体内所有DNA的总长度是上面两步得数的乘积，约为 10^{14} 米，相当于差不多 700 个天文单位，尺度可以和整个太阳系的直径相比。再进一步，把在世的所有人（约 80 亿人）都纳入计算，我们会发现全球人口 DNA 的总长度约为 6760 万光年——如果银河系直径按 15 万光年算，前者是后者的 450多倍！

比较完天文数字，DNA 的话题我们先放一放，第 20 章我们将在不同的背景中讨论它。

生命的起源、生命树，以及演化案例

现在，我们来讨论另一些基本问题：生命的起源和生命树，还有关乎两个物种演化过程的一些重要问题。当然，实事求是地说，我们并不清楚生命起源具体是怎么回事，我们对生命树的了解倒是不少，但也有很多有待探索的事情。

在这么宽广的领域里，要选取哪些具体话题，又该探讨到什么程度呢？我的决定当然是主观的，我承认我的选择有些古怪。

开始探讨这些新话题的时候，我们要牢记前面学到的重要一课：科学和其他领域取得进步的关键，往往在于提出正确的问题。

生命的起源

我们为什么要等到现在才讨论生命的起源？这难道不应该是生物学话题中第一个被探讨的吗？答案是：我们需要搭建适当的背景知识，对生命有一些了解，然后才能讨论相关的起源问题。关于生命起源的探索，我们只能谈到几个方面，但我希望这些内容至少能够适当地展现人类在这个重大问题上采取的一些行动。

现在，我们首先要考虑怎样定义生命。我们要思考生命的特征，目标集中在能够区分生命和非生命物质的关键属性上。遗传信息的存储和传递（例如 DNA 和中心法则）、表达（例如制造"合适的"蛋白质）及演化（继承"有用的"修改）可以构成满足条件的一个小集合（尽管这里的描述比较模糊），但这绝不是唯一的答案。

　　接下来，我们要考虑生命是在哪里产生的。一个多世纪以来一直存在的一种观点是：生命起源于宇宙的其他地方，然后以某种方式来到了地球。当然，断言生命来自远方只是把问题转移到了另一个我们更加不了解的起源地。不过，我们将在第 22 章再次讨论这种可能性。在这里，我们只探讨生命可能以怎样的方式在地球上起源。它是在陆地上产生的吗？它是在水中产生的吗？还是说它起源于大气或者某种边界？这里的区别并不绝对。例如，生命可能是在陆地或水同大气的交界处产生的。但我们或许应该先想一想已知生命所必需的化学物质是怎样出现的，比如水这种最基本的成分。

　　1952 年，斯坦利·米勒（Stanley Miller）还是芝加哥大学化学系的研究生，他采用了一种早期的实验方法，试图回答生命起源的问题。基于几十亿年前大气中存在的"原材料"，米勒决定验证氨基酸等化学物质能否通过自然过程形成。他先瞄准了"适量"的以下成分：甲烷、氨、水和氢（这里没有氧，因为根据我们的最佳估计，在 25 亿年前或更早之前，大气中几乎不含氧。显然是生命活动，也就是植物的光合作用，让氧气达到了目前的水平，在地球大气中占 20% 左右）。米勒把这些物质放在一个密封且不含其他物质的玻璃容器中，然后做放电处理，以模拟远古大气中类似闪电的能量输入。当然，实现这种化学上的跨越是需要能量的。米勒进行了为期一周的放电（用的是电火花，或者说人造闪电）试验。最后，他在当时使用的容器中发现了重要的化学物质。他发现了甘氨酸和两种丙氨酸。为了避免污染，米勒一直小心谨慎，所以他可以确定，最初的气体混合物加上放电输入的能量已经促成了化学反应，产生了这些氨基酸和其他分子，尽管数量相对较少。后来的同类实验产生了核苷酸、糖和 20 多种氨基酸，我相信其中包括生物体内的所有氨基酸。可惜的是，在米勒之后，通过实验模拟生命基础化学物质出现过程的课题似乎偃旗息鼓了，或者至少是没什么进展了。为什么呢？我不知道，我猜测当时的人可能并不清楚，如果要进行必要的下一步，他们应该怎么做。

就算生物体内的所有化学成分都可以在这样的模拟中产生，生命就能这样创造出来吗？还差得很远！例如，细胞必须"自我组合"，要有一层膜将内部和外部隔开，保护自己免受外界的伤害，同时还能从环境中吸收有用的化学物质，从而生长和繁殖。细胞还应该有合适的内部能量来源，我们现在知道，这个来源主要是三磷酸腺苷分子。

RNA 和 DNA 的形成及复制，以及蛋白质的合成，必须以某种方式完成。这里有一个谜题：蛋白质和 DNA 哪个出现得更早？蛋白质在生物体内承担了大量的工作，但不能储存或传递信息。相比之下，DNA 能储存和传递信息，但不承担具体的工作——或者说这是我们目前的看法。这有点像那个经典的问题：先有鸡还是先有蛋？

也许这个问题本身就提错了。也许还有第三种甚至更多解释，比如单链 RNA 可能出现得最早。RNA 结合了 DNA 和蛋白质的特点，说不定满足了早期生命的需要。就像我们在第 19 章中看到的，它参与了细胞复制和运转的关键操作。RNA 分子具有复杂的折叠和位点（上面的位置），可以催化化学反应。非生物环境怎样产生 RNA？这是一个悬而未决的大问题。围绕它出现了一个研究方向，目标是在生物体外的试管（玻璃器皿）中演化出 RNA。从 RNA 到 DNA 的过程也需要找到一条路。和 RNA 相比，DNA 具有明显的优势：它的双链更坚固，耐热性更强（请回顾第 17 章格里菲斯的转化原理），更能顶得住化学降解（例如，更不容易被酸和碱破坏）。不过，我们也不能肯定 DNA 是由 RNA 演化而来的，尽管我们认为这种可能性很大，DNA 也许有着与之相关却并不相同的另一种起源。

多细胞生物的出现又带来了一系列需要寻找答案的问题。事实上，这些问题列成清单长而又长……几乎超出想象。

其实还有一种可能我们还没有提到，就是生命起源于水下。就像我们在第 10 章中了解到的，地球内部有大量能量从洋中脊喷涌而出，这也可能创造生命。而且有一个年头相对不长的发现，就是海底的这些地方有各种嗜极生物在生存和繁衍。如果生命起源于这样的深海喷发口附近，那么制造所需化学物质的过程可能和米勒的实验有很大的不同，也可能大差不差。

尽管结局并不令人满意，但我们就要结束关于生命起源的话题了。需要说明的是，生命起源在许多方面都是非常活跃的研究领域，举例来说，为细胞分隔内外的膜是怎么出现的也是值得探索的问题。10 年间的情况简单来说就是，还有很多工作有待完成。

生命树

生命树是什么？这是我们借助想象进行的总结，可以说类比了生命从设想中的单一起源演化出今天地球上多样性惊人的物种的过程。

生根的部位代表最早的形态，随着枝干伸展出来，就有了代表现代生物的叶子，这是以树木完成类比（比喻）的一种方法。

我们要怎样构建一棵代表生命演化的树呢？答案是：借助能找到的标本和化石，外加 DNA 分析，还需要克服一些困难。我们现在认为，生命可以分为三大域：细菌、古菌（许多是嗜极生物）和真核生物 [细胞中有细胞核（真核），包括动物、植物、真菌、黏菌]。

古菌和其他两个域的区别是什么？和细菌一样，古菌也是没有细胞核的单细胞生物，但是同细菌或真核生物不一样的是，古菌的细胞膜成分特殊，这使它们更稳定（也许这就是为什么其中包含嗜极生物）；另一个和其他生物不同的地方是，古菌显然能制造甲烷。

病毒又算在哪个域里呢？在讨论生命树的时候，生物学家似乎忽略了病毒，大概是因为它们不能靠自己繁殖。但它们可以借助没有争议的生命体繁殖。既然病毒只能在宿主体内繁殖，那么我们该把它们放在生命树的哪个位置呢？答案并不明显。也许在某些时候，把它们列为第四大域会被认为是一个令人满意的解决方案。

随着生物 DNA 测序技术的快速发展，我们在描绘生物树的枝杈时也许会减少很多不确定性，让情况变得明朗许多。测序速度的加快和测序成本的降低都会推进测序技术的发展。在成本趋势方面举个例子，我注意到的是，人类基因组的测序成本在本世纪头 21 年差不多减少到从前的十万分之一。当然，过去的趋势并不一定预示着未来的趋势。但是，期待这种趋势延续下去并非不合理（注意，这里故意用了双重否定）。

演化之路：北极熊

直到最近，人们都不怎么了解北极熊这个物种的历史。为什么呢？因为相关的化石记录太少：北极熊的生活环境似乎不利于形成可获得的化石。北极熊的一生基本都在冰上度过。因此，它们死后应该会沉入海洋，要么被合适的食腐动物吃掉，要么形成了化石却不容易找到。还有一个问题是：北极熊的种群数量较少，这在一般情况下会限制化石的数量。尽管如此，人们还是发现并分析了一些化石。不过，这个领域的大部分工作是对熊的 DNA 进行分析。

就像前面提到过的，我们希望了解北极熊的种系发生情况，也就是演化历史。为什么呢？除了满足一般的好奇心，我们还想知道北极熊用多长时间适应了极不寻常的环境。举例来说，这种知识可以为了解大型哺乳动物的演化速度提供实用的基准。

关于北极熊的演化，我们目前能够推断出什么呢？首先，所有分析都同意的是，北极熊和棕熊曾是同一物种。现在，这两种熊在特征上呈现很大的差异。棕熊是杂食动物，而北极熊是肉食动物，几乎完全以海豹脂肪为生。北极熊的体脂率高得惊人，达到了 50%。相比之下，棕熊和人类的体脂率大约是 20%。按照人类的标准，北极熊血液中的胆固醇含量高得离谱，达到了 385 毫克 / 毫升（以相同单位比较，我的胆固醇含量约为 180 毫克 / 毫升）。但北极熊似乎并不受心血管疾病的困扰，顺便说一下，这也给那些从基因入手寻找人类心血管疾病原因的人带来了挑战。另外，北极熊的皮毛是白色的，可以在白雪皑皑的环境中很好地隐藏自己。是什么基因变化带来了这些不同的特征呢？举例来说，我想我们目前还不清楚白色皮毛是由哪种基因组合决定的。在同棕熊分道扬镳的时候，北极熊花了多长时间才获得这些特征？这也是一个有待解决的重要问题。我们只能获得（大致的）时间上限。你能想到原因吗？

目前的全球变暖趋势显然至少有一部分是由人类造成的，这对北极熊来说非常危险：它们的栖息地——北极冰层——正在以从历史上看也相当快的速度消失。因此，它们不仅受制于相对较新的危险捕食者，也就是人类，而且还承受了其他方面的伤害，比如同样由人类造成的各种化学污染。这种多重危机是前所未有的，对北极熊构成了严重威胁。尽管人们对北极熊的总数量并不十分了解，但估计的数字大约只有 2.5 万头。

对北极熊历史的了解或许（仅仅是或许）可以帮助人类制定策略，防止北极熊因遗传多样性极低等原因灭绝。看看这张近期拍摄的北极熊照片，你就能想到人类希望保护它们的原因之一（图 20-1）。

图 20-1　一只北极熊妈妈和她的两只小熊为摄影师摆姿势。图片来自史蒂文·阿姆斯特鲁普（Steven Amstrup）/ 国际北极熊组织

由于化石稀少，要在定量层面追溯北极熊的历史，依靠 DNA 线索几乎是唯一的办法。在这类研究中，我所知道的最早的一项出现在 20 世纪 90 年代早期到中期，使用的是北极熊的线粒体 DNA（线粒体也在细胞内部，但存在于细胞核外，有自己的 DNA，通常比细胞核中的 DNA 短得多。线粒体 DNA 是通过母亲遗传的。一个细胞中的线粒体数量范围很大，人类红细胞中没有线粒体，肝细胞中却有几千个。我们可以分析细胞核中的 DNA，也可以分析线粒体的 DNA，至少在原理上可以推断出相应生物的部分演化史）。研究表明，北极熊和棕熊关系最为密切，两者是可以杂交的。这种杂交预计会在间冰期发生，而且很可能确实发生过，因为这种时期两种熊的活动范围是重叠的，所以有这样的机会。有人说，北极熊在温暖的时期向南迁徙，寻找陆地；也有人说，棕熊向北迁徙，因为那里的气候变得更适合它们生活了；也许这两种情况都发生过。

一个重要的问题是：北极熊作为一个物种多少岁了？也就是说，北极熊最早告别棕熊是在什么时候？或者说，它们是什么时候从最近共同祖先（The Last Common Ancestor，LCA）分出来的？（LCA，顾名思义，就是最近的共同祖先。为什么使用这个术语呢？举例来说，第一个共同祖先可以追溯到最早的生命，在我们的推测中，它的出现是一个特殊事件。）我们可以通过研究北极熊的化石和 / 或 DNA 来了解它们存在了多久。针对化石本身进行放射性测年能够得出非常可靠的数据，如果化石周围存在含有放射性元素的同时代物质，那么考虑到两者之间的联系比较可靠，还可以对这些物质进行测年，所以化石研究结果和基于 DNA 的分析推断相比优势明显。不过，就算找到了和棕熊化石截然不同的北极熊化石，我们也不能可靠地断定那就是第一只北极熊。

DNA 分析还有一些更微妙的方面：我们不能仅仅确定棕熊和北极熊在
DNA 上的差异，然后借助分子钟来推断这两种熊分道扬镳的时间。为
什么呢？据我所知，还没有任何证据表明，有一种分子钟可以以几乎
恒定的速度滴答运转。从最初分道扬镳到现在，棕熊和北极熊之间的
杂交次数和持续时间也是不清楚的，但这种过程会使遗传信息在两者
之间流动，这也是一个复杂而恼人的问题。另外，以线粒体 DNA 为基
础的分析还涉及一个复杂因素：和性别相关的变化可能会造成某种偏
差，而这里的影响是未知的。

　　怎样解决这些问题呢？就像我常说的，这并不容易。人们已经开
发出许多复杂的统计方法，以多种看似合理的方式处理 DNA 序列的不
同方面。总体上的问题是，不同的方法会得出不同的结果，有些结果
差距很大。会不会是某个潜在的重要因素被忽略了呢？举例来说，我
在想，不同位置碱基对的变化可能影响一段 DNA 的三维结构。当然，
我们对 DNA 片段三维结构变化的影响还知之甚少，了解更是谈不上。
碱基对的小变化可能会让 DNA 的三维结构发生较大的改变。注意，这
完全是一个定性的说法。猜猜为什么？

　　通过分析线粒体 DNA，我们得出了 LCA 的一系列估计值，最大
值约为 13.5 万年前。晚些时候基于细胞核 DNA 的分析也做出了估计，
最大值约为 60 万年前（据称约 ±20 万年在高水平置信区间）。最近的
LCA 估计又把时间跳转到了 400 万年至 500 万年前，其中有什么可解
读的趋势吗？（开个玩笑！）更重要的是，这些估计值的差异有没有（合
理的）解释？我们能不能找到明确的答案？拭目以待吧——关注媒体；
好的答案也许在未来几年就会出现（注意，这应该是个定性的说法）。

　　那么，关于北极熊告别棕熊的时间，我们现在能得出什么可靠的

结论呢？在我看来，可靠的结论并不多。对于这个时间，如果有一个
相当准确的数值，我们就可以合理地估计两种熊需要多少代才能产生
现在看到的这些差异，因为熊步入性活跃时期的年龄大约是四到五岁，
这一点还是比较可靠的。我们仍在等待一个足够准确的时间值。

　　和棕熊杂交，就像过去在间冰期一样，可能会再次帮助北极熊走
出困境。而且，无论北极熊 DNA 分析的现状怎么样，我们都很有希望
在未来更加了解过去。再者说，也许还有更多古老的化石在等着被发
现和分析。

演化之路：鲸

　　鲸通常体型巨大，是最大的生物。有些鲸甚至比最大的恐龙还要
大。不过，鲸是一种很不一样的生物，它们生活在海里。在最大的鲸
和最大的大象（其中一些栖息在非洲）之间比较体型和重量，可以形象
地展现前者是怎样的庞然大物：大型蓝鲸体长可达 30 米左右，重量可
以达到约 180 吨；而最大的非洲象，从尾巴尖端一直量到鼻子末端，体长
可达 10 米左右，重 6 吨多一点，和个头最大的鲸比只有 1/30 左右。

　　尽管现在生活在海洋里，但鲸是哺乳动物而不是鱼类。它们的许
多特征清楚地展现了和鱼的区别：鲸会直接生出幼崽并哺育它们，两者
还有解剖学上的差异，例如鲸有肺而鱼有鳃。据说在公元前 4 世纪，
亚里士多德就曾指出，鲸会呼吸空气并哺育幼崽，他可能并不是第一
个发现这些的人。尽管如此，依然有很多人没有把鲸算作哺乳动物。
说一个证据：赫尔曼·梅尔维尔（Herman Melville）所著《白鲸记》

（*Moby-Dick*，1851 年）中的伊斯梅尔（Ishmael）把鲸称作"平尾巴的喷水鱼"。

鲸从哪里而来？一些科学家认为，陆地动物是由海洋动物演化而来的，但鲸似乎是陆地动物逆向进入海洋形成的物种，这至少在表面上有些讽刺意味。鲸显然是由生活在陆地上的祖先演化而来的。

早在一个多世纪前，人们就开始着手填补生命树中这个有趣的部分。达尔文甚至在《物种起源》第一版中推测了鲸的起源。他提出，下水吞食成群昆虫的熊是鲸的陆地祖先。就像我们将要看到的，达尔文没有说对鲸的陆地祖先，但鲸从陆地进入海洋的过程他说对了。关于其中的演化轨迹，还有一些基本问题没有得到解答。和最初的调查者们一样，我们几乎只能通过化石记录而不是 DNA 来了解这种演化。鲸化石整体上可能很少，这里的原因和前面提到的北极熊的情况相似，但相关的记录相当丰富。

大多数受过教育的人知道鲸、海豚和鼠海豚是哺乳动物，但他们大多不知道它们的来历。具体来说，陆地上的哪种哺乳动物演化成了这些海洋哺乳动物？它们经历了哪些步骤？故事要从大约 5000 万年前说起。古生物学家是怎样试图理解这种有趣的转变的呢？在这里，我们要追溯他们针对鲸所采用的不同于其他研究对象的方法。为什么呢？鲸的转变似乎花费了最多的精力，在我看来，这种努力也带来了迄今为止最迷人的结果。

古生物学家最重要的信息来源当然是化石。但要测量和研究骨骼化石，首先必须找到它们。从寻找化石的角度看，世界太大了，我们该去哪里寻找呢？我们需要知道刚好包括了对应年代且方便获取的岩层在哪里。要找到古鲸，就得寻找相关时期的海陆交界。寻找化石还需要一点运气。

古生物学家的一个目标是找到代表每个主要演化步骤的完整骨骼化石。我们有许多当代的鲸骨骼样本。古生物学家从头到脚仔细观察这些骨骼，试图找出和当代陆地哺乳动物偏差最小的部分。在回溯的过程中，古生物学家又注意到许多化石，他们利用以前为这类工作制定的规则，尽力将它们按照正确的时间顺序排列。就这样，古生物学家锁定了长有偶数个脚趾，特定部位和有蹄类动物（有蹄的哺乳动物，比如骆驼和河马）相似的化石骨架。重要线索点亮了。

因此，我们认为，这些哺乳动物的脚趾（有些）类似于鲸的相应骨骼。其他相似之处也和这个源头相符。我们无法详细探讨完整的调查故事，但这里的证据收集和推理过程实际上非常有趣、充满启发。取而代之，我们将从个体发生的角度探讨鲸来自哺乳动物的证据，以及把鲸和哺乳动物祖先联系在一起的基础。

从胚胎学可以看出，鲸起源于陆地哺乳动物。随着胎儿发育（个体发生），它所经历的阶段会重演物种演化（种系发生）的过程，"个体发生重现种系发生"这句名言就是这么来的。具体到鲸，个体发生显示胎儿有体毛，但在出生前消失了；胎儿有鼻孔，但从哺乳动物的通常位置移到了头顶，也就是鲸的气孔位置。因此，鲸从陆地哺乳动物发展而来的个体发生证据是相当令人信服的。

这段调查故事的重要突破出现在 20 多年前，也就是 2001 年。欧文的远房表亲菲利普·金格里奇（Philip Gingerich）和他的同事们在印度次大陆，也就是今天的巴基斯坦，发现了距今约 4700 万年、几乎完整的原鲸（已接近鲸）化石。这些化石填补了演化记录中的一大空白，娴熟的古生物学家可以根据居维叶开拓这个领域以来约两个世纪的发展，从中得出相当了不起、相当准确的结论。具体来说，这些化石非常明确地告诉我们：鲸在陆地上生活的祖先是一种偶蹄目（脚趾为偶数）的有蹄哺乳动物。这种哺乳动物今天的版本——或者说后代——包括前面提到过的骆驼和河马。

　　有什么关键证据能证明河马之类的偶蹄动物是鲸的陆地祖先呢？那就要看踝部的比较情况了。金格里奇和他的同事在 2001 年发现的几乎完整的骨骼显示，这种动物的踝部有双滑车结构，这是当代偶蹄动物才有的特征（图 20-2）。相比之下，以熊为例，它的踝部只有单一的滑车结构，而没有这种双滑车结构。

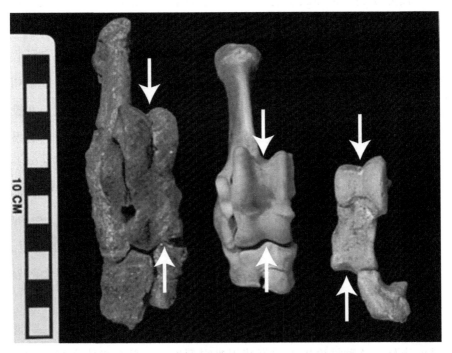

图 20-2　根据现有证据，这种双滑车结构（见箭头）被认为是偶蹄动物和原鲸所特有的。图片来自金格里奇，经许可使用

　　至少对古生物学家来说，这种令人信服的联系是一项重大发现。
2001 年 9 月下旬，两个研究团队都发表了这项研究成果，相隔仅一天，
一篇发表在著名的美国期刊《科学》上，另一篇则在前一天发表在同
样著名且可能更有国际声誉的英国期刊《自然》上。这是个值得称道
的巧合，对吧？在这种事情上，研究的社会或者说人为因素有时（但很
少）会露出让人猝不及防的一面。发表在《科学》上的这篇文章的主要
作者金格里奇早在 2001 年 6 月就把论文的草稿发给了已经前往另一家
机构的前学生，以征求意见。（出于善意，我们要隐去这位学生的名
字，具体原因稍后就会谈到。）

　　按照惯例，带领团队在《科学》上发表文章的时候，金格里奇在
结尾处感谢了他的前学生对草稿提出的意见。但这位前学生也在从事
同一领域的研究，意识到这个发现的重要性之后，他应该是在自己收
集的鲸骨骼化石中搜寻了一番，发现了一些和金格里奇的论文基础相
似的证据，于是立刻写了一篇能够得出大部分相同结论的论文，并投
递给了《自然》。他可能直接或间接地向编辑表示过，这么重要的成果
应该尽快发表。《自然》回应了他的要求，于是这项古生物学的关键发
现在《自然》上比在《科学》上早一天发表。（《自然》和《科学》都
是周刊，前者周四出，后者周五出，所以发表日期相差一天。）一天的
时间看似微不足道，但影响未必能忽略不计，反倒会拉开巨大的差距：
较早发表的文章通常会得到大力宣传，也通常会在学术界赢得大部分
声誉。

　　这个故事可靠吗？会不会存在一些严重的误解，影响了主要情
节？当然，这种推论出来的事情很难得到确认。那么有什么客观证据
呢？还是很多的。《科学》上发表的论文是 2011 年 6 月 28 日提交的；

《自然》上发表的论文是 2011 年 8 月 10 日提交的，8 月 28 日确认可以发表。从投稿到收稿的时间只有 18 天，这明显不正常，从投稿到发表的时间也很短，说明编辑进行了干预。发表在《科学》上的那篇论文中，资深作者向他的前学生（发表在《自然》上的那篇论文的主要作者）致谢，感谢他对自己的论文草稿提出意见。相比之下，发表在《自然》上的那篇论文没有提到导师的相关工作，但有一则"校样中添加的注释"，这意味着注释是在论文收稿后，校样审阅时添加的。这则注释写道："在即将发表的一篇论文中，原鲸化石也提示了鲸目和偶蹄动物之间的密切关系（顺便说一下，鲸目包括生活在海洋中的哺乳动物，鲸也在其内）。"这里提到了金格里奇和他的同事投给《科学》的论文。这没有什么问题，只是后添加的注释表明，注释本身的撰写时间比论文投稿时间要晚，而论文投稿的时间又明显晚于作者阅读发表在《自然》上的那篇论文的草稿的时间，晚于论文的资深作者收到前学生（发表在《自然》上的那篇论文的主要作者）的评论的时间。所以，除了那则注释里的声明很虚伪以外，我们很难得出其他结论。大概没什么好惊讶的是，这对前师生之间已经没有什么和睦的关系可言了（现在，这个领域里的大多数人知道事情的来龙去脉了）。

关于这个优先权之争的社会影响，我所知道的情况是，故事到此结束了。这个故事很大程度上透露的是人类的行为。不过，为了让大家正确看待这个问题，我想说一句，这些年来，我发表了 400 多篇科学论文，和大约 250 名同事合作，谈到类似的算计，我只受到过一次伤害，尽管是以一种更加恶劣的方式。

有一点和科学相关的信息值得补充。金格里奇和他的同事们描述的标本是在巴基斯坦发现的，几乎完整的骨骼从踝部显示了鲸和有蹄动物的直接联系。那位前学生的材料则是完全孤立的，是早先从骨床上采集的单个骨骼，而这处骨床混杂了各种不同的动物骨骼（金格里奇也曾有过这样的样本）。然而再往前看，无论是金格里奇还是他的前学生（或其他任何人），都没有提前从踝部入手将鲸和（现代）生活在陆地上的偶蹄哺乳动物联系起来，因为如果没有金格里奇和他的同事们在2001年发现的那些骨骼，这项工作很难完成。（我想到了一种相似的情况：古希腊文和古埃及象形文字被分别写在不同的石头上，直到罗塞塔石碑被发现，学者又在灵感中完成了破译，这些文字之间的联系才清晰起来。）

据我所知，这个领域最近的一次重大发现是金格里奇在2009年的成果，他找到了两具几乎完整的鲸祖先骨骼，它们几乎已经演化到了鲸的形态，而且也是在巴基斯坦发现的。这次发现的是两具并排的化石，其中一具的内部还有另一个个体。我们可以排除吞食的可能性，因为里面的化石上没有被咬食消化的痕迹。唯一合理的解释是，这是一个快要出生的胎儿。你能想象这是一个多么令人兴奋的发现吗？

事实上，这个胎儿在出生的时候应该是头部先出来的。它的骨骼和鲸的骨骼非常相似。另外（这条也许不是很有说服力），另一具化石显然更大，表明它很可能是雄性，现在的很多鲸也是雄性体型更大。这些动物的结构特征几乎完全符合水生的情况。但有一个明显的区别：完全在水中生活的鲸在海洋中分娩时，幼崽的尾巴会先出来。我们了解到的是，在陆地上分娩时，哺乳动物大多是头部先出来，化石中快要降生的胎儿似乎也是如此（除非胎儿的出生过程在最后一刻发生了逆转）。

为什么完全生活在海洋中的鲸在分娩的时候，幼崽是尾巴先出来而不是头部先出来？我们并不完全清楚。一种可信的理论是：在陆地上，刚出生的哺乳动物如果能尽早呼吸，就可以获得更多的生存机会；如果是脚先出来，哪怕只是短暂地卡住，新生儿也可能窒息，因为羊水已经流出，胎儿孤立无援。但它还连着脐带，那么会有什么问题呢？在水中，如果头部先出来，新生儿可能会在完全生出来之前淹死。但它为什么不会在出生后立即溺水呢？至少对于某些鲸来说，新生幼鲸会在大约 10 秒钟内浮出水面呼吸。相关知识点：鲸每隔多长时间呼吸一次空气？有些成熟的鲸呼吸一次可以在水下停留将近两小时。那么鲸在睡觉时要怎样呼吸呢？显然，它们会保持半清醒状态，在需要时浮出水面。

我们还要讨论一个更宽泛的基本问题：为什么某些偶蹄动物早先要去水中生活，而几乎所有其他陆地动物都完全留在了陆地上？答案是我们还不知道，但我们可以推测。一种可能是，偶蹄动物进入水中是为了躲避陆地上的捕食者。在这个过程中，当时发展得很好的鳄鱼可能会构成一大阻碍（但是很明显，这种阻碍并非不能克服）。另一种可能是为了寻觅（更多）食物。但这种可能性比较小，因为证据似乎表明当时陆地上食物充足。或者，它们可能需要避免争夺食物。也许是这样，但证据并不明确。为什么别的物种没有做出类似的选择呢？也许最早期化石出现的位置提供了线索，但谈不上显而易见。

在这种不确定的氛围中，我们要提到这部分最后一句彰显希望的话：我们可以期待未来的化石发现和 DNA 分析的改进，更好地为逐渐清晰的演化故事填补空缺。谁知道呢？也许还有更加新奇且相当有趣的新发现在等待着人们。

第 21 章
缓步动物、DNA 的应用，
以及遍布全球的人类

本章的标题也可以是"杂录"，包括一些未必相互关联，但我很想谈一谈的话题。当然，说到应用的时候，我们只能选取少数示例，但我还是会试着大致表述一下这些应用的广泛程度。

缓步动物

1773 年，德国动物学家约翰·格策（Johann Goeze）发现了缓步动物（走得很慢的动物），三年后意大利生物学家拉扎罗·斯帕兰扎尼（Lazzaro Spallanzani）为它们命名。在生物分类中，缓步动物有自己的门。你可能会好奇，它们有什么值得讨论的呢？缓步动物有着令人难以置信的生存特性，我们现在来列举其中的一些。它们有过一次在外太空（航天器外）生存好几天的纪录，从 1 开尔文到 420 开尔文，它们在极高和极低的温度下都能存活几分钟。它们可以在冷冻 30 多年后复活，而且能够繁殖。它们可以经受脱水，水分不足 3% 也没关系（人体内的水分通常约占 60%）。它们还能抗住 6000 倍大气压和 1000 倍人体致命量的电离辐射。尽管缓步动物可以在这些极端条件下生存，但我们并不认为它们是嗜极生物。为什么呢？答案是：它们不会利用极端条件；它们只会忍受极端条件。现在你已经认识了它们，你会觉得惊讶吗？大多数人，也许包括曾经的你在内，不知道它们的存在。

　　缓步动物已经存在了 5.3 亿多年，目前有 1000 多种。从热带到南极洲，它们生活在世界各个地区。缓步动物可以乘风到达很远的地方，至于距离较短的旅行，根据波兰的一项最新研究，它们可能附在蜗牛身上前往。缓步动物是卵生的，卵的孵化期最短四五天，多数是 14 天左右，具体情况要看物种。它们的食物有藻类、小虫，等等。缓步动物的体长从 0.1 毫米到 1.5 毫米不等，不考虑隐生状态，寿命从三四个月到两年不等，具体数字同样取决于物种。看看下面这张缓步动物的照片，请注意它明显没有眼睛、耳朵和鼻子，大概缓步动物的医院里没有耳鼻喉科和眼科吧（图 21-1）。它们的 DNA 碱基对数量从 7500 万

图 21-1　缓步动物，长约 0.5 毫米。图片来自 Eye of Science/Science Source

到 8 亿个不等，具体情况还是看物种。缓步动物还有一种蛋白质（Dsup，也就是损伤抑制蛋白）可以保护它们免受 X 射线的伤害。它们还拥有比任何其他已知动物都多的 DNA 修复基因副本。

缓步动物有望在各种灭绝事件中存活下来，而且目前为止它们确实躲过了所有大灾难。（当然，今天依然存在的所有生物的祖先，至少在繁衍后代之前，都挺过了所有的灭绝事件。）如果能更好地了解缓步动物是怎样拥有超强生存能力的，也许有一天我们能让其中的一些要点和 / 或其他诀窍为人所用。事实上，有些生物实验室已经以此为追求，投入了一个十分活跃的研究领域。

总之，我们要问：缓步动物为什么能演化出这么不可思议的生存特性？特别值得注意的是，它们的大多数特性似乎远远超出了在地球任何条件下生存的需要，那么怎样的自然选择才能促成这样的演化呢？问得好。我看目前还没有得到验证的好答案——至少我还不知道。

演化实验

检验演化论的实验为什么那么少？通过自然选择改变物种、完成演化，通常需要以百万年计的时间。人的寿命不过百年左右，两者的差距超过了 10 000 倍，无法允许个人进行有意义的实验，观察到物种的改变。但现在出现了例外，我知道的这个实验不需要那么长的时间，所以不用担心这个最起码的问题。不出所料，实验瞄准了一种用很短的时间就能繁殖一代的生物，也就是所谓的模式生物，正是我们前面提到过的大肠杆菌。它是一种单细胞生物，长约 1 微米，通常对人体无害。事实上，我们每个人的肠道中都有大量的大肠杆菌细胞。（不过，有时大肠杆菌也会引发食物中毒和其他对人体不利的事。）大肠杆菌繁殖一代用不了 1 小时，大约是 20 分钟。现在就职于密歇根州立大学的理查德·伦斯基（Richard Lenski）于 1988 年开始这个实验。他想知道，如果让实验长期进行下去，大肠杆菌会发生怎样的演化。

这个实验相当简单，但构思巧妙。伦斯基取一个大肠杆菌细胞，让它繁殖出许多相同的子细胞。利用这些子细胞，他安排了 12 个大致相同的种群，每个种群都安置在单独的小烧瓶中，里面装有 10 毫升培养液，只有葡萄糖一种食物。每个烧瓶都要旋转以确保有足够的氧气，而且要保持华氏 98.6 度恒温。在每个种群中，个体都要为食物竞争，葡萄糖大约 6 小时就会消耗完。然后，这些细胞必须撑过 18 小时才能等到下一次喂食。每天，实验人员从 12 个种群各自的烧瓶中取走 1% 的大肠杆菌，放入 9.9 毫升未受污染的、注入了新鲜葡萄糖的液体，于是 12 个种群会以同样的规模继续实验，而且在 6 小时内可以获得新鲜食物供应。每隔 500 代，针对 12 个种群各制作一份样本冷冻起来，分别保存在华氏零下 112 度的专用冷柜中。这些冷冻的大肠杆菌样本可以根据需要解冻，在合适的时候回去再次参与部分实验，解冻过程不会对大肠杆菌造成明显的干扰。实验的原理很简单，但在实践时必须严谨，要一直保持各种条件，一代又一代，一天又一天，周末和节假日也不例外。

有什么发现呢？经过大约 10 000 代以后，12 个种群的生长速度都比开始时更快了，而且细胞普遍增大。另外，12 个种群都失去了在含有 D- 核糖的溶液中生长的能力，而它们的祖先在实验开始时是具有这种能力的。因此，12 个种群出现了平行演化，也就是说，拥有共同祖先但没有生活在一起的生物在适应相同或相差无几的环境时，会独立演化出相似的性状。在条件发生变化的情况下，大肠杆菌的演化会朝着适应新条件的方向发展。为了适应环境失去一种能力看上去可能很奇怪，但如果保持能力要付出代价，那么失去它可能就是有益的。例如，也许正因为不必消化 D- 核糖，这些大肠杆菌可以少制造一些蛋白质，多节省一些能量。

目前为止最有趣的发现是，12 个种群中有一个在大约 30 000 代之后被发现获得了一种新的能力：这些大肠杆菌可以靠吃一种其他大肠杆菌无法食用的食物生长。而且这种新能力是可以遗传的。它是怎样产生的呢？答案还不完全清楚，但让这些大肠杆菌适应另一种食物的（罕见的）突变应该不是单一的，而它们也确实完成了这种适应。突变让大肠杆菌接受了什么新食物？这背后有着怎样的环境条件？两个问题合二为一，我们按顺序回答：普通柠檬酸盐，含有大肠杆菌主要食物来源的液体中就有这种物质。当环境含氧的时候，大肠杆菌通常不会吸收柠檬酸盐，实验营造的就是这样的环境。但是，在突变的影响下，这些大肠杆菌就像置身于厌氧环境（缺氧的环境）一样，摄取了柠檬酸盐，这是非常少见的情况。所以，这是一项关乎演化论的重大发现。

这样的演化是可重复的吗？条件相同的大肠杆菌种群有 12 个，其中只有一个出现了这样的现象，所以答案很清楚：不太能重复。关于演化的一个问题是，如果环境相同，演化在多大程度上具有可重复性，又在多大程度上不可预测（随机）？这个结果凸显了演化不可预测或者说随机的一面。而更早提到的结果（见上文）则凸显了可重复的一面，随着时间的推移，在 12 个种群中，大肠杆菌个体的生长都变快了，个头也都变大了。

　　实验还要持续多久才能观察到物种的明显变化？没有人知道，大家也不一定能一致认为实验演化出了新物种。但是，如果这样的结果真的出现了，那将是一项了不得的成就。为什么呢？不说别的，否定演化论的人一致推崇的论点会大受打击。他们认为，尽管人类会培育动植物并让它们产生不可否认的变化，但从来没有新物种因此诞生。马只能生出马，狗只能生出狗，别的生物也一样。

　　这个大肠杆菌实验还要持续多久？到了 2021 年，实验产生的世代数已经突破了 70 000 大关，但没人知道这个数还会增加多少。虽然伦斯基总有一天会退休，但他已经培养了许多非常称职的接班人。另外，其他实验室现在也在开展演化项目，这是一个充满活力、不断扩展的研究领域。不过还有一个问题，就是这种长期项目能不能一直获得资金支持……我们希望能。这些实验无疑正在解决演化的基本问题。

DNA指纹

　　现在，我们把 DNA 指纹的存在当成了理所应当的事，觉得这是老一套了。但 DNA 指纹也是被人开发出来的。发明者亚历克·杰弗里斯（Alec Jeffreys，现在有爵位在身）在 1983—1984 年提出了相关的想法和技术。你可能会想，这有什么大不了的？只需要搞清楚个人 DNA 中的碱基对排序，事情就办完了。每个人的 DNA 都是独一无二的，就像每个人都和其他人不同一样，同卵双胞胎也不例外（三胞胎和其他情况也不例外）。但是在当时，甚至在现在，这种测序都需要很高的成本和很长的时间，以常规方式确定完整的 DNA 序列实在是不现实。这就需要人们发挥聪明才智了。

在杰弗里斯的时代，人们已经知道，人类的 DNA 由（每人）46 条染色体承载，约有 60 亿个碱基对，其中大部分是人类共有的，只有相对较小的百分比（约 0.1%）在不同个体之间存在差异。在这些有差异的部分中，有两种基本类型可以用来满足这里的需求：短串联重复序列（Short Tandem Repeat，STR）和单核苷酸多态性（Single Nucleotide Polymorphism，SNP）。STR 是指 DNA 中一小串碱基对一段接一段重复的情况，举个例子，DNA 双螺旋中有一条出现了 CTGCTGCTGCTG，三个碱基 C、T 和 G 组成的短片段重复了四次。（双螺旋的另一条上是配对的碱基 GAC。）在这些 STR 中，短片段的重复次数是因人而异的，而且显然常常位于 DNA 的非蛋白质编码部分。相比之下，SNP 是 DNA 中的单个位点，上面的碱基在不同的个体之间存在差异。例如，你在这个位点上可能有一个 C，而我可能有一个 T。

DNA 的这些方面为什么有用？因为它们因人而异，所以可以用来区分个体。好吧，你可能会说："对于 SNP，占据单个位点的核苷酸只有四种可能，碱基要么是 A，要么是 T，要么是 C，要么是 G。这没什么用吧。"没错。但是，如果掌握了许多 SNP（人类 DNA 显然发现了数以百万计的 SNP），那么你就有了非常实用的判别依据。假设对于每一个这样的位点，随机选取的个体具有四种核苷酸中任何一种的概率是相等的。再假设你选取了不是太多个位点，比如 15 个。那么随机选取的任何个体在这 15 个 SNP 位点上符合一组特定核苷酸的概率仅为 $\left(\dfrac{1}{4}\right)^{15}$——非常小的数，约等于 10^{-9}。也就是说，15 个 SNP 就可以保证平均 10 亿人中才能发现一个在这些位置上具有相同核苷酸的个体。

当然，我们必须从关注的人群中抽取相当数量的 DNA 样本进行检查，以验证随机性假设。如果发现结果和假设不一致，我们就必须对概率计算进行相应的修正，以了解我们能在多大程度上将这个群体中的个人区分开来。或者，举例来说，我们可以根据需求添加更多的 SNP。

杰弗里斯的提议是，用好这些技术，我们只需要对一小部分经过选取的 DNA 测序，就能以很高的确定性区分个人。例如，在一些具体情况下，可能只有很少的 DNA 片段能够用来识别某人。从这个片段入手分析 SNP，最好甚至必须能够精确且大量地复制它，然后投入工作。这是为什么呢？目前大多数检测 DNA 序列的方法需要通过荧光物标记碱基配对情况，每种碱基对应不同的荧光标记。如果只有一个或少量的 DNA 样本，无论是人类还是机器都很难可靠地解读序列。

就在杰弗里斯提出这项应用的同时，一种完成所需复制的方法被发明出来。这种技术被称为聚合酶链反应（Polymerase Chain Reaction，PCR），是凯瑞·穆利斯（Kary Mullis）在 1983 年发明的。它可以快速、准确、多次地复制 DNA 片段。现在，人们可以在短时间内可靠地复制百万份 DNA 片段，长度从大约 40 个碱基对到 2000 个碱基对不等。对于更长片段的复制，还有特殊技术可以使用，但速度比较慢，目前的长度限制约为 50 000 个碱基对。

这项令人难以置信的技术是怎样工作的呢？基本原理是，DNA 在高温下（约 95 摄氏度，比水的沸腾温度 100 摄氏度略低）很容易分成单链。达到这个温度后，DNA 双螺旋会分成两条链，接下来我们将它们冷却到约 60 摄氏度，虽然按照人类的标准，这个温度仍然很高，但已经低到可以让两个特殊的引物附着在要复制的 DNA 链末端附近了。这些引物每个都有大约 20 个碱基长，通过设计使其能够和参与复制的

DNA末端碱基互补。在环境具备所有必要成分（如所需核苷酸）的情况下，DNA聚合酶（一种酶，见第17章）会促使DNA单链展开复制，而这个关键过程就需要引物。这里用到的酶要不能被高温破坏，而且要经受住温度循环。在黄石国家公园游览的时候，穆利斯发现温泉中的细菌——水生栖热菌——具有这样一种耐高温的酶，而且它能够承受PCR工作机制所需的温度循环。

完成这个过程的现代实验可能要用到两个烘箱，一个设置成高温，一个设置成低温，两边都有所需的成分，并且位置相邻。然后，需要复制的材料在两个烘箱之间循环，每个烘箱只需要很短的时间来完成所需的功能。每循环一次，DNA片段的数量就会增加一倍，增加到100万（约2^{20}）个只需要20次翻倍，所以这被认为是一种链式反应。如果这些听起来很复杂，那是因为具体过程确实很复杂，但这真的很实用，而且效果非常好。事实上，PCR好用到了这样一种程度，现在的实验分子生物学家大多会频繁使用它。

说回杰弗里斯。他这项技术最早的应用领域之一是法医学，主要用于识别可能的犯罪嫌疑人。法院必须认可这种新证据，这样应用才能成立。总之，只过了相对短暂的若干年，西方国家和一些东方国家就在法律上接受了这种DNA鉴定。30多年后的今天，我们发现了一个叫作"清白计划"的活跃团体，他们唯一的目标是利用现有的DNA证据来核实刑事定罪情况，确认被定罪者是罪有应得还是蒙受了冤屈。经过大约20年的努力，这个团体已经成功地帮助300多人推翻了定罪，与此同时，那些在最初的调查和起诉中被遗漏的罪魁祸首也得到了应有的惩罚。

从DNA分析看黑死病

在过去近 2000 年里，至少有三次大规模瘟疫（黑死病）席卷了地球上的部分地区。查士丁尼瘟疫在 6 世纪到 8 世纪之间袭击了欧洲；另一次主要发生在欧洲的"大瘟疫"出现于 14 世纪中叶；19 世纪末的疫情主要影响了中国和印度。这几场瘟疫在不同的方面有不同的特点。我们的核心问题是：DNA 分析怎样帮助我们了解这些事件？

我们辨别出了三种鼠疫类型，每种都有自己的症状（它们之间有一些重叠）。腺鼠疫的症状是淋巴结疼痛和肿大（腺鼠疫的英文是"bubonic plague"，其中的 bubo 指的就是淋巴结）、寒战、头痛、发烧和全身乏力。败血症型鼠疫患者会出现发烧、无力、腹痛、寒战和组织出血（可能导致组织坏死变黑，"黑死病"一说大概就是这么来的——不过这段历史比较久远，一切判断都会带有不确定性）。肺鼠疫会引起胸痛、呼吸急促、咳嗽、发烧、寒战、恶心、呕吐和腹泻。

人们普遍认为，啮齿类动物（尤其是老鼠，它们会偷偷跑上船，被带到很远的地方）会携带这种疾病，叮咬过它们的跳蚤再叮咬人类，人类就会患病。许多人（尽管显然是少数）不同意这种观点，他们认为这种疾病显然传播得太快了，超出了跳蚤的能力范围，因此这种疾病一定是通过空气在人与人之间传播的。据我所知，后一种说法没有得到证实，也没有被证伪。但现在人们普遍认为，至少肺鼠疫可以通过感染飞沫的气溶胶传染。

现在，相关领域的多数科学家认为，鼠疫是一种细菌造成的，它有一个温和的名字，叫鼠疫耶尔森菌（Yersinia pestis），"耶尔森"是指 1894 年从死于鼠疫的患者身上发现这种细菌的医生亚历山大·耶尔森

（Alexandre Yersin）。"鼠疫"就不言自明了。从查士丁尼时期到现代，这种细菌有没有变化？如果有，是什么样的变化？这些仍然是有争议的问题。当然，在中世纪，人们还不知道细菌的存在，所以必然要设想其他的原因。我来说两个：法国国王显然曾被告知，鼠疫的起因是"空气中有大量的瘟气"，因为1345年有三颗行星相合，这证明占星术在当时非常活跃和发达，尽管它一贯没什么用处。另一种说法也够离谱：犹太人在井里下毒，制造了瘟疫。教皇克莱门特六世在一份训令中指出，这种说法是荒谬的，因为也有犹太人像天主教徒一样死于瘟疫。不管怎样，人们并不经常为事实改变看法，这一点和现在一样。犹太社区遭到袭击，显然有数以百计的人大受摧残。反犹风潮就像占星术一样，在那个年代上蹿下跳。

三种鼠疫从感染到出现症状似乎都需要两到七天的时间，后续康复或死亡也需要大致相同的时间。

一些历史学家估计，14世纪中期再次暴发的黑死病在三年左右的时间里抹去了大约1/3的欧洲人口。总共可能有5000万人丧生，但这个数充满不确定性。统计数据的收集工作做得不好，尤其是考虑到死亡人数多到令人发指，除了埋葬尸体，幸存者可能也顾不上别的事情。事实上，一项新的研究得出结论，欧洲各地的死亡率差异很大，实际的死亡总人数应该会少很多。不管怎么说，和这次大规模疫情相比，20世纪的两次世界大战和21世纪的各种疫情显然柔弱了几分，尤其是从死亡人数占总人口的比例来看。

20世纪80年代，人们从伦敦塔附近的墓地中挖出了四具死于1348年鼠疫的遗骸。几十年后，柯尔斯滕·博斯（Kirsten Bos）、约翰内斯·克劳斯（Johannes Krause）和他们的同事从这四具遗体的牙齿内

髓室中提取出遗传物质，目的是研究鼠疫耶尔森菌的基因组。他们遇
到了许多技术难点，我们重点讲其中两个大问题：第一，找到的 DNA
是大量单独的短链；第二，这些短链被人死后大规模进入尸体的细菌的
DNA 所淹没。不过，这些学者还是想办法拼出了鼠疫耶尔森菌的完整
DNA，这是人们第一次从骸骨中重建一种疾病的整个基因组（生物的
完整 DNA，我在下文中会大量使用这个词）。后来，人们又在欧洲其
他地区找到了同时期的墓地，挖掘出遗骸进行类似的研究。结果确实
证明中世纪的黑死病就是由鼠疫耶尔森菌引起的。

　　从 14 世纪中叶到今天，导致黑死病的鼠疫耶尔森菌基因组有没有
变化？如果有，变化了多少？要回答这些问题，就要将较早的基因组
和现代基因组进行比较，出于检查的目的，还要让几个较早的基因组
相互比较，让几个现代基因组也相互比较。已经完成的比较得出了什
么结论呢？我只知道鼠疫耶尔森菌的基因组只有一条染色体，DNA 长
度为 460 万个碱基对。现代基因组和 14 世纪基因组的比较只显示出 97
处差异，其中只有 12 处出现在基因上，也就是能够指导蛋白质合成的
碱基对上。这是非常小的数了。具体差异是什么？这些碱基对的差异
和细菌哪些方面的作用有关呢？例如，不同的现代鼠疫耶尔森菌在基
因组上有多大差异？不同的 14 世纪鼠疫耶尔森菌在基因组上又有多大
差异？我不知道，但我确信一些科学家已经或即将解决这些问题，不
然就是有充分的理由不解决这些问题。

　　相关的另一项研究也取得了进展：人们从两个死于查士丁尼瘟疫的
人身上获取牙齿用于 DNA 分析。这场瘟疫显然在公元 500 年至公元
800 年间害死了"好几"千万人口。（查士丁尼是拜占庭帝国的皇帝，
他在位的公元 541 年显然是瘟疫最严重的时期。）这两个人被埋葬在德

国的巴伐利亚。对他们牙齿进行的 DNA 分析证实，大约公元 800 年前造成查士丁尼瘟疫的罪魁祸首是鼠疫耶尔森菌，或者是造成中世纪鼠疫的同类细菌的近亲。

为什么有的鼠疫耶尔森菌会毒害人体，有的可能不会？据我所知，人们对这个重要问题所知甚少。另一个问题也许与之相关：为什么大瘟疫在某一时期突然暴发，然后 14 世纪后在大约 800 年间没再出现？同样没人知道答案。那么，我们有没有可能再次碰到鼠疫疫情呢？科学家们说，古代的那种疫情不太可能再次暴发了，主要有两个原因：第一，现在的卫生条件比以前好多了，（携带细菌的）老鼠满地跑的时代过去了（有些人可能会对这一点提出疑问）；第二，我们现在有了抗生素，可以有效地治疗鼠疫耶尔森菌。所以你可以放下心来，但还是要适当小心一点。

我们最后要说的是，一项年代较近且十分有趣的研究——查士丁尼瘟疫——也许在东罗马帝国的没落中起到了某种作用。

CRISPR-Cas9 及其影响

现如今，每个人都喜欢把 CRISPR-Cas9 挂在嘴边。好吧，也许不是每个人都爱说这个，爱说的人也只提到了 CRISPR。但可以肯定的是，相当多的生物学家在关注它、谈论它。如果还不清楚情况，你可能会问这是为什么，因为它是生物学家开发的最新、最热门的工具，有很大的希望为人类带来了不起的应用。甚至还有许多应用方法在等待人们的发现。

那么，CRISPR 究竟是什么呢？这个问题问得很合理，而答案很不简单。让我们分两步来介绍，先给出一个大致的概念，然后谈谈它从早期到现在的发展。不过请注意：这里的讨论不可能是百分之百完整的，所以也做不到让人理解透彻；如果你在总体上有了概念，同时意识到我没有给出能让你了解一切的细节（我也不懂这些），就可以暂且满足了。

首先，CRISPR 是细菌演化出来的一种分子系统，被人类开发为改写 DNA 的工具，可以用在任何生物身上。它的全称是成簇规律间隔短回文重复（Clustered Regulatory Interspaced Short Palindromic Repeat）—— 你知道就可以了，这倒未必有助于理解它是什么。Cas9 是一种特殊的蛋白质，会和 CRISPR 一起实现主要功能：在自然界中，这种功能会通过切割入侵病毒的 DNA 来阻止感染。在我们即将谈到的基因编辑里，这种功能可以在特定位置切割 DNA，并以某种方式促使细胞改变这里的序列，用经过挑选的另一部分取代原来的 DNA。从非常简单的描述中，我们很容易想到相关的潜在应用，还有随之而来的伦理道德问题。

现在我们简单了解一下它的历史。1987 年，日本科学家石野良纯在一种细菌中发现了 CRISPR 现象。当时人们还不清楚 CRISPR 的功能。石野良纯和同事们只知道，大肠杆菌的 DNA 中有一段奇特的碱基序列重复了 11 次，中间还有间隔，每个长度在 30 到 33 个碱基对之间。CRISPR 本身就是由 DNA 片段组成的，每个片段的长度约为 30 个碱基对。（数字几乎相等，这是巧合，还是藏着别的秘密？）

在保护细菌免受病毒入侵影响的时候，这样的 CRISPR 发挥了关键作用。事实上，研究发现，CRISPR 重复序列之间的间隔片段就来自入侵细菌的病毒 DNA。收录病毒 DNA 之后，CRISPR 让大肠杆菌获得了相应的免疫力：充当间隔的病毒 DNA 在为 Cas9 蛋白质提供向导的时候会派上用场，让它在适当的位置完成切割，破坏再次入侵的同类病毒 DNA，这里的细节在我看来有些神秘。

随后，在大约 10 年内，科学家们所做的一系列实验验证了 CRISPR 序列的关键特性。它可以和 Cas9 合作，通过特定类型的 RNA 分子（根据 CRISPR 中的病毒 DNA 片段合成）找到预先设置好的位置，按照要求切割或者断开 DNA。这真是令人惊艳的特性。

因此，应用在有细胞核的生物（例如所有哺乳动物）身上时，CRISPR-Cas9 组合和充当向导的 RNA 必须要出现在细胞内部。举例来说，目标细胞可以安排在一个有适当营养物质的培养皿中。怎样导入组合，让它们高效地完成切割任务？这个问题很快就有了答案。我们要先将组合复制许多份。一旦进入细胞，向导 RNA 就会和 Cas9 结合，并在细胞内的 DNA 上寻找碱基互补的序列，然后配对结合，以某种方式促使 Cas9 完成切割。

2012 年，珍妮弗·杜德纳（Jennifer Doudna）、埃马纽埃尔·夏彭蒂耶（Emmanuelle Charpentier）和她们的同事一起开发出了有效构建所需 RNA 分子组合的方法，前面提到的过程出现了简便的应用方法。更重要的是，用 CRISPR 系统进行基因编辑最初就是她们的想法。她们带来的变化让这项技术用起来更简单、快捷和实惠。其他两项能完成相同任务的技术就这样被搁置一旁了，杜德纳和夏彭蒂耶的方法在相关领域吸引了生物学家的热切关注，并在 2015 年前后成为研究基因编辑和相关课题的实验室的标准工具。CRISPR-Cas9 方面的成果也让杜德纳和夏彭蒂耶获得了 2020 年的诺贝尔化学奖。

　　这项技术的可靠性怎么样呢？换个问法，它完全不起作用，或者切下错误 DNA 片段的情况多不多？我的理解是：搭配好的向导时，它是非常可靠的，即便不是一贯如此，这也是常见情况，错误率在 0.1% 以下，以目前的技术条件是检测不到的。这里（至少）还有一个相关的问题：被切掉目标 DNA 片段以后，细胞会怎样修复 DNA 呢？方法有几种，但目前人们还不能可靠地预测细胞在特定情况下会使用哪种，也无法完成控制。据我所知，这里的答案要留到未来去确定了。

　　长远来看，这项技术能带来什么好处呢？虽然听起来确实不错，但我们要怎样利用它增加对生物学的基本了解，以及改善人类的境况呢？所有生物学家，还有其他很多人，大家都非常看好基因编辑的前景，但多数人很可能还需要很多年才能意识到。我们必须先解决许多伦理和法律问题，其中有不少问题最好在国际层面上达成共识。除了预防或治疗疾病（尤其是癌症）这种常见目标外，这项技术也可能通过改变生物卵子和 / 或精子的 DNA 来改变遗传性状。还有很多其他用途是可以预先想到的，比如让老鼠对莱姆病免疫，避免它们把这种病传给人类，或者通过改变蚊子的繁殖能力消灭传播疟疾的蚊子种群。但是，我们必须时刻警惕和防范出现意外恶果的可能。更有可能的是，还有很多巧妙的用法有待发现。基因编辑能做到多少，也许要看我们能想到多少。我们可能只需等待人类集体智慧的结晶出现。一个早期成果是：在很大程度上消除镰状细胞贫血严重症状的方案已经取得了明显的突破。真是太令人鼓舞了。

　　一项进展表明，至少一部分生物学家认为，这项技术在未来会有很高的经济效益：关于将这项技术应用于人体的专利，甚至引发了一场争议很大的诉讼。

遍布世界的人类和我们的亲戚

人类，包括我们智人和其他人属生物，似乎最早在非洲演化，后来发展到了全球各地。在这里，我会大致介绍这一说法背后的证据。这个领域太广阔了，就算只是给出近乎全面的视角，我也是做不到的。

近期，人们在沙特阿拉伯发现了非洲以外已知最古老的人类化石：一根手指。这根手指的年代是通过放射性测年确定的，结果为 8.8 万年前。在世界另一边的澳大利亚，已知最古老的人类遗骸是什么呢？是一具距今约 6.5 万年的化石。这些结果意味着，从沙特阿拉伯到澳大利亚，人类可能只用了不超过 2.3 万年的时间就遍布世界了。为什么要说"可能"呢？因为迄今为止发现的最古老的化石很可能并不对应人类最早到达这些地方的日期。

在非洲以外，例如在印度尼西亚的一个岛屿上，我们还发现了更古老的类似人的生物遗骸。这些生物被命名为佛罗里斯人（Homo floresiensis），他们生活的年代可以追溯到大约 10 万年前。然而，在附近发现的石器大约有 19 万年的历史，这意味着某种人类在远比 10 万年前更早的时期出现在了印度尼西亚。佛罗里斯人非常特别，他们生前形如侏儒，身高只有约 106 厘米（约 3.5 英尺①），体重约 27 千克（约 60 磅）。这些个体的出现是不是代表我们发现了一种类似人的已灭绝生物？还是说他们只是现代人类的某种病态侏儒？或者还有别的可能？如果是第二种情况，那么在沙特阿拉伯发现的手指所收获的评论就没有意义了，但人们仍然支持它是古人类留下来的遗物。

---

① 1 英尺 =0.3048 米。——编者注

　　显然，尼安德特人和丹尼索瓦人与现代人类关系更为密切。我们从化石中得知，尼安德特人最早出现在至少 40 万年前，大约在 3 万年前从世界上消失。人们针对在西欧发现的尼安德特人 DNA 片段进行了研究，发现这个很有天赋的种族曾和智人一起繁衍后代，贡献了我们身上大约 4% 的 DNA，主要影响了我们的新陈代谢和认知能力。我们对丹尼索瓦人的了解则要少得多。智人和丹尼索瓦人共同繁衍后代的唯一证据显然来自对在东西伯利亚发现的牙齿的研究，这颗牙齿表明丹尼索瓦人曾与美拉尼西亚人、澳大利亚土著和巴布亚人（的祖先）共同繁衍后代，这些人的 DNA 约有 5% 来自丹尼索瓦人。我想，这里提到的繁衍情况和百分比还只是初步的说法。

　　有一项最新发现发表于 2019 年 4 月，其发现对象是吕宋人。这项发现基于总共 13 块骨骼（7 颗牙齿、2 块手部骨骼、3 块足部骨骼和 1 块大腿骨，分别来自 2 个成年人和 1 个儿童），年代距今约 6.5 万年。这些骨骼是在距离亚洲大陆约 640 千米的菲律宾吕宋岛上发现的。那么，在那样遥远的年代，吕宋人是怎么到达这个偏远岛屿的呢？即使是在冰川期，有大量的水冻结成冰，似乎也不足以解释这样的迁徙。继续关注吧，科学家会继续研究这些生命，也会继续了解智人和其他人类是怎样走出非洲、走向世界的。

　　研究人员的"武器库"已经装备了 DNA 工具，针对包括所谓新大陆在内的全世界人口迁移的研究正在蓬勃发展，随着时间的推移，我们可以期待在媒体上看到和听到更多的进展和成果。

第22章
寻找地外生命

最后一章应该充满乐趣，我们只会偶尔涉及费力的概念理解。我们会介绍寻找地外生命的工作，在我们的有生之年，这既是严肃研究的课题，也是科幻小说的主题。我们分三个范围探讨这项探索：太阳系其他地方（包括其他行星，有卫星的也算上卫星）、星际空间（和生命密切相关的分子），还有其他恒星周围的行星（有卫星的也算上卫星）。我们将单独讨论地外智慧生物搜寻（Search For Extraterrestrial Intelligence，SETI），同时考虑下面这些综合问题：如果"他们"存在，会向我们发出信号吗？如果会，信号以什么方式发送？他们会来拜访我们吗？如果会，他们什么时候过来？

太阳系中还有别的生命吗？

太阳系的其他地方有多大可能存在生命？让我们先来看看行星。无论从哪个角度看，水星都不适合孕育生命，地表、地下还是极地都一样。其温度太高，大气层几乎不存在。在太阳系历史的早期，那里似乎也不太可能出现过生命——但这不绝对，水星的过去，包括它在太阳系中的位置，可能和现在的情况大相径庭。金星呢？地表不可能有生命，那里现在的平均温度超过了 700 开尔文，即使是缓步动物也无法生存。那么地下呢？还有温度适中的大气层深处，会不会有生命？我们并不清楚。直到最近都很少有相关领域的美国科学家推动针对这种可能性的调查，这类搜寻似乎不太可能很快展开，除非其他国家或合作组接受这方面的挑战。但在几年前，情况发生了很大的变化，有报道称科学家在金星大气中探测到了磷化氢，这是一种由一个磷原子和三个氢原子组成的分子。没有人发现过这种分子能在非生物过程中自然合成，于是人们忽然产生了极大的兴趣，急切地想要在金星大气层中找到生命，尽管探测到磷化氢一说的可靠性受到了严重质疑。事实上，如果报道出来的磷化氢探测结果没有被明确证明是虚假的，应该很快就会有航天器跟进任务。

现在我们来看看火星。19 世纪 80 年代，意大利天文学家乔瓦尼·斯基亚帕雷利（Giovanni Schiaparelli）用望远镜研究了火星表面，并注意到那里存在一种形似运河的结构（canali）。从那以后，人们就非常关注火星上存在生命的可能性。20 世纪初，波士顿婆罗门珀西瓦尔·洛厄尔（Percival Lowell）还为这一概念投入了大量资金，并大肆宣传。

跳转到太空时代：第一个认真寻找火星生命的任务是"维京号"任务，涉及两个着陆器，美国人将 1976 年 7 月 4 日，也就是美国《独立宣言》发表 200 周年纪念日，作为登陆火星的纪念日[①]。对 40 多年前来说，这项任务的技术是非常先进的。最初结果并不明确，也许指向了火星存在生命的可能，后来人们又确定没有找到相关证据。目前，在

---

① 两个着陆器的实际着陆日期是 1976 年 7 月 20 日和同年 9 月 3 日。——编者注

火星表面漫游的着陆器似乎发现了一些在地球上构建生命所必需的化学物质。在宣传机器的鼓动下，人们越来越关注这种可能：我们也许会在火星上找到生命存在过的证据。但目前为止还没有明确而肯定的结果。未来又会怎么样呢？

　　比火星更远的是小行星和寒冷的气态外侧行星，不过至少有一个例外：我们知道的情况是，木星辐射的能量超过了它从太阳接收的能量。我们认为，小行星和小个子行星就算真的有足够厚的大气层，也没有我们认知中生命所需的大气成分。这里也有至少一个可以说明例外的事实：从小行星撞击地球落下的陨石中，我们发现了微量的氨基酸。我们怎么知道这些微量的氨基酸不是陨石来到地球之后被沾染上的呢？答案正好能再一次展示科学统一，这回要讲的是生物化学。地球上所有生物的氨基酸都是左旋的。但陨石中发现的氨基酸大约一半是左旋的，一半是右旋的，这表明它们不是陨石落到地球后受到污染的结果。

　　顺便提一下，我们所说的左旋分子和右旋分子是什么意思呢？它们是一种分子的两种形式，彼此互为镜像。它们不能通过任何旋转方式变得和对方相同，也就是说，它们之间总是会有区别的。

　　尽管存在这些生物分子，但没有人指望在小行星上发现生命。同样，我们也不认为气态外侧行星——木星、土星、天王星和海王星——是寻找外星生命的主要目标，尽管这里不见得有很充分的理由。那么外侧更像地球的天体呢，比如冥王星？科学家们思考过这类天体上存在生命的可能性。尽管已经设想了一些会出现的情况，但普遍共识是，这种可能性还是太小了。

　　那么这些外侧行星的卫星呢？那些地方应该是极寒之地，所以人们立刻排除了那里存在外星生命的可能。但这个结论下得太快，也不见得正确。怎么说呢？有些外侧行星卫星的地下（出人意料的）非常温暖，说不定会有生命。为什么它们能从太阳之外获取那么多热量呢？答案是潮汐加热。每个人都熟悉地球上海洋的潮汐，那主要是由月球引起的，其次是由太阳引起的。在周期性的潮汐涨落过程中，地球上的陆地和水会与紧邻的部分相互摩擦，就像两根木棍放在一起摩擦一样，它们会出现摩擦生热的现象。由于一些卫星轨道有偏心率（非圆形），相应的潮汐——卫星上的物质随着它靠近和远离行星而起伏吞吐——会让构成卫星的物质升温。升温的能量主要来自卫星的轨道运动。这些运动的能量远远大于潮汐的能量，因此，我们在有生之年不会觉察到潮汐散热对卫星的轨道运动的影响。虽然这里的讨论还很不完整，但我相信，我们至少对卫星通过和行星的潮汐作用变暖略有所知了。

　　几乎所有的科学家，特别是参与 20 世纪 70 年代末旅行者号飞越木星及其卫星项目的科学家，都没有意识到潮汐对卫星变暖的潜在影响有多大。他们忙着查看第一艘旅行者号航天器拍摄的海量照片，这一点是可以理解的，但他们忽略了我们的老朋友木卫一（伽利略发现的最内侧木星卫星）表面的气体喷发现象。喷气推进实验室的技术人员琳达·莫拉比托（Linda Morabito）注意到了一张木卫一表面照片上的污点，并提醒了她的上级斯蒂芬·辛诺特（Stephen Synnott）。辛诺特碰巧是我以前带过的博士生，他认出了污点的真面目。于是，针对这种喷发的研究开始了，木卫一上的喷发物中有大量含硫气体，这对我们所熟知的生命是有害的。[虽然莫拉比托此时还不知道，但就在旅行者号和木星相见之前，加州大学圣塔芭芭拉分校的斯坦·皮尔（Stan Peale）和其他地方的同行便在公开出版物上预测了伽利略所发现的内侧木星卫星可能因潮汐而产生的火山活动，他们也因此一举成名。]

　　不过，在伽利略发现的四颗木星卫星中，现在是位置第二靠内侧的木卫二引发了行星学家在寻找地外生命方面的密切关注。它也因潮汐获得了热量。木卫二表面陨石坑相对较少，这说明它比较年轻。也就是说，现在的表面很可能是近期形成的。另外，木卫二（稀薄的）大气中还检测到了氧气。借助围绕木星运行的航天器获取信号，人们推测了木卫二的重力场，发现那里的地下某处存在水构成的海洋。有了一系列线索后，行星科学界便极力要求向木卫二派出大型航天器来执行任务，以研究那里存在生命的可能性。这样的任务很可能需要数十亿美元支持。会不会有成果，什么时候有成果，我们就拭目以待了。尽管非常乐意，但我不太可能参与其中。

　　在合理的推断下，太阳系中还有其他卫星有可能孕育生命吗？目前为止，另一颗重要的候选卫星是土星身边的土卫二。卡西尼号航天器拍摄到了土卫二表面的喷发现象（图 22-1）。这里形成的物质很可能是冰，

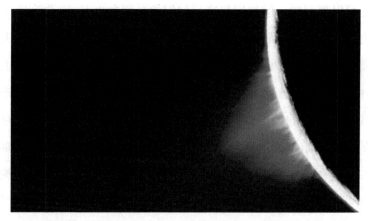

图 22-1　土卫二表面有大量物质喷发，在寒冷的太空中变成了冰。图片来自 **NASA**

它的来源可能是地下的液态海洋。但情况还不够清楚，尽管人们对航天器跟踪数据进行了分析，针对土卫二重力场的具体估计显示，其能够对应大量液态水存在的情况。根据估计，这种喷发涉及的能量非常大，表明这可能只是一种偶发现象。就像人们说的，时间会证明一切。

土星最大的卫星土卫六也是在太阳系内寻找生命的热门选项。土卫六的地下似乎也有液体，说不定地表同样有。最近，人们在土卫六的大气中发现了丙烯腈分子。为什么要在意这个呢？因为一些生物学专家认为，这种分子可能对细胞膜的形成非常关键，而细胞膜是我们所了解的生命的重要组成部分。

对太阳系做个总结：地球之外也许存在生命。行星的卫星或许最有可能成为它们的栖息地。为了在这些卫星上寻找生命，人们可能很快就会安排复杂的重大任务（耗资数十亿美元）。目前和未来的任务肯定是在火星上寻找生命存在和曾经存在的证据，而且在不久的将来，我们可能还会在金星大气层中寻找生命的迹象。但是不管怎么样，在太阳系的其他地方发现类似人类的生物，这种可能性是极小的。

天体化学

现在，我们将视野扩展到太阳系之外。宇宙的其他地方会不会有生命呢？从积极的方面来说，这个科学领域已经有了"天体生物学"的名号。然而，这是我所知道的唯一一个没有数据的科学领域。这是半个玩笑，之所以说"半个"，是因为涉及生物的部分确实没有数据。

我们从天体化学说起。举个例子，外太空有什么原子和分子是这个领域要研究的问题。我们要怎么探寻真相呢? 主要靠射电望远镜来观测。为什么要有"射电"? 答案是: 太空总的来说是个极寒之地。那又怎么样? 就像本书第一部分提到过的,温度低到一定程度,黑体辐射的峰值会出现在光谱的无线电部分。因此,我们要在光谱的这个部分寻找来自寒冷物质的辐射。目前看来,氢是宇宙中最常见的元素,所以我们自然要先寻找它。

直到第二次世界大战期间,在饱受战争蹂躏的荷兰,量子力学的相关计算才告诉我们在无线电频谱的哪个位置寻找太空中氢存在的证据。在同为荷兰人的天文学家扬·奥尔特(Jan Oort)的建议下,物理学家亨德里克·范·德·胡斯特(Hendrik van de Hulst)进行了这些计算。但是直到 1951 年,埃德·珀塞尔(Ed Purcell)和"多克"·埃文(Doc Ewen)才用哈佛大学物理实验室四楼南侧窗外的接收喇叭和当时很先进的接收系统成功探测到外太空中由氢发出的信号。他们抢先于荷兰研究团队和澳大利亚研究团队,但珀塞尔是个温和可亲的人,他一直等到其他团队也探测到了太空中的氢,这样三个团队就可以在同一期《自然》期刊上发表论文了。

接下来是对羟基自由基 OH 的探测,1963 年在麻省理工学院进行,主力桑德·魏因雷布(Sander Weinreb)当时还是一名研究生,正在为他的博士论文做准备。五年后,查尔斯·汤斯(Charles Townes)和他的研究团队在加州大学伯克利分校探测到了水和氨。接着研究进展就快了起来。大多数分子是在恒星形成区发现的。探测依据是它们独特的光谱信号。由于我们还无法根据基本原理精确计算分子辐射的光谱,因此需要通过实验室测量来预测或验证相应的值,两者都可以事先进行。有些从外太空探测到的光谱线至今没有明确来源。在从外太空探测到并确定了来源的光谱线中，有 20% 以上是原先的哈佛史密松天体物理中心最早得出结果的。具体项目的发起者是帕特里克·撒迪厄斯，后来由迈克·麦卡锡（Mike McCarthy）接手，他们对许多分子的光谱线进行了综合观测和巧妙的实验室测量。

　　目前为止，人们在太空中发现的分子清单包含 200 多个条目（表 22-1）。近期在太空中发现的一种分子有 60 个碳原子，它的形状像一个足球，外侧有五边形和六边形图案。它被命名为巴克敏斯特富勒烯（buckminsterfullerene），以向给予发现者们灵感的建筑师巴克敏斯特·富勒（Buckminster Fuller）致敬，它的俗称是巴克球。最重要的一点是，清单中以碳原子为主的分子较多。这是一种真实存在的效应，还是观测带来的某种偏差，或者两者兼而有之？目前还不清楚。

表 22-1　截至 2016 年 3 月在外太空发现的分子

分子中的原子数	发现的分子种类
2	43（其中许多带有碳元素）
3	43（其中许多带有碳元素）
4	27
5	19
6	16（以碳元素为主）
7	10（以碳元素为主）
8	11（以碳元素为主）
9	10（以碳元素为主）
>10	15（以碳元素为主）

总数 =194

系外行星

几十年来，甚至几个世纪以来，人们一直想知道其他恒星周围有没有行星（系外行星）。我们要怎样找到答案呢？为什么不能靠大型望远镜观测得出结论呢？这里有两个不利因素：行星太暗淡，而它们的恒星太明亮；从地球上看，两者又离得太近。因此，间接的探测方法就显得尤为重要了。我们现在已经知道并使用了五种这样的方法：径向速度（多普勒频移或摆动）、凌日、脉冲星定时、引力透镜和天体测量法。

在这里，我只详细讨论前两种方法，简要介绍第三种方法，最后两种方法则完全跳过，我提到它们只是为了让你知道还有其他方法存在。径向速度法基于这样一个原理：当两个天体在太空中相互绕转时，两者会围绕它们（共同）的质心运动。你可能会问，这里的质心怎么定义呢？两个质点的质心位于两者的连线上，分别对两个对象的质量和它到中心点的距离求乘积，两个得数应该相等。可以认为，当行星绕恒星运行时，恒星也在绕行星运行。

在径向速度（沿我们观察恒星的视线方向的速度分量）法中，我们观测恒星的径向速度，看它有没有周期变化，如果有就代表恒星在围绕它和行星共同的质心运动。这时径向速度信号的周期等于行星绕恒星运行的轨道周期。从我们的角度看，如果地球位于要观测的恒星 –行星绕转的轨道平面上，那么径向速度周期性变化的幅度是最大的。如果来自地球的视线垂直于这个轨道平面，那么我们就探测不到任何径向速度的变化了，我们也无法通过这种测量知道有一颗行星在围绕恒星运行。从这样的径向速度变化曲线中，我们能了解到行星的哪些信息呢？最重要的是，我们可以推出行星质量的下限。不过，我们在这里就不讲推导的细节了。

探测系外行星的第二种方法叫作凌日法。这种方法需要我们从地球上看到行星从恒星前方经过，也就是凌日。当行星经过时，它会遮挡住恒星发出的部分光线，而这些光线本来是可以到达地球的。通过监测恒星发光的强度，我们可以发现行星经过恒星时光强度的（小幅）减弱，由此判断行星的存在（图 22-2）。知道了亮度减弱的百分比，结合观测数据和恒星模型估算出的恒星大小，还可以推断出行星的大小。（你会计算吗？）

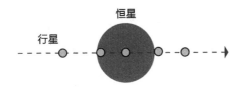

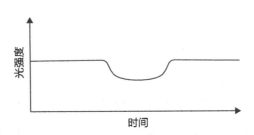

图 22-2   当一颗行星从恒星前方经过时，恒星视亮度（图中的光强度）的变化。图片来自戴维·夏皮罗

我们可以比较一下这两种方法的优缺点：径向速度法适合质量较大，同恒星距离较近的行星，来自地球的视线要处于或差不多处于行星轨道平面；通过适当的辅助测量和计算，可以确定行星的质量，但不

能确定行星的大小。凌日法适合体积较大的行星，而且更偏爱同恒星距离近的行星，来自地球的视线也要在行星轨道的平面内或相差不远。凌日情况以及与恒星有关的其他合适的观测数据和模型可以用来估算行星的大小，而不能估算质量，具体细节我就不多说了。

寻找系外行星的工作进展到哪里了？让我们来回顾一下。1989年，戴夫·莱瑟姆（Dave Latham）、采维·皮兰（Tsevi Piran）和他们的同事在天体物理中心通过径向速度法在类似太阳的恒星周围发现了一颗可能是行星的天体。为什么要说"可能"呢？因为来自地球的视线与这颗假定行星的轨道平面之间存在一个未知的角度，我们无法确定这个角度是大小适中，还是接近90度。在后一种情况下，假定行星的质量可能大到足以成为褐矮星，那它就不是一颗真正的行星了。也就是说，那可能是——或者就是——双星系统，而不是行星 – 恒星系统。

1992年，亚历山大·沃尔兹森（Aleksander Wolszczan）和戴尔·弗雷尔（Dale Frail）惊奇地发现，有两颗行星围绕一颗脉冲星运动。脉冲星是一种密度极高、体积极小的恒星，半径约为10千米，它的旋转速度非常快——有些脉冲星甚至每秒能旋转很多次（多达每秒千次甚至更多）——并向特定方向发出辐射（主要在频谱的无线电部分）。在一定的几何条件下，这种辐射会以脉冲信号的形式到达地球，而且间隔非常有规律，契合脉冲星的旋转速度。当然，脉冲星相对我们的运动会影响这些间隔。这颗有两颗行星绕转的脉冲星发射的脉冲到达地球的时间变化表明，脉冲星在围绕三体系统（脉冲星及其两颗行星）的质心转动。这种情况太过出人意料，许多人多少有些心存疑虑。然而，从脉冲到达地球的时间变化上可以清楚地看出每颗行星对另一颗行星的引力作用，于是所有的怀疑都烟消云散了。目前为止，人们还没有明确发现过其他类似的脉冲星－行星系统。

3 年后的 1995 年，与 1989 年的情形相似，第一颗围绕类似太阳的恒星旋转的行星通过径向速度观测被发现，证据确凿。不过这次做出贡献的科学家是米歇尔·马约尔（Michel Mayor）和迪迪埃·奎洛兹（Didier Queloz），他们因此获得了 2019 年诺贝尔物理学奖。大约又过了 4 年，到了 1999 年，人们用凌日法探测到了第一颗围绕类似太阳的恒星旋转的行星。

1995 年，这个领域的成果开始像决堤一样涌现。现在，人们已经认识了 5000 多颗系外行星，这主要归功于"开普勒"太空望远镜，它利用凌日法发现了其他恒星周围的行星。"开普勒"于 2009 年 3 月发射升空，包括一个直径约为 1 米的反射望远镜，视场为 100 平方度（天空中的 1 平方度可以看作一个边长为 1 度的区域，类似于平面上的一个面积单位）。"开普勒"在周期约为 373 天的地球尾随轨道上连续观测了约 15 万颗恒星。后来，因为调整指向的部分航天器设备出现故障，"开普勒"的任务发生了变化，它开始扫描天空中的大片区域，围绕航天器轨道继续观测。它的新任务被命名为 K2，现在这项任务已经结束了，原因不言自明。

接下来的太空任务呢？2018 年发射的一颗名为凌日系外行星巡天卫星（Transiting Exoplanet Survey Satellite，TESS）的卫星目前正在监测遍布整个天空的数百万颗恒星。TESS 已经针对 5000 多个可能关乎凌日的信号收集了数据，这些信号可能大部分来自凌日行星，还需要后续观测才能得出确切结论，其中涉及数以百计颗地球大小的行星。我为什么要提这个数量呢？毕竟，我们寻找的是地外生命存在的证据。根据自身有限的经验，我们认为，和地球相似的地方最有可能找到生命。

这也许是一种非常狭隘的观点，可能会在未来暴露明显的局限性。有些自相矛盾的是，我们在太阳系中寻找生命的时候并没有划定这么严格的限制，而是把目光瞄准了木卫二和／或土卫二和／或土卫六这样的地方。

目前为止，我们从发现的系外行星中得知了什么？我们掌握的数据能够估算出许多系外行星的质量、半径（以及密度），还有一些关于大气层的信息，但靠这些还远不能判断每一颗行星上有没有生命。不过，每天都有新的信息涌现，有些着实令人惊奇，和之前的预期大相径庭。这是一个蓬勃发展的新领域，一不小心就会掉队。

有哪些大的惊喜呢？我们发现的许多行星，其个头不小于木星。此外，许多行星的轨道周期非常短，有的只有几天，有一颗只有约 4.2 小时（相当于那里的 1 年只有 4 个多小时）。因此，和太阳系的情况相比，其他地方有很多行星的轨道非常靠近它们的恒星，这是根据它们很短的轨道周期以及开普勒第三定律得出的结论。有些行星的轨道偏心率很大，和太阳系中的行星完全不同。目前发现的行星中轨道偏心率最大的有 0.97，几乎达到了 1 的极限。我们的观测方法肯定也影响了结果。例如，用具体讨论过的两种方法发现行星时，相对于轨道周期很长的行星，我们会有更多机会发现轨道周期很短的行星。你能想到这是为什么吗？

寻找外星生命

外星生命找得怎么样了？目前还没有找到。如果找到了，你肯定会有所耳闻。寻找外星生命的具体工作是什么？就像前面提到过的，我们在找类似地球的行星。我们不仅要寻找和地球大小接近的行星，还要确认它们在其恒星的所谓宜居带中运动。大体上说，宜居带指的是恒星附近的某个区域，在这个区域内，类似地球的行星表面可以存在液态水。之所以提出这个要求，是因为我们首先猜测没有液态水就不会有生命。我们寻找的行星还要有大气光谱信号，从中能确认我们认为和生命有关的分子（比如氧气）的存在——这也是一种推己及人的方法。

再提醒一下，我们在太阳系中寻找外星生命的时候并没有遵循同样的原则，木卫二、土卫二和土卫六都位于太阳系的宜居带之外。那么其他恒星的行星有没有存在生命迹象的卫星呢？这方面的探测目前还没有做到，但我们并不缺乏尝试。这种探测在技术上非常具有挑战性，但我猜测成功会在未来十年变得唾手可得。我很难相信其他恒星周围没有和太阳系卫星形成相似的条件和过程。也许更灵敏的设备能够帮助我们发现遥远的卫星，寻找宜居世界的空间将被大大扩展。

请记住：首次发现地外生命是人类历史上仅此一次的大事。你们这一代人可能会完成这个真正具有历史意义的壮举！

寻找地外智慧生物

现在来说说下一个也是最后一个大问题：宇宙的其他地方有没有智慧生物？如果有，他们会不会试图和我们交流和／或拜访我们？早在20世纪50年代末，康奈尔大学的朱塞佩·科科尼（Giuseppe Cocconi）和菲利普·莫里森（Philip Morrison）就提议，利用氢的主光谱线频率来寻找从其他星球发给我们的信号。射电天文学家采纳了这个提议，在这期间，专门用于这种搜寻的设备越发成熟和灵敏，还出现了"在家寻找外星人"项目（SETI at home）。现在，北加利福尼亚州有 42 架射电望远镜组成艾伦阵列，正在开展最大规模的同类搜寻工作。目前为止，我们还没有探测到已知的，甚至有可能来自地外智慧生物的信号。这项工作很快就会被一项名为"突破聆听"的新计划大大超越。

20 世纪 70 年代，加州大学伯克利分校的查尔斯·汤斯（Charles Townes）建议寻找来自地外智慧生物的窄带激光信号。根据这个建议，哈佛大学物理系的保罗·霍罗维茨（Paul Horowitz）在马萨诸塞州的哈佛大学使用一架直径 1.8 米的光学望远镜，通过非常复杂的数据处理算法在天空中寻找这类信号的踪迹。目前还没有好消息，要是有你会听说的，寻找外星生物的任何新进展都是大新闻。

外星生物在哪里？这其实是一个很深奥的问题。为什么外星人既没有亲自来拜访我们，也没有更方便地通过无线电信号联系我们？1950 年，著名的美籍意大利物理学家恩里科·费米（Enrico Fermi）在吃午餐时提出了疑问，显然他只是随口一说，但这个问题流传开来。在更详细的阐述下，它被称为费米悖论。2017 年，一个来自太阳系外的物体经过地球附近，然后离开了太阳系。根据太阳光压对其轨道的明显影响，科学家推断它可能异常轻薄，也许是由智慧生物在其他地方制造的。我在哈佛的同事阿维·勒布（Avi Loeb）对这种可能大加渲染和宣扬，使得这件事在全世界迅速传播开来。然而，那只是一种可能，我们还远没有足够的数据能够断定这个物体确实是由其他智慧生物制造的。不过，我们应该在未来对这类东西保持警觉，并确保自己做好准备，在技术能做到的范围内尽可能详细地观察它们，甚至在适当谨慎的前提下引导它们来到地球。

我们之所以还没有被外星人访问，或是通过无线电信号之类的方式和他们取得联系，以下是几种可能的原因：（1）他们不存在；（2）他们还没有开发出所需的技术（这里需要考虑物体或光在路上花费的时间）；（3）和我们交流也好，来拜访我们也好，他们都不感兴趣；（4）他们灭亡得太快，或者迅速失去了交流的能力（同样要考虑光在旅途中的时间）。总之，目前他们和我们之间没有交集。

也许在未来的某一天，我们能够可靠地探测到来自地外智慧生物的信号。然后呢？这将会是令人兴奋的大事件。但我们很可能会遇到一个问题：这些信号很可能——无论我们怎样定义"很可能"——来自至少数百光年之外的地方。我们不仅需要解读对方的语言和沟通方式，还至少要等待光速走一个往返的时间，才能收到对我们发出的信息的任何回应。我们可能会选择宇宙通用的知识作为最早的沟通信息，比如圆周和直径的比值 π。不过，我们要怎样"明确无误"地发送信息呢？想象一下有哪些可能吧。考虑到人类目前的寿命，从我们的角度来看，和外星人对话很可能需要几代人参与。这在流行即时满足的今天着实令人震撼。但我认为这是值得的，事实上也是不可抗拒的。你怎么看呢？

到这里，我们就完成了对科学的简单纵览，本书也要结束了。希望你能从中获得乐趣和启发。

版 权 声 明